中東【上】

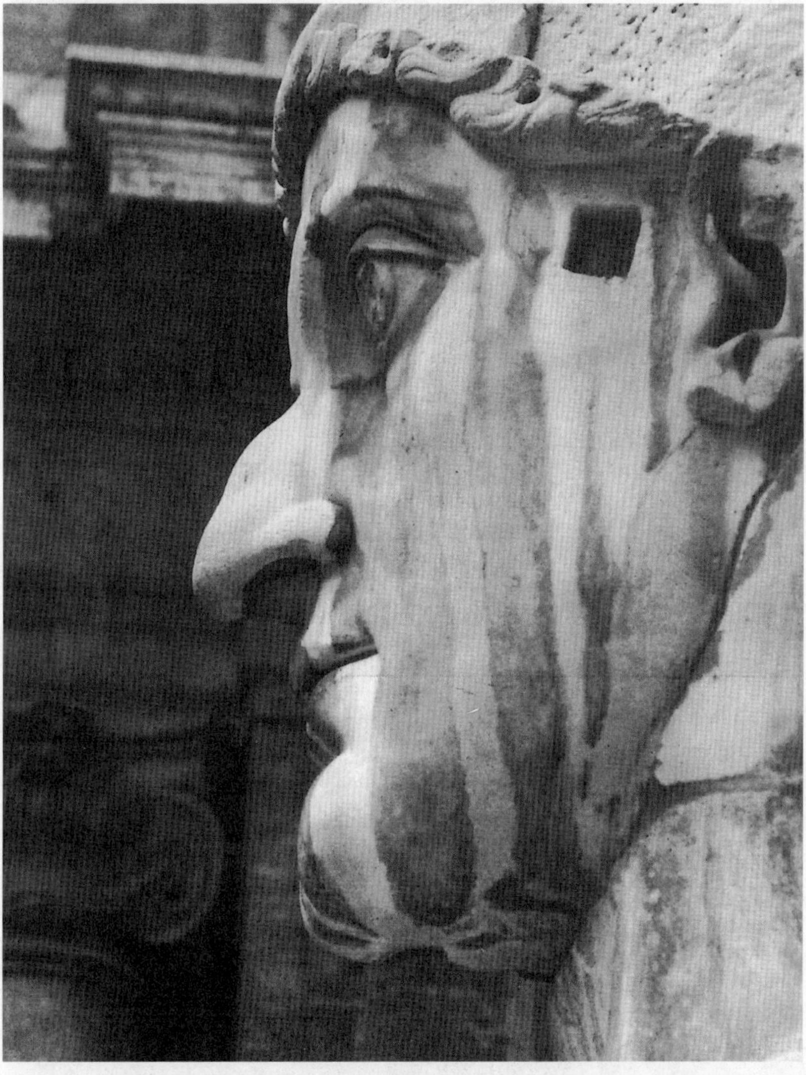

君士坦丁皇帝，又稱君士坦丁大帝，306-337在位。他是第一位信奉基督教的羅馬皇帝，也是君士坦丁堡的創建者。

君士坦丁堡的陸地城牆。

波斯波里附近的石刻，勾勒的是波斯皇帝沙普爾奏捷而羅馬皇帝瓦勒良戰敗被俘的場面，其時約為259-260年。

約旦馬代巴（Ma daba）的早期基督鑲嵌畫，畫面顯示出聖城耶路撒冷和鄰近地區。

紀念羅馬皇帝查士丁尼戰勝的紀念章，約530年。

第三世紀的猶太會堂，於敘利亞的杜拉歐羅波斯挖掘出土。

亞伯拉罕預備以己子獻祭。在回教徒的版本中，被獻祭的是以實馬利而不是以撒。

穆罕默德自大天使加百利處接受啟示（採自拉施德丁的《世界全史》，1307年）。

聖岩圓頂寺，奧都馬力於691-692年建於耶路撒冷聖殿山上。這是回教史上第一座大型宗教建築。

聖岩圓頂寺內部的銘文與裝飾細部。

耶路撒冷城的聖塚教堂。此教堂的最初結構可上溯到君士坦丁時期，之後數度被毀，也數度重修和重建。現今的基礎結構是十字於1099年占耶路撒冷城之後重建的。

古瑟暗拉宮，即「阿木拉小宮」之意，這是烏邁耶家族在約旦沙漠中的行獵休息站，約在安曼以東50英里。

自左上方順時鐘依序是：拜占庭皇帝赫拉克利朝（610-641）錢幣；烏邁耶哈里發奧都馬力朝（685-705）錢幣，他在696年引介了阿拉伯的錢幣制度；阿拔斯哈里發哈倫·拉施德朝（786-809）錢幣；以及阿拔斯時代的錢幣。

「勝利之塔」，奉馬思忽迪三世（1099-1115）之名建造於今日阿富汗的葛茲尼（Ghazni）地方，以表彰他對印度根瑙杰（Kanauj）諸王的輝煌戰果。

尼贊卯睦遇刺。尼贊卯睦是塞爾柱素檀國一位傑出的宰相，於1092年遭暗殺密使刺殺。暗殺派是一個激進而暴烈的反遜尼回教教派，於十一世紀末在伊朗成立，十二世紀初擴展到敘利亞。

謝法利埃堡，1099年被十字軍攻占，後因地震於1201-1202重建，最後在1271年由回教軍隊規復。

薩拉丁的「宣教壇」，來自阿勒坡，現置於耶路撒冷的阿克薩清真寺中。薩拉丁於1193年去世之前，他已自十字軍手中規復了耶路撒冷。

蒙古騎士。

成吉思汗告訴布哈拉城的百姓，他是上帝派來執行懲罰的。在他於1227年去世之際，東伊朗的大部分地區都已在蒙古人的掌握之中。

1258年蒙古軍一舉攻下巴格達，大掠其城，並將該城的末代哈里發處死。從此之後，巴格達再也不曾恢復它在回教世界中的原有地位。

「跛子」帖木兒位於撒馬爾罕的陵墓。帖木兒在歐洲被稱為「帖木廉」，1405年去世後，他打下的廣大基業也隨之分崩離析。

素檀巴耶系德一世（1389-1402），
在鄂圖曼歷史上被稱做「霹靂」。

素檀穆拉德二世（1421-1444; 1446-1451）。

羅美利希沙（Rumeli Hisar）城堡，由麥何密二世於1452年建造，是為了君士坦丁堡的最後圍攻預做準備。

素檀麥何密二世（1444-1446; 1451-1481），人稱「征服者」。此肖像由歐洲畫家貝里尼所繪。

伊斯坦堡的艾亞索菲亞清真寺，現為博物館。原先是東正教的聖智堂（聖索菲亞大教堂），麥何密二世時加上了四支叫拜塔。

伊斯坦堡的素檀阿合密清真寺，亦稱「藍色清真寺」，建於1609-1617年。

波斯沙王阿伯斯的頭盔，其當政時期是薩非王朝的極盛之世。

蘇里曼大帝的軍隊正渡過匈牙利的德拉瓦河。蘇里曼在1526年的莫哈赤會戰中，摧毀了匈牙利的軍隊。

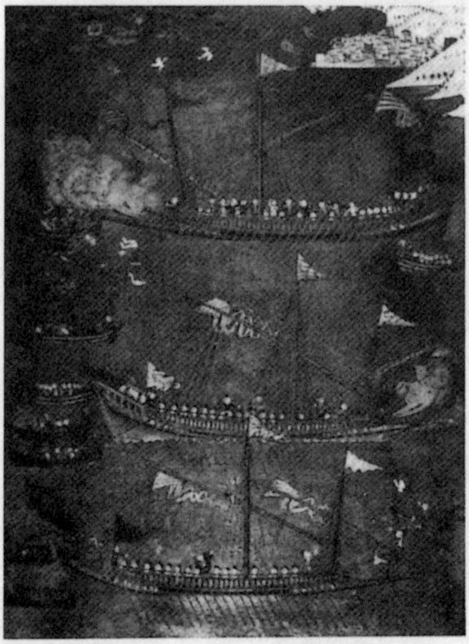

鄂圖曼人的大型划船航行於黑海之上，十七世紀早期。

西班牙人的大型帆船，十六世紀。

鄂圖曼軍隊遊行行列。右方騎在馬背上的是新軍統領的副官和侍從長，後者在鄂圖曼宮廷裡是個重要的人物。

新軍火槍手。袖子般的帽子和長槍管的毛瑟槍，是這支軍團的特色。

早期的回教木刻，來自耶路撒冷阿克薩清真寺。木料在中東地區相當稀少，因此十分受到藝術工作者的珍視。

鄂圖曼的宮中慶典（局部），採自十八世紀早期畫家李維尼的畫冊。賓客中有歐洲各國的大使，可從衣著和專為他們準備的椅子認出他們。

十四世紀埃及馬木祿克王朝的銅盆，通常被稱做「聖路易的浸禮盆」這個巨大的銅盆鑲嵌有白銀人物和裝飾。

「聖路易的浸禮盆」細部。

絲質跪拜毯，大布里士。

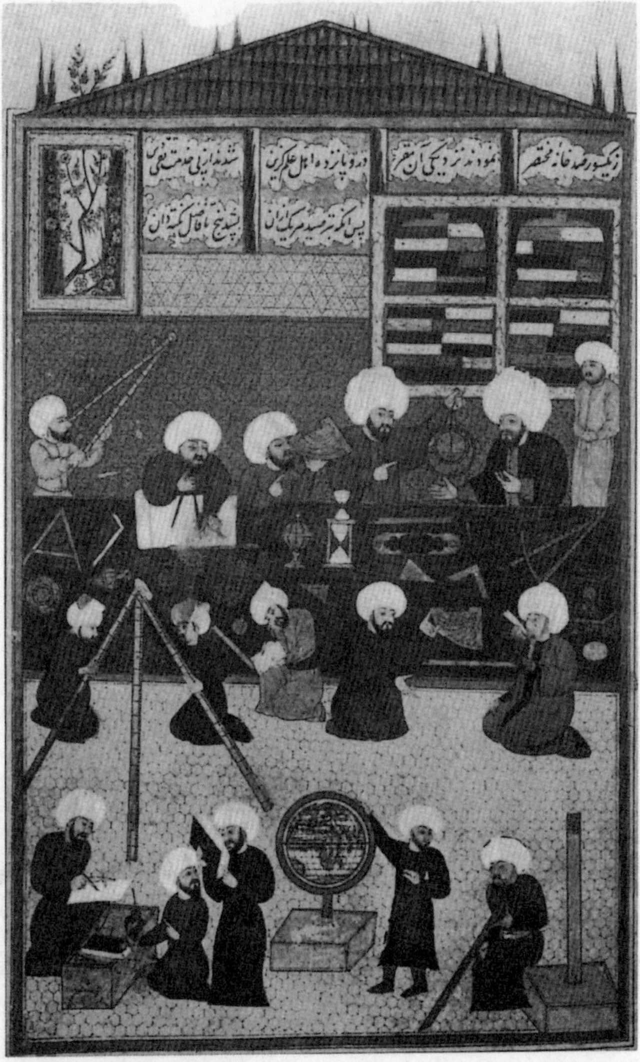

塔奇阿丁（Taqi al-Din，土耳其文為Takiyeddin），鄂圖曼宮廷的首席天文學家，1577年出任新建觀象台的總長。中古時期的回教科學家，對於天文學的發展做出了重大的貢獻。

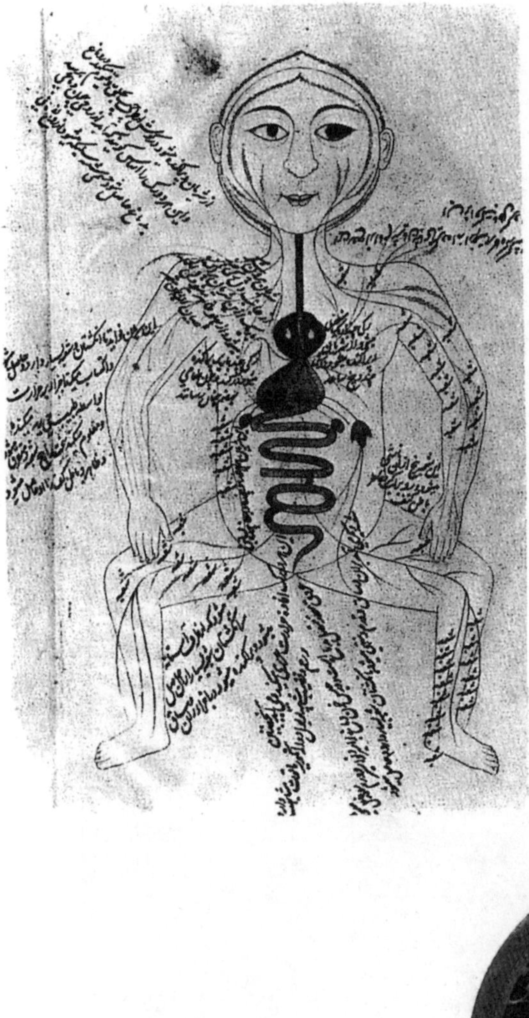

十七世紀波斯醫藥書籍中的插圖。

1236年製於開羅的星盤，精心雕鏤的銅鋅合金，鑲有白銀和黃銅。整個回教世界的天文學家和占星學家都使用這種星盤。

中東

THE MIDDLE EAST

自基督教興起至二十世紀末

{上}

2000 YEARS OF HISTORY FROM THE RISE OF CHRISTIANITY TO THE PRESENT DAY

柏納・路易斯——著　鄭之書——譯

BERNARD LEWIS

目錄

上冊

目錄

下冊

作者序

——柏納·路易斯

坊間現有多種單冊裝的中東歷史著作，它們絕大多數不是以基督教降世之時為結尾，便是以回教的降臨為開端。我以基督紀元開始做為本書的時間上限，是想要達到兩個目的。第一，是為了拯救通常被賦予無足輕動地位的波斯和拜占庭兩大帝國，還有前回教時期的阿拉伯歷史，這是先知穆罕默德傳道事業的部分背幕，也是創建回教邦國的部分背景。這些在幾百年來共有或分據中東的敵對勢力，不應該只以三言兩語草草帶過。

本人的第二個目的，是希望把我們今日所知的中東，和我自遠古文獻及遺蹟中所理解到的中東遠古文明聯結起來。在基督紀元的前幾個世紀——也就是說，在耶穌到穆罕默德兩者之間的時期對於這些古文明的記憶，也都被抹去（雖然不是連蛛絲馬跡都沒有留下）。那段歷史要到相對來說滿近代的時候，才又因考古學家和東方學研究者的努力而重見天日。可是，從遠古中東到現代中東之間，經過上古末期和中古時期那沒有間斷的聯繫，也是值得大家注意的。

如果是在現代早期想要寫本關於這個地區的歷史書，非得緊扣著政治事件和軍事事件的脈絡不可，因為少了這種史實順序，再深一層的歷史會更難——若不是說「不可能」——徹底明白。感謝前輩的研究成果，使我比起他們更能放手去把政治方面的敘述減到最低，而著力用心於社會、經濟以及文化上的轉變。本此觀點，我在文中頻頻引用當時代的史料原文——這些史料包括有編年紀錄、遊歷紀錄、文件與碑銘，有時候甚至於詩歌和軼事。要是有適當的英文翻譯派得上用場，我便徵引它們；要是沒有，我就自己譯。圖片也有著類似的作用。大家看了圖片，或可得到敘述甚至剖析所未能立即提供的印象。

不管是誰，只要是想要以單冊的篇幅寫盡這般豐富多元又生動活潑的兩千年歷史，必定得省略掉一些重要的史事。每一位中東史的學者，都會做出自己的選擇，而我，也做出了我的選擇，且免不了是很個人的選擇。我試著對個人認為最具特色和最富指導性的功業、事件、趨勢和成就，給與公正的評價，而我所做到的程度，留待讀者來判斷。

最後，我很榮幸記下我對四位普林斯頓大學年輕學者的感激和謝意，他們是大衛・馬梅爾（David Marmer）、麥克・多蘭（Michael Doran）、凱・艾里奧（Kate Elliott）和珍・鮑恩（Jean Baun）。四人在本書的籌備階段和寫成過程中，都做出各式的協助。我尤其對珍・鮑恩負歉良多，其一絲不苟的學術態度和批判之敏銳，無時無刻不是最為珍貴。我也想對我的助理安娜瑪麗・薩敏納羅（Annamarie Cerminaro）表示感激，她仔細而有耐心地處理這部書的幾次修訂稿，從第一次的草稿，到最後的定稿。在編輯、選圖和刊行此書方面，大大有賴於班傑明・布荃（Benjamin Buchan）、湯姆・葛列夫（Tom Graves）和道格拉斯・馬太（Douglas Matthews）的技術協助和耐性。他們在加快編書的過程和增進成品的質感方面，都費了不少心力。

對於那些做出許多建議並被我接受的人，我謹在此表達謝意；對於那些做出許多建議但我並沒有採納的人，我謹在此表達歉意。在做了這個說明之後，顯然，本書不盡完善之處，就全是我個人的過錯了。

普林斯頓，一九九五年四月

中東

自基督教興起至二十世紀末

THE MIDDLE EAST

2000 Years of History

from the Rise of Christianity

to the Present Day

【上】

阿拉伯語及波斯語名詞和術語，皆以英語系國家普遍使用的譯寫表轉寫，土耳其語應用標準的土耳其語拼寫法酌予修訂拼寫。少數習見名詞（如紹德〔Saud〕、納瑟〔Nasser〕）則以報章上約定俗成的形式引述。

附於統治者姓名之後的年代（如Mahmud II, 1808-1839），代表的是在位年代而非生卒年代。

第一部——緒論

緒論

在今天大多數的中東城市裡，咖啡館——有時候是茶棧——是非常普遍的景觀。幾乎全天的每一個時刻，你都可以在那裡看到男人們——通常也只有男人們——坐在桌旁啜飲咖啡或茶，或許還叼根菸、看看報，玩著一種棋盤遊戲，讓放置角落的收音機或電視機所發出的聲響，半聽不聽地傳入耳中。

這些小咖啡館的顧客就外觀來看，和坐在歐洲小咖啡館裡的那些人，尤其是地中海國家小咖啡館裡的那些主顧，並沒有很大的不同。然而他卻和五十年前坐在同一個地點的老前輩，看起來非常不一樣，若是和一百年前的祖先比起來，更是有著天壤之別。這點對於坐在歐洲小咖啡館裡的人來說，情況也是如此，可是這兩個例子背後，卻有著完全不同的故事。在這段時期，歐洲人於外觀、舉止、裝束和行為上所發生的改變，幾乎全是自發的。除了少數例外，這些都是源自社會內部的改變，即使是近來那些少數例外，也是來自有著密切聯繫的美洲社會。

可是中東地區的改變卻大多是源自外間世界，來自於與中東本地傳統大大相異的各個社會和各種文化。從那個待在加啡館裡，坐在椅子上、靠著方桌、讀著報紙的男子身上，我們可以看到各項轉化了他的生活和他父母親生活的轉變的縮影——他看起來的模樣、在做的事情、他怎樣穿著，甚至包括他做的是什麼職業，都標誌著那些來自西方並深深影響了現代中東地區的改變，那些廣闊無邊又有著無比毀滅性的改變。

首先，是最明顯而且一眼就看得到的改變，那就是他的穿著。他當然還是有可能穿著傳統服飾，不過這在城市裡面，已經愈來愈罕見了。最可能見到的是做西式打扮的他：襯衫西褲，或今天常見的T恤和牛仔褲。穿著當然蘊含了重大的意義，衣服並不只是用來禦寒防濕和保持禮貌的，它同時也是——尤其是在世界的這個角落——個人身分的指標，可用來判定個人出身所屬，並作為我們和他們的分辨標準。早在公元前第七世紀，先知西番雅（**Zaphaniah**）就曾在書中寫明：「到了我耶和華獻祭的日子」，上帝會懲罰「一切穿外邦衣服的」（舊約西番雅書第一章第八節）。在猶太教和後來的回教徒文書中，也都要求信眾不可穿得像不信者那樣，要維持他們本身特有的打扮。「別穿得像異教徒，除非你變得像他們那樣」，這是句常見的訓諭。根據一段據說是先和穆罕默德的聖傳，「纏頭巾是分開不信與真信的藩籬」。另一段聖傳又說：「企圖要打扮得像別人的人，就成了那群人之中的一個。」一直到了非常晚近的時期——在一些地方甚至到了今天——每個種族中的團體、每個宗教裡的宗派、每個部族、每個地區，有時候甚至是每個行業，都有著本身獨特的穿著方式。

很可能，坐在咖啡館裡的老兄仍然穿戴著某些形式的頭飾，或許是一頂布帽，或許是一些更為傳統的頭飾——後者在土耳其除外。任何一個看過鄂圖曼（Ottoman）時期墓園的人，應該都會對以下事實印象深刻：那就是許多墓碑上都刻有死者生前所戴的頭飾圖樣。若他是位法官（kadi），墓碑上就會刻有法官的便帽；若他是位新軍士兵，他的墓碑頂上也會戴上新軍特有的頭飾，像條摺起來的袖子那樣。不管墓主生前從事哪種生計，代表其生前行業的頭飾都會像個指標般，出現在他的墳墓上。由此可見頭飾的重要性，即使死後都得如影相隨，那麼生前的情況就更不必說了。直到不久之前，土耳其文片語「戴帽子」（şapka giymek, put on a hat）的意思，就和早期的一句英語片語「把大衣翻過來」（to turn one's coat）一樣，指的是叛教、變節或投身對方陣營。到了今天，大部分不管原先戴得是哪種頭飾的土耳其人，都換上了各式各樣的有簷帽、無邊帽或——虔誠信眾的——羊毛小扁帽，於是，這個片語遂失去了意義，因此也不再流通。不過，西式的頭飾在阿拉伯地區仍然少見，在伊朗更是罕有。因此，在這層意義上，我們還是可以透過穿著的西化，尤其是頭飾的西化，來驗證中東地區現代化的幾個階段。

衣著的轉變，就和大部分的現代化層面一般，是從軍隊開始的。對於改革分子而言，西式軍服對他們有著一種魔力。回教徒的主政者是在回教徒的軍隊於戰場上不斷受挫之後，才迫於時勢勉強採用其對手的軍械，同時也採用了他們的組織和裝備，包括西式制服。當十八世紀末鄂圖曼帝國組織其第一支改良部隊之際，他們的確非得要接受西式的操練和武器不可，但是採用西式制服卻不是勢所必然。因此，這是一種社會性選擇，而不是軍事性選擇。這項舉措事實上為回教地區的所有現代部隊沿用，甚至包括了利比亞以及伊朗伊斯蘭共和國（Islamic Republic of Iran）。他們必須使用西式的武器和戰術，因為它們可以發揮最有效的攻擊；可是他們並不需要穿戴合身的軍服和鴨舌帽，但是他們還是穿戴了。這種服飾上的轉變，直到今天仍然可作為西方文化的權威性和吸引力的見證，即使是在那些明白表示或激烈排斥此舉的人士身上亦然。

縱使是在軍服方面，頭飾的變革也是最後才發生。在大多數的阿拉伯國家裡，泡在咖啡館裡的男子今天仍然可能戴著一些傳統形制的纏頭，而這些纏頭的設計和顏色，也可能仍代表著這位仁兄的族別和來源地。頭本身和戴在頭上的東西在象徵上所具有的中心地位，是顯而易見的。對回教徒來說，還有另一個問題，那就是大多數的歐洲式帽子都是有簷有邊，會對回教徒的敬拜行為構成妨礙。男性回教徒就像男性的猶太教徒而不像基督教徒那樣，在祈禱的時候必須覆帽而不能脫帽，這是表示尊敬的禮節。由於回教徒在敬拜儀式中必須俯身拜倒，敬拜者要以前額觸地，此時帽簷和遮簷就會造成妨礙。有很長一段時間，即使中東的回教徒軍隊已經穿著和西方形制相差無幾的制服，但他們仍然沒有採用西式的帽子，而是沿用比較接近傳統的頭飾。素檀馬合木二世（Mahmud II, 1808-1839）[1]是十九世紀的維新先驅之一，他曾引介了一種新的頭飾：氈帽（fez）[2]，一般都根據阿拉伯文，稱它為塔布什帽（tarbush）。剛開始人們非常排斥和痛恨這種氈帽，認為那是異教徒的發明，可是最後人們還是接受了，它甚至還成了回教徒的象徵物。土耳其共和國的第一任總統凱末爾（Kemal Atatürk），在一九二五年宣布廢止這種氈帽，禁令發布之後，人們激烈地反對，其抗拒程度不下於當初引進時所遭到的強烈反對，而且舉的還是同樣的理由。凱末爾是位製造社會象徵物的大師，當他下令廢止氈帽和其他所有形式的傳統男性頭飾、改採歐式的簷帽和便帽時，他並不是在師法沒事找事、反覆無常的獨裁暴君。這是一項重大的社會決定，他自己和周圍的人都十分清楚他們在做什麼。當然，抗拒他的那些人，也知道自己在做什麼。

發生這樣的改變，已經不是頭一回了。十三世紀蒙古的大舉征服，讓中東心臟地帶的回教徒

1 編按：有關「素檀」的解釋，請參見頁一四五。

2 譯按：無邊圓塔狀的毛帽或布帽，上端飾以紅纓。

臣服於一位非回教徒的征服者，這是自先知穆罕默德以來的第一次。結果是，回教徒開始採用蒙古人的方法，至少在軍事上如此。偉大的回教徒將領開始穿上蒙古式的服裝，應用蒙古人的馬具騎馬，把頭髮留得像蒙古人一樣長，而不按照回教習俗把頭髮剪短。就算是在埃及這個從未被蒙古人征服的地區，他們也採納了類似的裝扮。回教軍隊使用蒙古衣著、裝備以及馬具的原因，就和今天他們戴上硬簷帽和鴨舌帽一樣，都是基於同樣的理由：這是戰勝者的穿著，代表在當時世界上最強大的軍事武力的外觀和模樣。他們沿用蒙古的髮型和軍事裝備，據我們所知直到公元一三一五年，蒙古人在中東地區的統治者改信和同化之後，埃及的素檀才下令官員們修剪蓄長的捲髮，褪去自己和馬兒的蒙古裝束，回歸傳統的回教徒服裝和馬具。不過在現代的回教軍隊中，我們還沒見到這樣的回歸行為發生。

軍隊改裝之後，宮中也發生了改變。素檀自己穿著的西式服裝，是根據西服修改過的，其用意自然是想要和西式服裝有所區隔，但差異實在不太明顯。伊斯坦堡的托普卡珀宮（Topkapi Palace）裡藏有兩幅素檀馬合木二世的優美肖像，分別是在軍服改裝之前和之後繪製的。這兩幅人像顯然是出自同一位畫師之手，描畫的是同一位素檀騎在同一匹馬上，連馬的前腳騰立角度都完全一樣。可是，其中一幅畫的是他穿著傳統鄂圖曼民族服飾，而在另一幅畫作中，穿的則是有飾扣的外衣和長褲。馬兒也經歷了類似的服飾變革。凱末爾一如他向來的個性，直指事物的根基。他說：「我們想要穿文明的服裝。」可是，這意味著什麼呢？為什麼年代較為古老的文明衣著，會被看做是未開化的呢？因為對他來說，文明指的是現代文明，也就是西方文明。

在素檀改裝之後，宮中也開始採用西式穿著。這是最適宜由主政者對市民下旨並命令民眾遵從服裝事宜的地方。鄂圖曼宮廷的官員，開始穿上長外套與長褲，這種新風尚並從宮中傳到了官僚群中，到了十九世紀結束之際，全國各地的公務員，都穿上了不同剪裁方式的長外套與長褲，這意味著當時的社會價值已經發生了重大改變。由於公務員是社會中的重要元素，於是這種新的衣著時尚，很快就從公務員逐漸擴散到其他民眾，最後更及於老百姓——至少是城裡的老百姓。一般說來，伊朗的服飾變革要比別的地方來得晚，而在鄂圖曼世界和伊朗世界裡的工人階級和農村人口的洋裁西化，不但耗時甚久，而且至今尚未完全。不過，即使是一九七九年回教革命之後的伊朗共和國代表，穿的仍舊是西式的外套和長褲，只是不繫領帶，以象徵他們拒絕接受西方的習俗和限制。

在衣著的西化和現代化一事上，占人口半數的婦女顯然表現了比較強大的抗拒性。婦女改裝一事，直到近代才開始，而且從未像男性那樣廣泛普遍，至今仍是如此。回教對於婦女應該恪守謙遜質樸的規定，使這個課題變得十分敏感，容易引發爭議。就連禁戴氈帽和其他形式的非西方頭飾的凱末爾，也沒有下令禁戴面紗。土耳其共和國裡的確有些地方性的規定禁止垂戴面紗，但數量相當有限。廢除面紗是經由社會壓力和社會滲透達成的，而不是像禁止男性戴傳統頭飾那樣，由法令機構強制執行。在穿著方面的改變，就和在其他層面的改變一樣，反映出不同婦女的不同處境。會出現在咖啡館或小茶棧的婦女非常少，如果有的話，而且就算她們真的出現在這些地方，也會謹守傳統習俗，把全身都遮蔽起來。然而，穿著時髦服飾——也就是指西方服飾——的優雅女士，還是可以在一些國家裡看到，不過她們出入的場所，都是有錢階級常去的高價位大飯店和精緻餐館。

衣著的改變，同時也象徵著一個更大的改變，即使是在那些激進的反西方國家中也不例外。和那些至少做部分西式打扮的個人一樣，國家也穿上了成文憲法的外套和立法會議的長褲，並戴上各式各樣的選舉禮帽。這所有的一切，在回教革命後的伊朗伊斯蘭共和國裡樣樣不缺，雖然這些事例在古伊朗或是神聖的回教歷史上，完全找不到先例。

那位小咖啡店裡的仁兄，坐在桌旁的椅子上，這兩項傢俱也是拜西方影響所賜的新事物。古代中東曾經有過桌子和椅子，到羅馬統治時期依然可以看到，但是在阿拉伯征服之後，桌子和椅子都消失了。阿拉伯人的故鄉樹木很少，木料罕見而且珍貴。不過他們擁有豐富的羊毛和皮革，於是他們就應用羊毛和皮革來裝飾家居與公共場所，也用它們來製作衣服。人們斜倚或坐在各式各樣的靠墊或褥墊之上，在鋪有毛毯或織毯的臥椅（divan）或長榻（ottoman）上——這兩個詞皆出自阿拉伯語——從精工鑲嵌而成的金屬小盤中，取用食品和飲料。十八世紀早期的鄂圖曼細密畫，描繪了歐洲人參加鄂圖曼王朝宮廷慶典的情形。我們一眼就可以認出畫中的歐洲人，不只是因為他們穿著合身的外套和馬褲，也因為只有他們是坐在椅子上面，所以一眼望去十分與眾不同。鄂圖曼人真是好客的主人，居然還為歐洲賓客特別準備椅子——他們自己可完全用不上這些椅子。

小咖啡館裡的那位男子，可能正抽著菸——這玩意兒也是西方的舶來品，實際上淵源於美洲。就我們目前所知，菸草最早是在十七世紀初由英國商人傳入中東地區，抽菸很快就流行開來。咖啡來得較早，約在十六世紀。咖啡源出於衣索比亞，先是傳到了阿拉伯半島南部，然後傳到埃及、敘利亞和土耳其。根據土耳其的編年史家記載，咖啡在素檀蘇里曼大帝（Suleyman the Magnificent, 1520-1566）的時代，由兩位敘利亞人帶到伊斯坦堡。這兩名敘利亞人，一位來自阿勒坡（Aleppo），一位來自大馬士革（Damascus），在土耳其的首都開辦了第一家咖啡館。這種新飲品，真是個時髦的玩意兒，馬上風行四處。據說，來自阿勒坡的那位店東，只開張三年就賺到五千個金錠，衣錦還鄉。咖啡館的行業日漸發展，引起政治當局和宗教當局兩者的警覺，前者怕人們在那裡祕密謀反，後者則關心這種提神飲料是否合乎回教律法。素檀穆拉德四世（Murad IV）曾下令禁絕咖啡和菸草，還曾處死了不少癮君子和咖啡客。贊成和反對雙方在漫長的討論之後，終於由大穆夫提（mufti）麥何密·巴亥額芬迪（Mehmed Bahai Efendi）在一道「斐特瓦」中，宣布菸草是合法的。麥何密·巴亥額芬迪是個老菸槍，一六三四年時曾因抽菸被開除，流放出國。同時代一位署名為卡提布·扯里必（Kâtib Chelebi）[3]的鄂圖曼作者指出，麥何密·巴亥額芬迪之所以判定菸草是合法的，並不是因為他自己是個菸槍，而是由於他相信：在法律原則之中，所有未被禁止的，就是可以做的；此外，他也關心「什麼是對於民眾的情況最相宜的」。[4]

坐在咖啡館裡的男人，很可能在看報，或許還會因為他所看到的報紙而成為眾多圈子中的一員。報紙這東西，鐵定是最具爆發性而且影響長遠的改變之一，不但波及個人，也影響社會。中東大部分地區的報紙，是以流通廣布於中東大部分地區的阿拉伯語文印製。在肥沃月彎、埃及、或北非，古代使用的語言早已隨時間消失，就算有僥倖存在的，也只有在於宗教儀式或少數族群之中。只有一個例外，那便是希伯來語，猶太人把希伯來語以宗教用語和文學用語的形式保存下來，並在今天的以色列國回復成政治語文和日常用語。在波斯，其古老語言並沒有被阿拉伯語所取代，而是被阿拉伯語所轉化。在回教降臨之後，波斯語採用阿拉伯字母拼寫，亦摻雜了大量阿拉伯語的詞彙。在波斯語上發生之事，也發生在土耳其語上，不過，土耳其在那位力行改革的總統凱末爾的強力主導下，一場重大的文化革命就此展開，其內容是廢止長久以來一直用以拼寫土耳其語的阿拉伯字母，改用新的拉丁字母拼寫。這個土耳其的樣板，也在一些突厥語系的前蘇聯共和國裡上演。

自遠古時代以降，書寫藝術一直是中東地區最精采的成就之一。字母是中東人發明的，相對於之前的各種符號和圖像系統——世界某些角落仍在通行——字母可說是個偉大的改良。拉丁字母、希臘字母、希伯來字母和阿拉伯字母，都是衍生自地中海東岸商人設計出來的第一套字母。字母一方面大大簡化了寫作的練習時間和字義辨認，而公元八世紀從中國傳入的紙張，又大大有助於書寫及傳布。可是，另一項遠東的發明——即印刷術——似乎因為某些原因在西傳途中過中東之門而不入。西方人不是不懂印刷術，在中古時期還有些木版印刷的遺留。甚至在十三世紀末期統治波斯的蒙古王公，還有過一次印紙鈔的紀錄。不過這位王公用紙鈔發薪水，但收稅時卻堅持要收黃金，於是人們對這種貨幣便失去了不少信心。這個實驗並沒有成功，也沒有重演。當印刷最終引進到中東時，已經不是來自中國而是傳自西方。其傳入的情形顯然是在土耳其為人所知，而且有所記錄。鄂圖曼土耳其的編年史家在正常的情況下，是不會談太多異教徒地區的事件，可是有一項紀錄，講的卻是印刷術的發明，甚至還為古騰堡（Gutenberg）及其第一間印刷

3 譯按：這很可能是官名而非人名，指「中書令」。

4 Kâtip Çelebi, *Mīzān al-haqq* (Istanbul, AH 1290), pp. 42-3. English translation by G. L. Lewis, *The Balance of Truth* (London, 1957), p. 56.

所帶上一筆。印刷術似乎是在一四九二年西班牙驅逐猶太人之後，由西班牙的猶太難民帶到中東地區。他們傳入西方的製品、技術和觀念，也帶來西方刊印的書籍和刊印這些書籍的方法。其他非回教徒社群，也追隨著猶太人立下的典範。這些行為雖然沒有在文化主流上造成直接的影響，可是卻為未來的發展鋪好了道路。回教徒進口和購買在歐洲印行的阿拉伯文書籍，這點可從鄂圖曼國的檔案中，保存了一件已故者的產業清單加以證明。到了十八世紀早期，當第一所由回教徒設立的印刷所在伊斯坦堡成立之際，當地已有猶太教和基督教的排字工人，提供了必要的技術勞工。

報紙要到非常晚近才在中東出現，雖然有些早期的史料顯示，回教徒早已警覺到報紙刊印的可能性和危險性。早在一六九〇年，一位名叫穆罕默德．伊本．阿布杜瓦哈布（Muḥammad ibn ʿAbd al-Wahhāb）、人稱「葛三尼宰相」（al-Wazī r al-Ghassanī）的摩洛哥駐西班牙大使，在述職報告中提到：「那個印行報告的墨坊，聲稱印的是新聞，事實上卻是滿紙謊言。」[5] 十八世紀時，有跡象顯示鄂圖曼對歐洲的報章確有芥蒂。甚至有些資料還指出，土耳其人偶爾也會有興趣讀讀歐洲人報章裡寫到他們的部分。報紙傳入中東，是法國大革命直接、立時的結果。一七九五年，法國駐土大使館刊行了似乎是中東地區的第一份報紙：《君士坦丁堡法國報》（*Gazette Française de Cosnstantinople*）。刊行這份報紙，主要是給法國人看的，可是它的讀者當然也包括其他人。在拿破崙於法國大革命期間率軍攻下埃及之後，他也延續君士坦丁堡的辦報傳統，於開羅刊行法文的報章與政府公報。據聞，有一位法國人計畫在開羅辦一份阿拉伯文報紙，可是從不曾見過任何一份成品，很可能，這個計畫從來就不曾實現過。

傳統的回教徒社會裡，有幾種方式可以讓主政者把重大改變告知民眾。其中兩項，習慣上是主君的專利，一個是錢幣上的銘文，一個是星期五在清真寺內的講道。兩者都會提到主政者的名字及其宗主，如果有的話。在固定的祈禱文中加入或剔除一個名字，可能就代表著統治者易位——或是經由繼承，或是藉諸叛亂——或是效忠對象的改變。其他時候的星期五講道，則可用來宣布新措施和新政策。免除某些稅項，也會在公共場所以銘文公告周知——不過，加稅就未必會如此。宮廷詩人為主君創作的頌詩，因為容易上口而且流傳極廣，因而提供了另一種公共關係。官方臣僚發出的文字文件，也是把重要消息帶到各處的辦法之一，譬如，鄂圖曼素檀便利用「勝利文告」（fathname）來通報軍事勝利的消息。回教徒主政者長期以來就很習於使用口語或文字來進行政府與民間的交流，如今又學到了如何使用這個新的舶來工具——報紙。

中東地區的地方性方言報館，是由兩位偉大的改革者奠下基礎的。他們是同時代人，也是

---

5 Abū ʿAbdallah Muḥammad b. Abd al-Wahh āb, *Riḥlat al-wazīr fī iftikāk al-asīr*, ed. A. Bustani (Tangier, 1940), p. 67.

彼此的對手，分別是埃及的穆罕默德．阿里大人（Muhammad ʿAli Pasha）和土耳其素檀馬合木二世。就和在其他事上一樣，穆罕默德．阿里大人在這件事上拔了頭籌，而素檀馬合木則蕭規曹隨。馬合木的想法是，基本上，一位大官能做的事，素檀定能做得更好。於是，埃及的主政者就從辦官報著手，先是刊行了一份法文報，然後又發行了一份阿拉伯文報；而土耳其的素檀，則同時發行一份法文和土耳其文的報紙。有很長的一段時間，中東地區所發行的報紙全是政府辦的，其目的很貼切地表現在當時的一篇土耳其文社論中：「本報宗旨在於告知臣民政府的意向和命令。」[6]對於報業的性質和功能持這種觀點的人，在今天的中東地區仍然可見。

要寫中東的報業史並不是件容易的事。許多報紙命若蜉蝣，只出了幾期便成絕響。該區也沒有制度化的彙集工作，只有幾篇斷文殘章散布在各處。今日所能確知最早的非官方報紙，是於一八四〇年在伊斯坦堡開辦的土耳其文報紙《事件時報》（*Jeride-i Havadis*）。這份報紙的老闆和編輯是一位叫做威廉．丘吉爾（William Churchill）的英國人。他弄到了一道政治詔令，保證了其企業的合法性。這份報紙出刊不定期也不頻繁，不過終究是辦了下去。

決定性的轉捩點，伴隨著克里米亞戰爭（Crimean War）而來。這個轉捩點，不只是這份報紙的轉捩點，也是中東報業史的轉捩點。當時，電報才剛傳入中東地區，提供了一項前所未有的溝通工具。克里米亞戰爭引來了許多英國和法國的戰地記者，而丘吉爾先生有辦法和其中一位身在克里米亞半島的記者搭上線，定期取得他拍往倫敦報社的新聞複本。於是，丘吉爾的《事件時報》——這可真是全新的玩意兒——現在每週出刊五次。於是我們看到，先是土耳其人，再來是其餘的中東民眾，遂欲罷不能地上了癮，這個癮不是咖啡或菸草，而是比咖啡和菸草更容易教人上癮，或可說危害更深，那就是每日固定要看新聞報導的癮。之後不久，又出版了一份以阿拉伯語發刊的克里米亞戰爭精摘，這是給鄂圖曼國內以阿拉伯語而非土耳其語為主要語言的民眾閱讀的。戰爭結束之後，阿拉伯語的報紙隨之停刊，土耳其文報則持續出刊，並有其他的報紙跟進。

一八六〇年，鄂圖曼政府出資贊助一份在伊斯坦堡出刊的阿拉伯語日報，這份報紙不只是作為官方喉舌和諸如此類的用途，而是一份真正的報紙，包括有國內外新聞、社論和專題報導。就在同一時間，身處貝魯特（Beirut）的耶穌會神父們，出版了幾乎可以肯定是阿拉伯地區的第一份日報。回教徒總是批評帝國主義和傳教士是兩大危險，至少在這個方面是對的：給他們日報看的，的確是帝國主義者和傳教士。隨著報業的興盛，編輯、記者和讀者都開始得面臨兩個大問題，亦即宣傳活動和書報檢查尺度。

報業在十九世紀末二十世紀初發展得非常快速而廣泛——日報、週報、月刊——埃及的情

---

6 *Takvim-i Vekaʾiʿ*, Jumada I 1247/14 May 1832.

況尤為明顯，因為英國占領該地，創造了有利的環境。埃及的刊物，在其他使用阿拉伯語的國家流通甚廣，這些國家也在這個資訊擴散的過程中，發展出自己的報紙和雜誌。報業的成長，造成了巨大的影響。國內外一條條固定的新聞，讓可以讀報或是聽人讀報的平民，對自己所居住的世界、城市、城邦、國家和大陸略有所知，這在早期根本是天方夜譚。克里米亞戰爭除了引進報業，還引進了其他事物，這些事物，也在報章上有所報導，諸如西式自治市的創建，西式國家財經機構的引入等，其中公債一物尤其值得注意。

另一個有著根本重要性的改變，是在語言方面。無論是土耳其語、阿拉伯語和後來的波斯語報紙，都從早期報紙那種讀起來像是宮廷編年志或是政府文告的凝重風格，迅速發展成比較活潑的報導風格。後來的活潑風格是在幾十年間發展出來的，一直延續到今天。中東的記者，得要設計出一種新的溝通媒介，來討論現代世界的問題。十九世紀的報紙，報導和討論的是波蘭人起事反抗俄羅斯、美國的南北戰爭、維多利亞女王在倫敦為國會開議致辭，以及其他類似的難以理解的主題。中東之所以出現了現代的採訪語言和政治語言，大體上要歸諸於報紙需要報導和解釋這些事情。

另一項發展，或許比報章用語的出現更為驚人，那就是記者這號人物。記者在中東的社會裡是個前無古人的角色，他從事一種從來沒人做過的行業，可是這個行業卻有著無比的重要性。

如今，報紙不會是咖啡館裡唯一出現的大眾傳媒。咖啡館裡一定有座收音機，可能還有台電視機。中東地區的收音機廣播始於一九二五年的土耳其，比倫敦的世界首播只晚了三年。然而，大多數由外邦統治者把持溝通管道的國家，廣播之傳入則要延遲些時日。在埃及，廣播要到一九三四年才開辦，且一直沒有擴大規模，直到一九五二年革命之後才快速進展。土耳其也是建立獨立廣播公司的先鋒，那是一九六四年，且不是由政府直接控制。一般而言，廣播業者所享有的自主程度，要視該國政權的性質而定。從海外直接進行宣傳廣播，看來是由義大利的法西斯政府首開其端，該國政府在巴里（Bari）開辦了一個定期播送的阿拉伯語節目。這是一場宣傳戰爭的序幕，先是英國和德國加入，後來法國也湊進來，最後連美國和蘇聯也全捲進去。中東各國也開始四向廣播，為的是提供資訊、指引、偶爾也顛覆一下。電視的傳入，由於費用高昂，所以起頭比較困難。不過，到了今天，電視網已遍布全中東了。

在一個文盲還是重大課題的地區，引進一種以口語直接傳達訊息的方式，的確會引爆革命性的震撼。一九七九年的伊朗革命，絕對可以稱得上是世界歷史上第一次以電子儀器操作的戰爭。何梅尼（Ayatollah Khomeini）的演說是用卡帶傳播，而他本人則是藉由電話傳達指示。這件事給演說家打開了一個新方向，一個把講演內容傳到聽眾耳中的新途徑，這在早先的時代，是做夢也想不到的事。

至於收音機和電視機會播演些什麼樣的內容，在相當程度上，要看該國的政府形式以及該國元首或是操作這個政府的領袖如何盤算。或許，我們在咖啡館的牆上就可以看到這些領袖的照片。在極少數的國家裡，也就是那些成功地引進西式民主政體且仍然繼續運作的國家中，他或她可能是經民主程序選出來的領袖，而媒體則會反映出各式各樣的反對聲浪，同時也會報導政府的觀點。至於中東地區大多數的國家，其統治者所領導的，或多或少都屬於某種形式的專制政府。其中有一些，採行的是傳統式的溫和專制，它們遵行古典的禮法，並允許一些不同的意見存在。至於其他國家，則是由軍事領袖或是政黨領袖建立的極權政府，他們的傳播媒體——報紙、收音機、電視機之類的——自然也就表現出極權統治下的一言堂本色。

不論政府遵循的是何種形式，統治者行使的是何等職權，把領袖肖像高掛牆上一事，本身就是一種創新，而且與傳統背道而馳。一七二一年，一位土耳其派往法國的使節，在自己的報告中提到，根據法國的習俗，國王會把自己的肖像發給外國使節。但是，由於回教徒不能接受有人像的圖案，這位使節遂提出要求，而國王也順應給了他其他的禮物。[7]不過，這並不意味肖像畫是完全不存在的。征服者麥何密二世（Mehmed II）這位素檀，就曾准許義大利畫師貝里尼（Bellini）為自己畫像，他甚至還蒐集歐洲畫師的作品。可惜他的兒子兼繼承人是個比他虔敬得多的君主，於是他的收藏都被處理掉了。不過，後來的素檀們都沒有那麼嚴守教規，所以我們可以在伊斯坦堡的托普卡珀宮看到大量素檀本人和其他人物肖像畫的收藏。時序演變到現代，更發展出一種回教式的聖像畫，在什葉派（Shiʿah）國家中，畫的主要是阿里（ʿAli）和胡辛（Ḥusayn）——相貌顯然是傳說中的；在遜尼派（Sunni）國家中畫的則是其他人，不過數量少很多。在錢幣上鑄像，是從古希臘和古羅馬一脈相承下來的歐洲習俗，在中東地區也可找到少數前例。某位阿拔斯朝（ʿAbbasid）的哈里發，曾在錢幣上鑄了應該是他本人的肖像，這其實是個刻意挑釁的行為，因為錢幣上鑄的不是簡單的頭像，而是他正在啜飲杯中物的樣子。另外在安那托力亞（Anatolia）高原也出土了少數塞爾柱突厥人（Seljuk Turks）的錢幣，是由一些較小的公國發行的，幣上出現的是當地王公的肖像。不過，這完全是地區性的行為，可能是仿自拜占庭統治者。

除了領袖肖像外，咖啡館的牆上恐怕看不到其他畫作。不過，牆上一定少不了的是裝裱好的書法，內容可能是出自古蘭經的經文，或是先知穆罕默德說過的話。從大約十四個世紀以前，回教就一直是中東地區的主要宗教，而在大部分的時間中，它更是主導性的宗教。清真寺裡的敬拜儀式，簡單而無華，通常就是念幾段古蘭經上的韻文而已。聚禱是一種有紀律且共同進行的行為，這個行為的目的，是表示對造物主，亦即那位身在遙遠地方的非物質上帝的臣服。在回教的

---

7 Mehmed Efendi, *Paris Sefaretnamesi*, ed. Ebüzziya (Istanbul, AH 1306), pp. 139-46.

敬禱儀式中，不准有戲劇和神話演出，也沒有儀式性的音樂和詩歌，具有象徵性的畫像或雕塑更是提都別提，對回教徒來說，畫像和雕塑都是偶像崇拜的一種，是必須嚴格禁止的。回教藝術家應用抽象和幾何設計來進行宗教裝飾，並廣泛而有系統地使用銘文。他們經常用古蘭經經文甚至於整篇章節來裝飾清真寺的壁面和天花板，以及自己的居家和公共場所。

我們也許可以從美術方面，看到西方文化手法和價值滲入中東的最初跡象。即便是在伊朗這個離西方較遠、且對於西方的影響持不開放態度的國家，也早在十六世紀就可以於畫作中看到西方的影響，譬如陰影和透視法的使用，以及描繪人像時的技法轉化。波斯和鄂圖曼藝術中，一直有繪製人物的傳統，雖然這有違回教非難偶像崇拜的規定。在西方繪畫藝術的影響下，這兩個地方的人物畫，開始變得比較有個性而不那麼樣板。甚至還造成一些肖像畫的出現。公開陳列統治者的容貌，不管是在錢幣、郵票或是牆壁上，都是晚近的事，在一些比較保守的國家，仍然把這種陳列看成是接近偶像崇拜，褻瀆神明。

作為一種藝術表演形式的劇場，在中東諸國裡的影響有限，不過，電影這項發明，卻很快就全面地攫獲人心。有證據顯示，默片早在一八九七年便從義大利進口到埃及，而第一次世界大戰期間，為同盟國部隊安排的電影欣賞，讓許多中東人有機會接觸到這種新媒體。一九一七年時，埃及就已經出品了本地製作的電影，而第一部劇情長片也在一九二七年製作上映。自此，電影已發展成一種大企業，在許多中東國家都看得到，最主要的基地首推埃及。埃及的電影事業在現今世界排名第三，僅次於美國和印度。

其他源出於西方的新事物，可能因為它們已在此區扎根茁壯、蔚然成林了好一段時間，以致其外來根源根本無從稽考。要是坐在咖啡館裡的那位仁兄受過教育而且還不幸因過度閱讀損害了視力，那麼他的鼻樑上可能就會架了副眼鏡。而眼鏡，正是歐洲人的發明物之一，其傳入中東地區的時間，約可溯自十五世紀。這家咖啡館裡可能有座時鐘，顧客腕上也可能戴了手錶，這兩樣，也都是歐洲人的發明，或許在今天仍然是從外國進口的——來自歐洲或遠東。精確地度量時間這件事，其實就代表著一種社會習慣的重大改變——而這項改變，仍在進行中。

如果咖啡館裡的那位仁兄旁邊還有三五好友，他們可能正在用一種方法消磨時間，而這種方法，不需要涉及任何一種時間度量，那就是下棋。下棋在中東已經擁有悠久的歷史，最流行的兩種棋是雙陸棋（backgammon）和西洋棋，後者通常是教育程度較高的人在玩。這兩種棋都是從中東傳到西方的，其中的西洋棋可能還是源自於印度呢。有資料證明，早在先回教時代的波斯，這兩種棋就已經發明了。在中古時期，當回教神學家針對命定論和自由意志說展開大辯論時，這兩種棋都曾被拿來當作象徵和範式。人生是不是就像一局西洋棋？棋手的每一步都是一次選擇，每一次選擇的技巧和眼光，將可以幫助他贏得最後的勝利。還是，人生更像是一局雙陸棋呢？技巧只能加速或延緩最後結局的到來，而最後的結局，是由每一次的投擲骰子所決定。這種玩法，有人叫它作亂數的機率，有些人則認為那是上天早就做好的決定。這兩種棋戲，為回教神學上的一項重大辯論，提供吸引眾人目光的比喻。在這場辯論中，勝出的是雙陸棋，而不是西洋棋。

在播放新聞和演說的空檔，音樂就上場了。在大多數的咖啡館中，提供給顧客聆聽的，多半是傳統的或是流行的中東音樂，有時也可以聽到半東方式的西方流行音樂。想要在這種小店裡聽到任何一種西方藝術音樂，機率恐怕是微乎其微。即使是那些西化程度最高、最願意接受西方社會和文化的人，真心欣賞西方藝術音樂的還是相當有限。這和日本、甚至於中國的情況恰恰相反，這兩個社會就和其他非西方社會一樣，都能夠欣賞、演奏、甚至編製西式的藝術音樂。在已經西化的人口中，諸如黎巴嫩的基督教徒和以色列的猶太教徒當中，的確是有一群西方藝術音樂的愛好者。在土耳其也是一樣，其西化程度已經及於音樂的領域，如今已有土耳其管絃樂團、歌劇團和作曲家。音樂，至少是器樂，因為它們就像美術一樣超然於語言之外，因此可能比較容易被異文化的人們所接受。可是，在中東的大部分地區，情況並不如想像那樣，其原因部分可能是因為中東人所偏好的音樂主要是歌曲的關係。無論如何，西方藝術音樂的聽眾，始終就只有一小撮。這和其他西方藝術所碰到的情況，也完全不同。譬如繪畫和建築的改變，早在西力衝擊的最初階段，就已經展開，並在同一階段完成變革。至於文學方面，傳統的藝術表現方式事實上已經死亡了，而短篇小說、劇本甚至於詩歌，都和現代世界的普遍模式沒啥差別。若說繪畫是藝術西化歷程中最早受到波及且影響最廣面的一個，那麼音樂就是最後而且影響度最低的一個。這或許也告訴了我們：在一個文明的諸多藝術表現當中，音樂將是最後一個能為外界的新來者了解、接受和表現的。

對於西方的訪客來說，中東地區幾乎每一個角落的咖啡館，都有一項令人瞠目結舌的特色，那就是一眼望去看不到幾名婦女，要是有的話，也是外邦來的婦女。占著桌子的是男人，有些獨個兒坐著，有些成群坐著，到了晚上，年輕男子成群結黨地在大街小巷穿進走出找樂子。婦女解放遠遠落後於男性地位的改變，這種情形在現今中東地區的許多地方，依然開著倒車。

以上敘述所浮現出來的景象，是一個有著久遠古老又根深柢固的文化傳統的地區。它曾經是諸般文明的中心，各種觀念、商貨、有時候還包括部隊，都從這裡向各方輻射出去。在其他時候，它又像塊磁石，吸引許多外界人士，有時候是信徒和朝聖者，有時候是俘虜和奴隸，有時候則是征服者和宗主們。它曾經是四通八達之地，也是市場集散之地，知識和商品從古老悠遠的地方帶到這裡來，然後——有時候是經過大幅改良之後——再傳送出去，繼續它們的旅程。

到了現代，最足以左右大多數中東人的所思所想者，應該首推歐洲人帶來的衝擊吧，說得更籠統些，是西方所造成的衝擊以及它所帶來的轉化——也許有些人會把這種「轉化」

（transformation）叫做「搗亂」（dislocation）。中東地區的現代歷史，是一段快速而且被迫改變的歷程——來自陌生世界的挑戰快速進逼，人們則在這種進逼之下，被迫以不同的階段和不同的面向，做出種種反動、拒斥和回應。在某些方面，改變是徹頭徹尾的，也或許是無法逆轉的，甚至還有一些人希望能把這些改變推得更深更遠；然而在某些方面，改變卻是有限而膚淺的。有許多人——包括保守者和激進者——都想要繼續和擴大這種反向逆轉，在他們眼裡，西方文明的影響是中東有史以來最大的災難，要比十三世紀蒙古人的毀滅式入侵更為嚴重。曾經有一段時間，「帝國主義」這個詞是用來特指西方衝擊，然而曾幾何時，當歐洲人直接統治的短暫時期已隱褪成往事，而美國仍待在那遙遠的地方，根本不插手中東事務，帝國主義的指控似乎是愈來愈不具真實性。反對西方影響的人，是怎樣看待這種轉變呢？我們可以由何梅尼對美國的評論中，得到明確的解答，何梅尼把美國稱之為「大撒旦」（the Great Satan）。撒旦不是帝國主義者，它是誘惑者；它不使用征服手段，它只引誘人。有一些人，痛恨且恐懼著西式生活所具有的引誘力量，也就是他們眼中的毀滅力量；而另一些人，則把西式生活看做是一種新進步和新力量，是文化和文明交流中持續而有益的因素。這兩派的戰爭，至今仍未歇止。

這兩股勢力在中東地區的爭鬥，到底會誰勝誰負，現在還看不出來。我們或許可以從了解中東歷史和中東文明的背景入手，一步步追索決定這場爭鬥的起源、過程和諸般課題。

第二部——先祖

第一章 基督教時代以前

我們今天稱做「中東」的地方，在基督紀年剛剛開始的時候，有兩個強大的帝國勢力互爭雄長。這種分庭抗禮的局面，在中東幾千年來有文字紀錄的歷史中，不是第一次，也不是最後一次出現。中東地區的西半部，包括了從博斯普魯斯海峽（Bosphorus）到尼羅河（Nile）三角洲的東地中海沿岸各國，這時都成了羅馬帝國的一部分。此地的古老文明走入黃昏，而古代城市也在羅馬派遣的總督，或是當地的傀儡王公治理之下。至於中東的東半部，則屬於另一個龐大的帝國，希臘人和後來的羅馬人稱這個帝國為「波斯」（Persia），而當地人則稱它為「伊朗」（Iran）。

當時中東的政治形勢，無論是在外觀上或是在實質上，都和現在的局勢相去甚遠。不僅是國家的名稱不同，這些國名所指涉的疆域也不相同。那時住在這些國家的民族，他們所使用的語言和所信仰的宗教，大多有異於今日。至於文化現象，與其說古代的傳統在此從未間斷，倒不如說是人們自覺地把經過重新省察的古代遺產，推到了更高的層次。當然，這裡是有少數浮面甚於實際的例外。

在波斯人和羅馬人主導並互相對抗的時代，西南亞以及東北非的形勢，也和更遠古的中東各個帝國與文明差異甚大。早在馬其頓的方陣、羅馬的軍團，或是波斯的重裝騎兵（cataphract）在此建立主控權以前，這些中東的帝國與文明，幾乎全被強大的鄰邦所占領、同化了。那些能存活到基督紀年之初，並且保留了部分原有風貌和語言的古代文化，最古老的莫過於埃及文化了。埃及在地理上和歷史上，都有明確的界定。它包括了尼羅河下游以及三角洲，東西境為沙漠所限，北面臨海。在征服者來到之前，埃及文明已經有幾千年的歷史了，而且，在波斯人、希臘人和羅馬人的陸續占領之下，埃及文明依舊大致維持了鮮明的本色。

古代埃及的語言和書寫系統，在二千年之間經歷了數番轉折，不過仍有著明顯的連續性。埃及的古象形文字，以及後來發展出來的所謂「通俗體」（demotic），兩者都沿用到公元以後，最後才被「科普體」（Coptic）取代。「通俗體」是一種比較潦草的書體，而「科普體」是古埃及文最終的形式，它借用希臘字母轉寫埃及語文，不夠的字母，再從通俗體變化而來。科普書體首見於公元前第二世紀，至公元後的第一世紀完全定型。科普語文在埃及人改宗基督教之後，於羅馬以及稍後的拜占庭統治埃及的時期，成為基督教埃及全國性的文化用語。當信奉回教的阿拉伯人征服埃及，埃及隨之回教化及阿拉伯化，此時就算是信奉基督教的埃及人，也採用了阿拉伯語文。這些埃及的基督教徒，仍然被稱做科普人，可是科普語文已日漸凋零，時至今日，就只存在於科普教會的儀式當中。埃及，已經有新的自我認同的身分了。

埃及這個國家有過許多的名稱。希臘人、羅馬人和現今世界所用的名稱是「埃及」（Egypt），雖然埃及人並不如此自稱。「埃及」這個詞語是個希臘文變體，根源於古埃及語，其中第二個音節，可能取自與「科普」一詞同源的語根。此地的阿拉伯名稱是「密昔兒」（Misr），此名是由阿拉伯征服者傳入，直到今天還在使用。「密昔兒」這個詞語，可以聯繫到希伯來聖經以及其他的上古文獻中對埃及這個地方的閃語系（Semitic）稱呼。

中東另一個早期的大河文明，也就是底格里斯河（Tigris）及幼發拉底河（Euphrates）的大河文明，可能要比埃及的文明悠久得多。然而，兩河文明卻不見埃及國家與社會那種一致性和延續性。兩河流域的南部、中部和北部，有著許多使用不同語言的各種民族開山立寨，因而各地也有不同的稱呼，譬如蘇美（Sumer）和阿卡德（Akkad），亞述（Assyria）和巴比倫（Babylonia）。在希伯來聖經中，這個地方叫做「兩河的亞蘭（地帶）」（Aram Naharayim）。希臘羅馬世界稱這裡為「美索不達米亞」（Mesopotamia），意義雷同。公元後的數百年間，此地的中部和南部為波斯人牢牢掌握，波斯人並把帝都定在泰西封（Ctesiphon），位置離巴格達現址不遠。「巴格達」（Baghdad）這個名稱是個波斯語詞，意思是「上帝交託」。原本是當地一個小村莊的名字，幾百年後阿拉伯人在這裡建立了帝國的新都。「伊拉克」（Iraq）這個名稱在中古阿拉伯語中，指的是一個省區，其地域包括今天稱做伊拉克國的南半部，也就是從塔克里特（Takrit）往南直到海濱。這個地方有時候也被稱做「阿拉伯的伊拉克」（‘Irāq Arabī），有別於「非阿拉伯的伊拉克」（‘Irāq Ajamī），那是它與伊朗西南接境的地區。

美索不達米亞的北部，是個亂紛紛的地方，有時候歸羅馬統治，有時候受波斯統治，有時候由本土的王朝統治，也有的時候，這裡被當作是敘利亞的一部分。「敘利亞」（Syria）這個語詞，通常籠統地指稱托魯斯山脈（Taurus Mountains）以南、西奈（Sinai）沙漠以北、阿拉伯沙漠以西、地中海以東之間的地區。語源不詳，希羅多德（Herodotus）解釋為「亞述利亞」（Assyria）的縮寫，現代學者則追本溯源於幾個當地的地名。「敘利亞」一詞的首度出現是在希臘語中，無論是形式或是用法，前希臘時代以前的文獻內皆無可資相證的前例。這個希臘名詞，在羅馬以及拜占庭的官方用語中已成為習慣用語。到了七世紀阿拉伯人征服以後，這個語詞從此消失。這個語詞在歐洲偶爾會用到，特別是在古典研究復興之後，另外則是自文藝復興以來，和希臘羅馬術語一併使用。這個原先叫做「敘利亞」的地方，在阿拉伯世界、或者說得廣泛一點，在回教世界裡，稱做「苫國」（Shām）。「苫」這個語詞，也用來稱呼苫國的首善之區大馬士革。在阿拉伯文中，希臘式的「敘利亞」寫做「素里亞」（Suiya），在極偶爾而稀有的情況下，出現於地理著作當中，不過除此之外就沒有看到了。直到十九世紀的下半葉，歐洲流風所及，此詞才又再度出現。「敘利亞」在鄂圖曼帝國的行政區劃下，於一八六五年正式用作為省區的名稱，亦即大馬士革省（vilayet of Damascus）。第一次世界大戰以後，法國託管地成立，「敘利亞」首次成為國家的官式名稱。至於此國流傳至今的舊式以及本土名稱，用得最普遍的是「亞蘭」（Aram），因居住在敘利亞和美索不達米亞兩地的亞蘭人而得名。由於美索不達米亞被稱為「兩河的亞蘭」，准此，南敘利亞被稱為「大馬士革的亞蘭」（Aram of Damascus），北敘利亞稱做「瑣巴的亞蘭」（Aram of Zoba），也就是今阿勒坡地方（例見〈撒母耳記〉下第八章第六節及第十章第八節）。

不過，組成肥沃月彎（Fertile Crescent）西弦的各個國家，最平常的就是以統治此地的王國或是住在當地的民族命名。其中，我們最熟悉的，或說至少是文字記載最明確的，乃是南部地區。這裡在希伯來聖經的前幾書中和其他一些古代文獻裡面，稱做「迦南」（Canaan）。在以色列人征服並定居下來之後，迦南這塊以色列人居住的地方，漸漸被描述為「以色列人的地」（見〈約書亞記〉第十一章第二十二節），或者簡稱為「以色列全地」（見〈撒母耳記〉上第十三章第十九節）。在公元前的第十世紀，大衛和所羅門的王國分立以後，南邊以耶路撒冷（Jerusalem）為王都，稱做猶大（Judah），而北邊稱做以色列（Israel），後來又稱做撒馬利亞（Samaria）。南方與北方的濱海地區，則得名自居住在那裡的民族，北方稱做腓尼基（Phoenicia），南方稱做非利士（Philistia）。非利士人在巴比倫征服的時代就此消失，不復聞見。腓尼基人一直存在到羅馬時代以及基督教時代早期，居住在今天以色列北部及黎巴嫩（Lebanon）南部的海濱平地。公元前第六世紀波斯人的征服行動之後，回歸的流亡百姓居住的地區稱做「猶大」（Yehud，參見亞蘭文本的〈但以理書〉第二章第二十五節及第五章第十三節，和〈以斯拉記〉的第五章第一節與第八節）。羅馬人分別稱呼這個地區的南部、中部、北部為：猶大（Judaea）、撒馬利亞以及加利利（Galilee）。這些羅馬用法，也反映在新約聖經當中。除了這些地區之外，尚有南方的沙漠，羅馬人稱為以東米亞（Idumea），此語來自聖經的「以東」（Edom），今天則稱做內蓋夫沙漠（Negev）；還有皮烈亞（Peraea）地方，位於約旦河東岸。

美索不達米亞與敘利亞兩地的主要語言皆屬閃語系，其下細分為幾個不同的支系。其中最古老的是阿卡德語系，亞述語和巴比倫語同屬此系。阿卡德語普遍使用於美索不達米亞地區。另一個是迦南語系，包括了聖經裡的希伯來語、腓尼基語——腓尼基語在北非有一個分支，即迦太基語（Carthaginian）——以及於南北敘利亞發現的銘文中讀到的一些有密切關係的語言。在基督紀年之初，這些語言大多已蕩然無存，代之而起的是屬於另一個閃語支系的語言，這一組關係性強的語言叫做亞蘭語。在迦南語系當中，地中海東岸（Levant）的海港以及腓尼基人在北非的殖民地，仍舊使用著腓尼基語，而希伯來語雖然已不再是猶太人的口頭共通語言，它仍然是宗教、文學和學術用語。亞述語和巴比倫語，看來是完全死亡了。亞蘭語成為商貿、外交上的國際溝通媒介，廣泛使用於肥沃月彎以及波斯、埃及與今日的土耳其南部地區。

從歷史的觀點來看，阿拉伯語（Arabic）是諸閃語中，最晚進入這個地區的。在基督紀年之初，阿拉伯語的使用地域，局限於阿拉伯半島的中部與北部。阿拉伯半島西南、即今天葉門（Yemen）的地方，有著較為發達的城市文明，這裡說的是另一支叫做「南部阿語」的閃語。此語與衣索比亞語（Ethiopic）有密切的關聯，後者是南阿拉伯的殖民者浮海帶入東非地角（Horn of Africa）的。有證據顯示，北方操阿拉伯語的百姓在第七世紀阿拉伯人大舉征服之前，就已經進入敘利亞和伊拉克的邊界地區，並在此安家落戶。第七世紀的阿拉伯征服行動，造成阿拉伯語在這整片地區的優勢，在肥沃月彎，亞蘭語遂為阿拉伯語所取代。今天，亞蘭語仍然存在於某些東方教會的祈禱文裡，少數偏遠的村落也繼續在使用。

今日叫做「土耳其」（Turkey）的地方，一直要到中古時期一支稱做「突厥」（Turks）[1]的民族從遙遠的東方到來，才得到這個名稱——而且，這個名稱只有在歐洲才這麼使用。基督紀年早期最常用的稱呼是「亞細亞」（Asia）或是「小亞細亞」（Asia Minor），還有「安那托力亞」（Anatolia）。這兩個地名指稱的，原是愛琴海（Aegean Sea）的東岸，後來逐漸向東延伸，意義於是變得含糊而且模稜兩可。那時，人們往往用劃分該地的省名、城名或王國名，來指稱土耳其地方。希臘語在此是強勢語言，也是主要的溝通媒介。

「安那托力亞」源自於希臘語，意思是「日出」。拉丁文裡的「Orient」和義大利文裡的「Levant」，都有相同的涵義。這些名稱反映出當時人的視野，對他們來說，東地中海地方，就是所知世界的極限。一直要等到地中海居民開始意識到東方還有個遙遠遼闊的亞洲大陸，他們才把自己所熟知的日出之地改稱「小亞細亞」。同理，在幾個世紀之後，當一個更遙遠的東方在西方世界的地平線升起時，原先古老而不復記憶的「東方」（East），就成了「近」的（Near）東方，然後又成了「中間」（Middle）的東方。在這些遙遠的東方地區當中，對於「中間東方」最重要也最舉足輕重的，便是伊朗，即西方世界所習知的波斯。

嚴格說來，波斯（Persia或Persis）既非國名，亦非族名，這是個省分的名稱，來自伊朗西南的省分法爾斯（Pars或Fars）。法爾斯省位於波斯灣的東岸，波斯灣因此得名。波斯人從來沒有用那個名稱稱呼整個國家，然而，他們的確用這個名稱指稱自己的語言。這是由於法爾斯地方的方言，成了伊朗國中主導性的文化與政治用語，就好比多斯卡尼方言（Tuscan）成了義大利語、卡斯提爾方言（Castilian）成了西班牙語，而中原諸郡（Home Counties）的口音成了英語一般。波斯人慣用的國名是伊朗，在一九三五年，他們也要求世界各國一致接受這個國名。「伊朗」出自古波斯語詞「aryānam」，這是個所有格的複數形式，意義是「雅利安人的（地方）」，可以回溯到印度—雅利安民族（Indo-Aryan peoples）早先的遷徙行動。

中東的宗教分布，比起中東的人種和語言分布更為複雜，並讓人摸不著頭緒。一些古代的信仰已經破滅並為人忘卻，然而許多的古代信仰，卻托身於幻化的法身繼續存在。長久以來中東民族的征服與遷徙，以及隨後有著無窮影響力的希臘化文化與羅馬統治，使得信仰和崇拜產生了調融綜合的嶄新形式。某些東方的崇拜，甚至也得到羅馬人信奉，有些信徒甚至就在羅馬城內。埃及的艾西斯神（Isis）、敘利亞的阿多尼斯神（Adonis）、小亞細亞的弗里吉亞（Phrygia）地方的

---

1 譯按：Turkey本意為「突厥的（人或地）」（Turk+i），做現代國名解，今多音譯為「土耳其」。為兼顧習用名詞與歷史敘述的連續性，舉凡廣義的種族、文化敘述以及鄂圖曼時代以前的歷史，皆沿用「突厥」古名對譯，只有在以下兩種情況才譯做「土耳其」：一，作為地理名詞，指稱今日土耳其國的地理範圍；二，作為政治名詞，指稱鄂圖曼人在此地建立的突厥政權，以及今日的土耳其國。

希玻莉神（Cybele），都在那些中東地區的新宗主中間贏得信眾。

在相對來說短暫的時間裡，也就是以百年計算而不是以千年計算的時間裡，這些古代的神祇和崇拜，都被遺棄或是超越了。代之而起的，是在中東地區相繼興起的兩個新式、互別苗頭的一神論世界宗教，它們就是基督教和回教。第七世紀回教的來臨以及獲得全面優勢，是在基督教興起與傳布之後，在某種意義上，前者得力於後者；但基督教自身的成立，又是得力於其先輩的宗教與哲學。基督教文明與回教文明兩者的共同根基，乃在於上古中東三大普世導向的傳統之間的邂逅與互動。這三個傳統是猶太人、波斯人與希臘人的傳統。

唯一真神（monotheism）這個觀念，並不是前無古人的。譬如，這個觀念曾經出現在公元前第十四世紀的埃及法老易肯阿頓（Akhenaton）的讚美詩裡。然而，這些觀念零星而孤立，因此其影響是暫時的、地域性的。首先把道德上的一神理論當作本身宗教不可或缺部分的，是猶太人。猶太人的信仰，從原始的部落崇拜，演化到普世性的道德一神信仰，其過程反映在希伯來聖經的連續篇章之中。這些篇章，也反映出猶太人益發察覺到，這個信仰是如何地使自己從周遭崇拜偶像或是敬拜多神的民族中孤立出來。在現代，那些相信只有自己才掌握了真理的人們，很容易自信地發現這項真理全是自己的功勞。可是，對於上古時代的虔誠信徒來說，這種自以為是會是要不得的狂妄僭越。所以，當上古的猶太人碰到這件不尋常的事情，也就是只有他們才曉得天下唯有一個上帝這項真理的時候，他們甚至無法想像是他們選擇了上帝，於是他們採取了謙卑的想法，認為是上帝選擇了他們。這個抉擇同時也帶來了義務以及實質上比義務要多的獨享權益。有的時候，這些義務和權益，會構成無法承受的重擔。「在地上萬族中，我只認識你們；因此，我必追討你們的一切罪孽。」（《阿摩司書》第三章第二節）

但是，並不只有猶太人認識到並敬拜著一位普世性的道德上帝。在東方的伊朗高原之上，有兩個史稱米提人（Medes）和波斯人的同宗民族，也從自身的古老多神崇拜中演化出一套信仰，相信有一位獨一無二的至高神明，是為美好良善的終極力量，並與邪惡的勢力不斷交戰。這個宗教的出現，與先知瑣羅亞斯德（Zoroaster）的名字聯繫在一起。瑣羅亞斯德的勸示，保存在古代祆教（Zoroastrianism）的經卷當中，用非常古老的波斯語文寫成。這位波斯先知生活與傳行教化的時代不詳，學者的估算，前後可以相差一千年以上。不過，祆教運動活躍在公元前的第六、第五世紀，這是很明確的。數百年來，這兩個尋覓上帝的民族各循其道，看起來，彼此之間並不知道對方的存在。公元前第六世紀發生翻天覆地的事件，使雙方意外地接觸了；這個接觸所引發的後果，在世界各處以及各個世代迴盪不絕。

公元前五八六年，巴比倫國王尼布甲尼撒（Nebuchadnezzar）在一連串的征服戰爭之中，占領了耶路撒冷，消滅了猶大王國，摧毀了猶太人的聖殿（Temple）。尼布甲尼撒按照當時的慣例，把戰敗的百姓送到巴比倫地區去做囚奴。又過了幾十年，巴比倫王國本身也被另一個征服者推翻，他就是米提人居魯士（Cyrus），新興波斯帝國的開國君主。這個帝國的版圖，在當時伸展到敘利亞地區及其後方。在這片遼闊而且異言殊俗的帝國領地上，有著許多戰敗的民族。波斯征服者與這一小群猶太人，彼此似乎在眼光與信仰上有著某種根本的相近體認。居魯士准許猶太人從巴比倫的囚禁處返回以色列地方，並下令由公家出資，重建座落在耶路撒冷的聖殿。於是，希伯來聖經賦予居魯士的高度尊崇，在非猶太系的君主中前所未見，就連猶太系的統治者，也少有受到如此禮遇者。《以賽亞書》的最後幾章，寫成於巴比倫之囚（Babylonian captivity）之後，其描寫甚為戲劇化：「他（指居魯士）是我的牧人，必成就我所喜悅的，必下令建造耶路撒冷，發命立穩聖殿的根基。」（《以賽亞書》第四十四章第二十八節）緊接的那一章，有過之而無不及：「我—耶和華所膏的古列[2]，我攙扶他的右手，使列國降伏在他面前。」（《以賽亞書》第四十五章第一節）

在希伯來聖經的前期與後期書、記之間，也就是那些完成於巴比倫之囚之前，以及完成於回歸之後的部分，在信仰和目光方面，有著顯著的差異。這些差異，部分至少可以合理地歸諸伊朗的宗教想像世界的影響。其中值得注意的，是良善勢力與邪惡勢力、上帝與魔鬼之間永無了期的鬥爭這一個觀念；人類在這一場鬥爭裡面，也扮演了一個角色。其他值得注意的，還有死後審判、上天堂或下地獄接受果報的這個觀念，以及有一位出自聖裔、敷了油的救世主，將在末日來到，確保良善終於戰勝邪惡這個觀念，這兩個觀念於此都有更清晰的發展。這些觀念之舉足輕重，在後期的猶太教以及早期的基督教中，更是明顯。

這項猶太人與波斯人的連結，也有著政治上的意義。居魯士善待猶太人，猶太人於是回報以忠誠。猶太人無論是在家鄉或是在羅馬人治下的其他地區，在往後的幾百年均備受猜疑，有時候，這些猜疑是合情合理的，因為猶太人同情、甚至勾結羅馬的大敵波斯。

德國的哲學家與歷史學者雅斯培（Karl Jaspers），嘗以公元前六百年到公元前三百年之間，為人類歷史上的「軸心時代」（axial age），因為在這段時間裡，原來住在遙遠並且顯然是不通聞問的人們，在精神上與思想上都有重大的突破。這個時期在中國有孔子和老子，在印度有佛陀，在伊朗有瑣羅亞斯德或其主要門徒，在以色列有眾位先知，而在希臘則哲人備出。這些大家幾乎都是素昧平生。雖然此時似乎有些來自印度的佛教傳教團在此活動，這些活動並不普遍為人所知，看來也不曾發生很大的作用。猶太人和波斯人彼此的良性關係，開始於居魯士與其繼承人時代，而這些居魯士的繼承人，又向西拓展其疆域，翻越安那托力亞高原來到愛琴海，與希臘人展

---

[2] 譯按：即居魯士另譯。

開接觸與衝突。此舉建立起多條交流管道，溝通了正在勃興的希臘文化與波斯帝國裡面的各方民族。希臘的才智之士，長於哲學與科學甚於宗教，不過希臘哲人、科學家傑出的識見，對於中東地區往後的宗教文明乃至世界的宗教文明，都有著深遠的影響。

希臘的生意人和雇傭兵，很早就來到了中東，探索了不少地區，並且把這些陌生地方的資訊帶回希臘，刺激了希臘哲人與科學家在思想學術層面日益增強的好奇心。波斯帝國大事擴張，也提供了新的機會：來往與交通更為便利、掌握語言知識、波斯帝國政府的許多階層也採用了希臘技術。馬其頓（Macedon）的亞歷山大（Alexander the Great, 356-323B.C.）東征，揭開了新的時代。這場東征，把馬其頓的統治與希臘文化的影響帶過伊朗，伸展到中亞與印度邊境；向南則經過敘利亞進入埃及。亞歷山大死後，繼承者三分天下，分別以伊朗、敘利亞與埃及為基地，建立王國。

希臘人在亞歷山大的征服行動之前，就對波斯國略有所聞；如今，他們更為熟悉美索不達米亞、敘利亞和埃及這些神祕的國度。希臘人在這三處建立了政治上與文化上的優勢，前者最後為羅馬人所取代，後者在羅馬統治之下依舊弦歌不輟。公元前六四年，羅馬將軍龐培（Pompey）占領敘利亞，隨即又取得猶大地方。公元前三一年，安東尼（Anthony）和克麗奧佩脫拉（Cleopetra）在「亞克興會戰」（battle of Actium）戰敗，統治埃及的希臘—馬其頓君王們，於是也得受羅馬羈縻。在這種希臘文化與羅馬治權全面勝利的局面下，唯有兩支民族膽敢抵抗，那就是波斯人和猶太人。他們的抵抗，結局天差地遠。

大約在公元前二四七年左右，有一位「安息」（Arshak）起事成功，脫離希臘人統治，建立一個獨立王朝，史稱帕提亞王朝（Parthians），朝名來自其部落名與發跡地區。馬其頓人數度試圖恢復其宗主地位，帕提亞人卻一直能固守、甚至能夠拓展其政治獨立，一時成為強國，並成為威脅羅馬帝國的對手。不過，他們對希臘文化的影響仍持開放態度，其程度是相當可觀的。阿達夕爾（Ardashīr, 226-240）推翻帕提亞王朝之後，這種文化現象為之改觀。阿達夕爾是薩珊王朝（Sasanid）的開國君主，復興祆教信仰。祆教如今成為了伊朗地方的國教，是政權機制的一部分、社會機制的一部分，也是政府機制的一部分。這可能是歷史上的第一個例子，一個國家宗教由國家賦予其正統性，並且有個階層式的教士集團，致力於偵察與壓制異端。薩珊王朝在這一方面的作法，與前代的帕提亞王朝以及羅馬帝國那種寬大兼容與折衷精神，有著顯著的對比。

祆教信仰及祆教的神職人員，從這種與政權的聯繫，獲得極大的勢力。可是，一旦政權被推翻，他們也因為這種聯繫而嘗到連帶的後果。祆教的教士集團與波斯帝國同時消亡。波斯帝國因阿拉伯人征服而滅亡之後，祆教轉入了長期的衰頹，無論是何等的復興事業，皆回天乏術。甚至在後來的回教時代，伊朗的政治與文化生活得到復興，祆教也沒有雨露均霑。當回教推進到伊朗時，在宗教上負嵎頑抗的，並非出自正統的祆教教士，反倒是祆教的異端，也就是那些習慣被打壓與排斥的教徒，而不是那些習慣執行威權的人士。

這些祆教的異端中，有一些在後來的中東歷史以至於世界史上都相當重要。一般最為人所熟知的，是密特拉教（Mithraism）。密特拉教在羅馬帝國有不少信徒，特別是在軍中，甚至在英格蘭也有人信奉，當地發現有密特拉神殿的遺存。另一個也很有名的宗派是摩尼教（Manicheism），也就是摩尼的教派。摩尼的生存年代是公元二一六年到二七七年，其所建立的宗教，摻合了基督教與祆教的理念。公元二七七那年，摩尼以身殉道，然而其教派的生命力無比堅強，撐過了中東和歐洲兩地回教徒與基督教徒兩方的嚴峻迫害。第三個是馬茲達克（Mazdak）異端。這個派別的地域性較強，不過仍然十分重要。此派在公元第六世紀早期興起於伊朗，建立了一種宗教上的共產主義，這啟發了回教內部某些後期的什葉派異議運動。

祆教是頭一個國立正統、唯一正統的宗教。然而，祆教只是伊朗的宗教，看來並不曾認真地開放給伊朗帝國與伊朗文化世界以外的民族。在這一點上，並不是特例，因為實際上所有開化的古代宗教，最初都是民族本位的，然後才成為世俗以及政治性的，最後在這個發展過程當中，與維護這個信仰的政體同歸滅亡。在這個規律之下有一個例外，古代宗教中只有一個在它的政治與地域基礎被摧毀之後依然存活下來，並進行激烈的自我轉化，使自身能在缺乏上述基礎的支持下生存下去。這個歷程，就是「以色列的子民」、後來的猶大國人（people of Judaea）轉變為猶太人（Jews）所經歷的過程。

猶太人在對抗希臘和羅馬的政治勢力方面，是全軍盡墨。起初，敘利亞的馬其頓君王宣稱對猶太人有宗主權。猶太人在馬加比家族（Maccabees）的推動之下，成功地維護其獨立地位，並曾一度恢復猶大王國的獨立自主。然而，面對羅馬的強勢，他們無法取得優勢。猶太人接二連三地反叛——其中一些起事，可能是波斯人煽動或支持的——結果還是戰敗，淪為奴隸。猶太人的國王與大祭司，成了羅馬人的傀儡，羅馬派出一位總督（procurator）來統治猶大地方。最主要的反叛行動開始於公元六六年，抗爭雖然漫長而慘烈，叛亂仍被敉平。公元七〇年，羅馬人進占耶路撒冷，摧毀了第二座猶太神殿，也就是那些從巴比倫回歸的流亡百姓所建造的那一座。即便是如此，也沒有結束猶太人的抵抗。在公元一三五年「明星之子」（Bar-Kokhba）起事之後，羅馬人決定一勞永逸地處理掉這個搗亂的民族。如同先前的巴比倫人般，羅馬人把大部分的猶太百姓囚禁起來或是放逐出境，而這一次，就沒有居魯士來幫他們復國了。就連猶太人自古以來使用的術語名詞也被抹去，耶路撒冷由是易名為「埃利亞．卡匹托力亞」（Aelia Capitolina），羅馬人還在被毀的猶太聖殿舊址之上，蓋了一座供奉朱彼得（Jupiter）的神殿。「猶大」與「撒馬利亞」這兩個地名，皆廢止不用，這個地方更名為巴勒斯坦（Palestine），典出已被遺忘的非利士人。

一份古代猶太文獻裡有段文字，生動地描繪了猶太人、無疑還有其他的中東臣民，是如何看待羅馬帝國統治的利弊。這段文字描述的是公元第二世紀時，三位猶太拉比（rabbi，教師學者）的對話：

拉比猶大（Judah）打開話頭，說：「這些人〔指羅馬人〕的工程多棒！他們建造了市場，他們修築了橋梁，他們蓋起了澡堂。」拉比約瑟（Jose）保持緘默，而約含之子西蒙拉比（Simeon Bar-Yohai）則回答說：「他們蓋了這許多，完全是為了符合自己的需要。他們建造了市場，以便容納風塵女郎，澡堂是為了裝扮自己，橋梁是為了收取路稅。」猶大這個改宗者的後代，於是進入內堂，把他們的對話，報告給主事者。主事者說：「就讓讚揚我們的猶大，受到讚揚；把保持緘默的約瑟，放逐到西弗利（Sephoris）去；至於公開指摘我們的西蒙，就讓他被處死吧！」[3]

猶太人、希臘人和羅馬人三者，在一個重點上十分接近，而與其他的古代民族不同。而此相似與相異處，賦予三者在塑造日後文明上關鍵的角色。在中東地區以及世上其他地方，人們都有個普遍作風，總在自我群體與其他群體之間，劃下明顯的界線，以資界定己族、排拒外人。這個根本的原始需求，可以推溯到人類初生，而人類以外的大部分動物，也是如此。千古以來，區分自己與外人的不變標準皆取決於血統，即是以親屬關係或者是我們今天稱做人倫的關係來決定。希臘人和猶太人這兩個在古代地中海世界自我最分明的民族，傳下了兩個界定外人（the Other）的經典定義：非希臘人，皆外邦人（babarians）；非猶太人，皆外邦人（gentile）。這兩個名詞所表示的藩籬，有如高山仰止，然而並非雷池難越。而且這裡有個極為重要的大發明，在此，他們與基於出身及血統這種比較原始而通行的分判定義有所不同。這些藩籬，是可以跨越甚至拆毀的：在前者，可以用接受希臘的語言與文化這個方法來進行；而在後者，可以用接受猶太的宗教與律法這個方法來進行。雙方都沒有主動吸收新成員，然而，雙方都願意接受新成員。於是，在基督紀年之初，希臘化的babarians與猶太化的gentiles，在許多中東城市裡，已是司空見慣。

希臘人和猶太人在上古世界的獨樹一幟，又見於他們對於仇敵的悲憫心腸。希臘的劇作家埃斯奇魯斯（Aeschylus），本身是波希戰爭（Persian wars）的老兵，他在作品中用同情的筆觸，刻劃波斯敗軍的苦難。而在聖經約拿書中，也對於亞述尼尼微城（Nineveh）的居民殷殷致意。這些，都不容易找到可資相擬的其他作品。

---

3 Sabbath 33b; for another translation, see *The Babylonian Talmud: Seder Moʿed*, trans. I. Epstein (London, 1930), vol. I, p.156.

羅馬人把兼容並蓄的原則，以逐漸給與一般帝國公民權的方式，向前推展了重要的一大步。希臘人已經發展出市民權（citizenship）這個概念，意即市民作為政權的一分子，有權參與產生政府與監督政府之事項。不過，希臘城邦的成員資格，局限於原有市民及其子孫，外邦人所能寄以最高期望的，至多是外籍人士的居留身分。羅馬的公民權原先也是同一類型，但是羅馬公民的權利與義務，逐漸地分階段伸展到了帝國的所有地區。

希臘文化、猶太宗教與羅馬政權歡迎接觸的作風，為基督教之興起與傳播鋪下道路。基督教是一個富有使命感的宗教，信徒相信自己擁有上帝的最後啟示，而把這個啟示帶給全人類則是他們的神聖職責。再過幾個世紀，又有一個普世宗教興起，那就是回教。回教亦以相似的確實感與使命感鼓舞其信眾——雖然在內容與手法上不盡相同。這兩個世界宗教本著同樣的信念支持，受到同樣的雄心驅使，並在同一個地區緊鄰生存，或遲或早，兩者終將會發生衝突。

第二章　回教時代以前

從基督教來臨到回教誕生這一段時期的歷史，乃由一連串重要的發展塑造而成。這個時期，粗略說來是基督紀年的頭六個世紀；至於重要的發展，有的是在事件的經過上，也有的是在文明的移動上。

這些發展中的第一個是基督教的興起。從許多方面來看，基督教興起都是這些發展中至關重要的。這包括了基督宗教逐漸傳播、受到採信，以及所有前基督教時期的宗教因此消失，或至少是沉潛下去——猶太人和波斯人的宗教，並不在消失宗教之列。古典希臘羅馬的多神崇拜，曾經維持了一段時期，在朱利安皇帝（Julian, 361-363）的時代，還有回光返照式的復興，以致這位皇帝被基督教史家稱做「背教者朱利安」（Julian the Apostate）。在本時期的前半段以至於第四世紀的早期，基督教是以反對羅馬秩序的方式茁壯與傳播的。有時候，它受到寬容，更多的時候，它受到壓制。於是，基督教被迫與政權（State）分離，發展出自己一套體制，那就是教會（Church）。教會有自身的結構與組織，有自身的領導中心與教階制度，有自身的法律與裁判所。這個體制，慢慢地環抱了整個羅馬世界。

君士坦丁皇帝（Constantine, 311-337）皈依基督教，使得基督教俘虜了羅馬帝國；從另一個角度來說，基督教也被羅馬帝國俘虜了。羅馬政權隨著君士坦丁皇帝皈依，循序漸進地基督教化。如今，主政者也加入了推廣這個新信仰的勸化工作。到了基督教大帝查士丁尼（Justinian, 527-565）的時代，更卯上了羅馬全國的力量，不只是要把基督教在宗教上定於一尊，還想在當時基督教徒分裂、思想流派百家爭鳴的情況下，把國家認定的那套教義置於崇高的地位。在這個時候，天下不唯有一個教會，而是有許多個教會。教派分立基本上是因為對神學教義上的疑難有不同的看法，不過，各派也往往是由於個人因素、管轄權、地域性甚至於民族認同上的問題，而各立山頭。

第二個主要的轉變，是羅馬帝國的重心從西方移往了東方，從羅馬遷到了君士坦丁堡（Constantinople）。君士坦丁堡是君士坦丁皇帝營建的，作為他的東都。公元三九五年，狄奧多西皇帝（Theodosius）去世，帝國二分：西方帝國受羅馬節制，東方帝國聽君士坦丁堡號令。在相對來說十分短暫的時間裡，西方帝國被一連串的蠻族入侵掩襲吞沒，實際上已經不復存在了。

東方帝國撐過了這些險惡，國祚得以延長千年之久。

「拜占庭」（Byzantine）這個今天普遍用來指示東方帝國的名稱，是現代學術界使用的術語，得名自君士坦丁堡建城以前當地聚落的名稱。拜占庭人，從來不自稱為拜占庭人；他們稱自己做羅馬人，受羅馬皇帝統治，聲稱奉行羅馬法律。不過，拜占庭和羅馬的分別的確是有的。拜占庭皇帝和其臣民，都是基督教徒而非偶像崇拜者，而且當拜占庭的公民自稱是羅馬人時，他們用的並不是拉丁語，而是希臘語——他們不會說自己是romani，而會說是rhomaioi。即便是地方人士，也受到感染。地方上到處有著為「羅馬國」（hēgēmonia tōn Rhomaiōn）祈福的希臘銘文；而一位在伊德薩（Edessa）這個邊境小公國的附庸王公，他先是受波斯人驅逐，後來由羅馬人協助復位，於是他自傲地採用了「羅馬之友」（philorhomaios）這個稱號，不過，用的是希臘寫法。

就算是在羅馬勢力的鼎盛時期，希臘語在羅馬帝國實際上一直有著第二國語的地位；而在東羅馬帝國，希臘語就成了第一國語。拉丁語仍舊存在了一段時間，我們也能在拜占庭使用的希臘語中，看到拉丁語詞的遺留，甚至是在幾個世紀之後哈里發國（caliphate）的阿拉伯語中，也能看到拉丁語的殘留。不過，希臘語文已經成為政府與文化用語，一直以來均是如此。就是連東方諸省那些繼續存在的、非屬希臘的語言與文學，好比科普的、亞蘭的以及後來的阿拉伯系的語言與文學，也都深深地受到希臘化哲學與科學傳統的影響。

第三個主要的發展，是中東地區的希臘化。中東的希臘化，在幾個世紀以前，亞歷山大帝國以及其繼承人在敘利亞和埃及建立帝國的時候，已經展開。羅馬政權以及基督教會，都深受希臘文化的影響；而這兩者也都使它傳播得更廣更遠。東羅馬政權的政府組織，受到前代亞歷山大及其繼承人這些希臘君王的傳統所影響，這一種君主體制的概念，與羅馬的凱撒制在許多方面有很大的出入。宗教亦然。早期基督教徒所關切的，是一種希臘人長期以來用心探究的哲學性精微玄妙，可是羅馬人或是猶太人卻從來沒有在這個課題上傷過腦筋。基督教的經典新的聖約，絕無疑義是用希臘語文寫成的，儘管這種希臘文，不再是雅典的劇作家或是哲學家所用的那一種希臘文。就連舊約聖經，也有一份希臘文譯本，那是幾個世紀之前，在亞歷山卓港（Alexandria）操希臘語的猶太社群譯成的。

另外一個主要的轉變，是今天稱之為「控制經濟」（command economy）的穩定成長。這個轉變，部分或許也該歸諸早先的影響。其內涵是企圖透過使用國家施政權力，去計畫或是導引經濟。在大河流域的社會發展中，這種類型的政策是很自然的，尤其是在埃及，控制經濟在亞歷山大一位將領所開創的托勒密王朝（Ptolemaic Dynasty）治下，達到高度發展的階段。在基督紀年早期，特別是從第三世紀以降，國家逐漸插手於工業、貿易與製造業，甚至於農業。主政者對於剩餘的私人企業的經濟活動管制益嚴，並且試圖規畫國家性的經濟政策並貫徹實行。在許多領域，國家直截了當地規避私家商賈，自行組織事務。例如，軍隊在製造武器、裝備，在某些時期甚至還包括制服這些方面，都大力仰賴國家企業。而軍需品往往是以實物徵收，再以定量配給的方式發放給部隊。國家把持的經濟活動日益茁壯，留下來給企業家、承辦商、供應商以及相關行業的空間，也就愈來愈小。

在農業方面，國家的介入也在增加。有一些證據顯示，耕地的面積持續減縮，而不少保留下來的帝國法規，都一而再、再而三地反映國家對於廢棄地與荒蕪地增加的關切，國家並希望透過形形色色財政上或者是其他方面的鼓勵，吸引農民和地主再回到這些荒地上來。這在當時是個大問題，尤其是在公元第三世紀到第六世紀的時候，也就是從干預經濟的典型人物戴克里先皇帝（Diocletian, 284-305）的時代，直到回教的征服。回教的征服，導致經濟功能與經濟力量重新構組。

在公元第七世紀頭數十年，拜占庭帝國和波斯帝國在回教推進的浪潮中，都受到全面的衝擊。然而，兩者的下場有一處不大相同。拜占庭的軍隊兵敗如山倒，讓阿拉伯人占走了多個省分；不過，小亞細亞這個核心省分仍舊屬於希臘文化與基督教文化，帝都君士坦丁堡儘管屢受襲擊，但海陸城牆屏障著該城，因此毫髮無傷。拜占庭帝國的確是削弱了也縮小了，但是它又延續了七百年之久，其語言、文化與制度，依舊循著本身的自然步調發展下去。到了一四五三年，這個希臘式的基督教帝國的殘餘終於被消滅，當時已經有另一個基督教世界，得以接收拜占庭人對於早先歷史的回憶和紀錄。

波斯的命運非常不一樣。不僅是外緣諸省淪陷，波斯帝國的王都與整個版圖，都被併入新成立的阿拉伯回教帝國。身在敘利亞與埃及的要員，可以逃往拜占庭國，可是波斯的祆教徒走投無路，只有留在當地受回教徒統治，或是逃亡到唯一一個會接納他們的地方——印度——去。在回教控制伊朗的頭幾個世紀，人們逐漸淡忘伊朗地區的古老語言以及相伴隨的舊式文字，只有一小撮凋零中的人口還在使用。即便是語文，也因征服而轉化，這和盎格魯撒克遜語（Anglo-Saxon）之所以成為英語如出一轍。一直要到相對來說較近的時代，學界才著手復原、解讀舊式的波斯文獻及銘文，因而展開了對於伊朗前回教時代歷史的探索。

伊朗帝國在基督紀年頭六個世紀的歷史，可以分為兩個階段：首先是帕提亞時代，其次是薩珊時代。薩珊王朝的開國君主阿達夕爾向羅馬展開新的戰事，嗣君沙普爾一世（Shapur I, 241-272），還成功地在沙場上俘獲羅馬皇帝瓦勒良（Valerian）。這個功勳讓沙普爾心花怒放，他把這項喜悅，銘刻在伊朗好幾座大山的石壁上，至今仍然可見。這些石刻所描畫的是波斯沙王（shah）高踞馬背，而羅馬皇帝在他腳下，沙王的足部踏在羅馬皇帝的頸項上。瓦勒良在幽禁中去世。

波斯與羅馬、後來則是波斯與拜占庭的兩相對峙，是回教哈里發國興起之前的中東歷史上，具有主導性質的政治事件。最後，回教勢力消滅了對峙的一方，重創了另一方。這些漫長、也顯然是永無休止的戰事，必定對這個最後的結局作用非凡。

戰事偶爾被暫時的太平打斷，這個例外即「長期和平」（Long Peace），維持了上百年。公元三八四年，沙普爾三世（Shapur III, 383-388）與羅馬締和，此後除卻公元四二一到四二二年的短暫邊界糾紛，戰事一直停擺至第六世紀之初。戰端重啟之後，戰事不停地打到了六二八年，間有短暫休兵。在那個時候，另一個新興勢力正在崛起，它將迅速地籠罩交戰雙方。

對於當時、以及中古時代的史家而言，這些戰事所爭奪的首要目標，誠如一般所料，是領土的歸屬。羅馬人宣稱亞美尼亞（Armenia）與美索不達米亞為其領土，然而這兩個地方在這個時期的大多數時間裡，乃由波斯人統轄。羅馬人對這些土地有如此宣示，是因為圖拉真皇帝（Trajan）曾經占領該處。故此，根據一道羅馬人、波斯人以及後來的回教徒都認同的法則，圖拉真既曾經占領該地，就產生了永久的擁有權。拜占庭人還能提出進一步的理由，他們說亞美尼亞與美索不達米亞的居民大多是基督教徒，因此這些居民理應向信奉基督教的皇帝效忠。至於波斯方面，則宣稱敘利亞、巴勒斯坦甚至埃及為其領地。關於埃及地方的擁有權，是因為居魯士之子甘比西士（Cambyses）在公元前五二五年曾經占領該地。交戰期間，兩國間或能侵入、蹂躪這些地區，有時還能控制上一段時期。這些地方並沒有波斯人或是祆教徒居住，不過，這裡有些並非基督教徒的其他族群，而其中亦有同情波斯立場者。

現代史家在領土宣示之外又找出別的開戰原因，並予以引證。其中最重要的原因，是為了控制東西貿易路線。對於地中海世界，有兩種東方進口的物品最為重要，那就是來自中國的絲綢，以及來自印度和東南亞的香料。這些商品的行銷面很廣，也可從羅馬的法令規章看出持續的關切，欲保護這項貿易不受干擾。羅馬及拜占庭世界，透過這項貿易與遙遠的亞洲文明——中國和印度——保持聯繫。當時東西世界並沒有固定的關係，人士互訪的紀錄也十分罕見。然而彼此互有進口貿易，而在這些交易之中，羅馬和後來的拜占庭人似乎主要皆以金幣付款。地中海世界實在沒有什麼可以和中國絲綢或是印度香料互換的，而黃金，總是會被接納。於是，羅馬金幣大量送往東亞，支付進口到地中海盆地來的商品款項。這些金幣不只流進了東亞，因為波斯人在中國絲綢這項貿易上作為中間人，也賺取了豐厚的利潤。尤其是在某些時期，當波斯勢力得以向東伸入中亞之時，波斯人更可以在絲綢貿易的啟程地，主導這項貿易。間或有人反映金塊流向東方、國內掏空的情況，然而就整體上來看，羅馬世界出人意表地仍能承受這項掏空。

從地中海世界通往遙遠的東方，最直接的路線，是穿過在波斯統治或主控之下的地帶。不過，若能在波斯勢力範圍之外另闢新路，在經濟方面以及戰略方面，都有著明顯的好處。可供選擇的新路，有北方的陸路或是南方的多條海路。北方陸路的走法，是從中國出發，經過歐亞草原上突厥人居住的地方，來到黑海以及拜占庭地界。南方海路的走法，是經過印度洋，再航行至波斯灣以及阿拉伯半島或是紅海，在此連接陸路，穿過埃及和蘇伊士（Suez）地岬，或是經西阿拉伯的商路，從葉門來到敘利亞的邊境。羅馬人及後來的拜占庭人所關注的，是建立、維護與中國和印度交通的外緣商業管道，如此便可繞過波斯主控的中心地區。而波斯帝國，則試圖利用其地理位置，橫向切過這些運輸路線，從而控制拜占庭的貿易。這樣一來，波斯便可以在太平盛世大撈一筆，而兵戎相見時就停止交易。這意味著兩大帝國勢力，得要在雙方帝國疆界以外的地區，為爭取勢力範圍而不斷較勁。這些干涉，有商業上的、外交上的、偶爾還有軍事上的，它們在南北兩路都造成相當的影響。最根本受到影響的，在北方有突厥的各個部落以及小公國，在南方則是阿拉伯的各個部落以及小公國。突厥人或是阿拉伯人，在中東地區的上古文明中，在文字紀錄上未見有太大作為。然而，兩者在接下來的入侵浪潮中，在中古回教世界的心臟地帶都扮演著主導的角角。

在基督紀年的頭六個世紀，突厥人和阿拉伯人皆身處兩大帝國的疆界之外，活動於蠻荒或半蠻荒的草原與沙漠之間。即使是在兩大帝國擴張期間，不論波斯人或是羅馬人，都沒有什麼興趣征服這些草原或沙漠中的民族。他們都小心翼翼地敬而遠之，生怕有所糾葛。第四世紀的羅馬史家阿米亞努．馬塞林努（Ammianus Marcellinus）在敘利亞土生土長，他對於這兩個民族都有過描述。關於草原民族，他的觀察是：[1]

這整個地方的居民都野蠻好鬥，以爭戰衝突為樂，視戰死為莫大哀榮。那些因自然死亡而離開人世的人飽受羞辱，被認為是墮落又懦弱。（XXIII, 6.44）

至於南方的沙漠居民，他描寫道：「這些撒拉森人（Saracens）……無論是當朋友或是敵人，皆吾人所不願。」（XIV, 4.1）派遣武裝部隊去征服這些鄰邦，既耗時、困難又危險，獲得的戰果未必能保有，得之亦無益。所以，兩大帝國都依循那已經成為典型的帝國政策的作法，也就是利用財政、軍事與技術上的協助，或是名號、頭銜，諸如此類地多般討好這些部落民眾，試圖贏得並且盡可能地保有他們的善意。這些北方與南方的部落首長（希臘名詞為「費拉爾克」〔phylarch〕），老早就懂得利用這種形勢遂己之私，一會兒倒向這邊，一會兒倒向那邊，有時候兩邊都支持，有時候又兩不相幫。有的時候，由於商隊貿易而自然增值的財富，使得他們得以成立自己的城市或王國，有著自身的政治角色，作為帝國的衛星勢力，甚或是帝國的聯盟。而有的時候，當這些帝國勢力覺得安全無慮，帝國也會揮軍進占這些邊境公國，置於直接管轄之下。不過，比較常見的是帝國傾向於間接統治，或者是保護式（clientage）的管理形式。

這種作法是個古老的方法，無疑可以上溯遠古。羅馬人在公元前六五年，主動插手沙漠政局。當時龐培來到涅伯圖人（Nabatean）的都城佩特拉（Petra），此城位於今日的約旦哈什米王國（Hā-shimite kingdom）境內。縱使涅伯圖人的文化與書面語都是亞蘭式的，但他們應該是阿拉伯人。涅伯圖人在佩特拉綠洲建立了一個繁華的商隊城鎮，羅馬人因此認為和涅伯圖人建立友好關係是很合算的。佩特拉於是成為羅馬諸省與沙漠之間的緩衝國，在通往南阿拉伯與和印度貿易的路線上，也是一個有力的輔助。公元前二五年，奧古斯都皇帝（Augustus）決定試行他項政策，於是派出遠征軍去占領葉門。這個行動的構思，是在紅海的南端設立一個羅馬人的據點，以為羅馬直接控制印度商路打開契機。這次遠征結局淒慘，羅馬人從此不再嘗試。這話的意思是說，他們從此以後不再嘗試以軍力深入阿拉伯半島內部，可是，為了太平時分的貿易以及交兵之際的戰略需求，他們仍然樂於倚靠這些商隊城鎮，還有這些沙漠邊境邦國。

就是在這種羅馬政策的庇蔭下，使得阿拉伯的邊境小公國陸續地繁榮起來。佩特拉城是頭一個在羅馬時代興起的，還有一些其他的公國，著名的有帕邁拉城（Palmyra），也就是位於今天敘

1 Ammianus Marcellinus, trans. John C. Rolfe (Cambridge, Mass.: Loeb Classical Library, 1963).

利亞東南部的塔德穆爾城（Tadmur）。帕邁拉城在敘利亞沙漠裡一處水泉附近誕生，它是個古代城址，在早期顯然是個居住與貿易的中心。帕邁拉人在幼發拉底河上的杜拉（Dura）有一個商業中心，因此，帕邁拉人可以經營穿越沙漠的商道，從地中海一路通到美索不達米亞和波斯灣。這使得帕邁拉人在商業與戰略方面，有著某種程度的重要性。

經過中亞通往中國的陸地商路，位於兩大帝國以北，黑海和裡海（Caspian）的北方。那裡的情況與南道在許多方面十分相似。公元後第一世紀的最後二十五年，這塊地方似乎有中亞部族反抗中國政權。當時中國聲稱對於這些部族有著模糊而廣泛的宗主權。這場反抗行動的眾多部族中，有一支在中國史籍上稱做「匈奴」（Hiung Nu）的民族，顯然和歐洲史上的汗族（Huns）是相應的。一位名叫班超的中國將軍，從中國率領一支遠征軍進入中亞，敉平亂事，並把匈奴人趕離了絲路。然而，這一次中國人進而征服了後來稱做突厥斯坦（Turkestan）的地區，包含現在的烏茲別克共和國（Uzbekistan）及其西鄰共和國的領地。班超在突厥斯坦，有效地把內亞（inner Asia）的絲路置於中國的控制之下；與此同時，班超派出以甘英為首的使節團到西方去見羅馬人。根據紀錄，這個使節團在公元九七年，來到了波斯灣。

這些以及其他來自東方的軍事與外交行動，也有助於說明羅馬圖拉真皇帝的作為。圖拉真在中東地區展開一場積極熱切、雄心勃勃的擴張計畫。公元一〇六年，圖拉真斷絕羅馬人先前和佩特拉城的關係，入侵該城並占領之。涅伯圖人的國家遂成為羅馬一省，叫做「阿拉伯省」（Provincia Arabia），由駐防在博斯拉（Bosra）的羅馬軍團副將統轄。圖拉真還鑿通了尼羅河的水道與支流，連成一條從亞歷山卓港通到克利斯瑪（Clysma）的水路，於是羅馬船隻就能從地中海一直航行到紅海。他又在公元一〇七年派出一個使節團去印度，隨後不久，又勘察出一條從敘利亞東部邊界通往紅海的陸路。

這些舉動，不免驚動了波斯帕提亞王朝。後者在此後兩大帝國的戰事中先發制人。圖拉真皇帝在公元一一四年占領了亞美尼亞，這是兩帝國間爭議不決的地區之一。他與獨立的基督教君王伊德薩王公達成協議之後，圖拉真渡過底格里斯河向東進發，於一一六年夏天，攻占了距今巴格達不遠的波斯大城泰西封。他甚至進軍到了波斯灣沿岸。這個時候，猶大地方發生了嚴重的亂事，很肯定地這並非巧合。公元一一七年圖拉真去世，嗣君哈德良（Hadrian）從這些東方占領地撤軍。不過，羅馬帝國並沒有放棄「阿拉伯省」。

公元一〇〇年前後，也就是圖拉真擴張的前夕，阿拉伯半島的情勢略如下述。這時候半島的內陸完全沒有本土或是外方政權管治，內陸的外緣，則有一些小的邦國或是公國（principality）圍繞著。這些小國與大帝國有著各式各樣的聯繫——在東邊的，與帕提亞人聯繫，在西邊的則與羅馬人邀結。這些關係使得他們在商隊往來的貿易路線上謀求生計。這些路線，包括了穿越阿拉伯半島來到葉門，再經海路到達東非和印度的各條路線。

羅馬人兼併佩特拉城，標誌著政策的重大轉變，也使得勢力均衡無法維持如常。其後，羅馬人也向帕邁拉城運用類似的攻策，不過這後來也修正了，帕邁拉城也被併入羅馬帝國，時間不詳。有紀錄顯示，在第二世紀的時候，有一支羅馬駐軍駐防於帕邁拉城。

薩珊王朝在波斯地方成立，並且在波斯境內建立了一個較為集權且態度強硬的政權，此事再度改變了局勢。這一次，波斯人也在阿拉伯半島的東北邊境收降、歸併了一些邊境公國。約在公元第三世紀中葉，波斯人摧毀古老的阿拉伯中心哈特拉（Hatra），奪取波斯灣沿岸部分的阿拉伯東疆。

羅馬史家記錄了一件發生在二五〇到二七五年之間頗有意思的事件。當時有一位傑出的女主，試圖恢復帕邁拉城的獨立自主地位，羅馬人稱這位女主為岑諾比亞（Zenobia，可能是阿拉伯名字賽娜步〔Zaynab〕）。這個最後一擊，在奧里略皇帝（Aurelian）派出的羅馬軍打敗岑諾比亞女王後宣告終結。帕邁拉城再一次被穩固地併入羅馬版圖。

此際，在阿拉伯半島的南端已經發生其他重要的轉變。南阿拉伯和北部的半沙漠地帶大不相同，那兒有耕地、有城鎮，秉受朝代式的君主政體統治。不過，這些君主政體此時也都覆滅了，於該地建立起一個新的政權，就是所謂的希米雅君主國（Himyaritic monarchy）。這個國度成了外邦影響勢力角逐的競技場，波斯人來自東方，衣索比亞人來自西方。在衣索比亞興起的好戰的基督教王國，對於紅海彼岸的事物感到興趣，這是很自然的。而波斯對於抗衡羅馬或是基督教的影響，當然總是關心的——對於波斯人來說，羅馬勢力和基督教勢力並沒有太大的區別。

古代世界普遍性的經濟低迷，尤其是從公元第三世紀以來的貿易枯竭，已經波及地中海文明在這些偏遠地區的據點。我們可以藉由出土的羅馬錢幣來衡量局勢。羅馬錢幣的出土量愈來愈少，在印度根本就沒有卡拉卡拉皇帝（Caracalla）之後鑄造的羅馬錢幣——卡拉卡拉皇帝卒於公元二一七年。阿拉伯地方在第四到第六世紀之間，似乎又倒退到一種黑暗的、生活困乏與貝都因（Bedouin）化的時期。這裡所指的，是既存田作文化的沒落，既建定居中心的沒落，以及駱駝遊牧文化的隨之擴散。早期回教徒關於回教降臨之前不久這段日子的敘事，生動地記錄了有關這個時期的諸般回憶。

阿拉伯地方的這次沒落，部分原因至少要歸諸敵對的兩個帝國失去了興致。羅馬和波斯在公元三八四到五〇二年這段漫長的時間裡和睦相處，沒有一方注意阿拉伯地區，至於那條穿越阿拉伯沙漠與綠洲的貿易路線，由於長途跋涉、耗費鉅資加上危險重重，雙方也都無意使用。於是商路改道，津貼斷絕，商旅絡繹不再，城鎮就此湮廢，甚至連綠洲居民也都遷往他處，要不就是回到遊牧的生活形態。貿易枯竭以及重回遊牧生活，普遍降低了生活水準與文化水準，使得阿拉伯半島與文明世界更形隔絕，甚於早先的長久孤立。即使是較為先進的阿拉伯南部也受到了衝擊，不少南方的遊牧部落紛紛北徙，希望能找到更好的水草。遊牧生活一直以來就是阿拉伯社會的重要元素，如今，它成了主要的成分。這段日子就是回教徒口中的「蒙昧時代」（Jāhiliyya），其語意自然是拿來與「光明時代」——也就是回教時代——做對比。這個時代的黑暗，不僅相對於緊隨而來的時代，也是相對於適才過去的時代而言。若照這個說法，回教之降臨，可以被看做是一場復興。古蘭經（Qur'ān）中也的確是這麼呈現的——回教的來臨，乃是亞伯拉罕（Abraham）宗教的恢復。

第六世紀，也就是穆罕默德出生的那個世紀，世態再變。波斯與拜占庭重啟戰端一事，凌駕一切並且決定了其他事件。太平百年之後，又回到了兵禍相結的日子。在這種戰亂相循、兩強對抗的局面下，阿拉伯地方再度成為爭鬥中的一個要素。阿拉伯的居民，又再一次坐享兩方面的籠絡、榮耀以及不時的資助。在承平之世，從地中海世界深入東方的最便捷路線，是經過幾個大河流域到達波斯灣。此路線大部分走的是水路，陸地接駁較短，相形之下要比走其他路線來得便宜又安全。可是拜占庭和波斯一旦再度開戰，就全走樣了。對拜占庭人來說，經過美索不達米亞到波斯灣這一條路線太過於冒險，因為波斯人可以隨時阻截——在戰時利用軍事行動阻截，而在兩大帝國偶爾媾和之際，則施以經濟上的壓力。拜占庭的對策，自然是又回到波斯的行動範圍以外另覓新路。

情況和以前一樣，可資替換的主要路線有兩條：走北邊的草原地帶，還有走南方的沙漠與海路。為了重開通往亞洲的越洲陸路，拜占庭諸帝與中亞草原上的各方汗王，展開了一連串有趣的協商。突厥諸汗的使者，紛紛來到君士坦丁堡，拜占庭的史料也記下了一些奇聞軼事，提到有些聰穎過人的汗王，同時與波斯和拜占庭通使。不過，通常都是突厥汗王在控訴拜占庭人背信棄義。拜占庭史家米南德（Menander）提到一則公元五七六年發生的事件：當一個拜占庭使節團向汗王呈遞國書時，汗王痛斥他們不該同時聯絡自己，又交結自己的敵人。汗王把自己的十個手指頭都塞進嘴裡，然後大呼：

> 你們豈不就是那些羅馬人，那些有著十條舌頭和一顆狡詐（的心）的！……就像現在我的十指都在我的嘴裡一樣，你們有這麼多的舌頭，拿一條來哄騙我，又用另一條來欺騙〔阿瓦爾人（Avars）〕……你們居心叵測，用甜言蜜語奉承、愚弄了所有民族，和那些一頭栽進厄運的並無差別，而你們從中取利……要知道說謊對於突厥人來說，可是荒誕、反常的。[2]

---

2 Menander, *Excerpta de legationibus*, ed C. de Boor (Berlin, 1903), vol. I, pp. 205-6; translation as in *Cambridge Medieval History*, vol. Iva, p. 479.

不過，一般說來，無論是在南道或是北道，這些後台老闆和受支持者，對彼此似乎都能心靈相通。

在第六世紀時，南道要比北道重要，一來是由於它距離波斯的勢力稍遠，二來是因為它的選擇性較多。我們可以從早期的史料中組合出一幅清晰的圖像，看出牽涉其中的三大勢力的政策與舉動。拜占庭人意欲打開並維持一條通往印度的聯絡管道，而且不想這條管道受到波斯的干擾。波斯人致力阻絕、妨礙或切斷這條聯絡管道。沿線各個民族的舉動，則想要漁翁得利；他們希望道路開通，因為這顯然是對自己有益，不過，他們也不希望拜占庭人獨攬或是控制這條道路，因為這樣會降低了他們自身獨立自主的地位。

此期許許多多的發展，都適用於這個模式。其一，是拜占庭與波斯帝國兩方，都有邊界邦國與附庸公國重現。拜占庭的沙漠邊境上，有一個阿拉伯系的迦散公國（Ghassān），位置大略是在今天的約旦地方。在波斯方面，則有希拉公國（Hira）。這兩個公國都是阿拉伯系的，也都受到亞蘭文化的影響，並都信奉基督教；然而，一方在政治上與拜占庭相結，而另一方則與波斯相結。

約在公元五二七年，拜占庭的皇帝查士丁尼慫恿迦散公國向希拉公國作戰。接下來，就是一場代表國之間的戰爭。這種交戰方式後來成了經典的模式，而這一次背後的兩強是拜占庭與波斯。拜占庭賦予迦散國主極高的榮耀，宣布他是羅馬帝國的貴族（Patrician），並邀請他到君士坦丁堡來，提供各式羅馬武器和教官，以及足夠分量的羅馬金幣。至於波斯方面，我們知道的沒有這麼詳細，不過，情形應是相差不遠。

此期第二個重要的發展，是提蘭小島（Tiran）在歷史的舞台驚鴻再見。提蘭小島又叫做約他別島（Yotabe），位於西奈半島南端、提蘭海峽中央。自古以來，似乎就有一小群定居百姓在這裡從事轉口貿易。史料記載，提蘭島上的一位部落首長，曾於公元四七三年訪問君士坦丁堡。此後，其他君長亦相繼前來，其中一些被拜占庭帝國當作朋友，而另一些則被拜占庭帝國視作敵人。提蘭島的居民在某一點上被稱做猶太人——到底這些被稱做猶太人的島民是老猶太人（Jews），即猶太信仰的信徒，還是新近自猶大地方遷入本島的猶太移民，這就不得而知了。提蘭島民從事的主要是南向貿易，也就是通往紅海的貿易。提蘭島民起初是獨立自主的，並且十分排拒拜占庭。後來到了第六世紀，當紅海貿易成了眾所矚目的焦點時，提蘭島就被拜占庭所控制。為了管理方便，拜占庭又把此島轉交給一位迦散公國的親王。

公元五二五年這一年，發生了許多很有意思的事件。提蘭—約他別島上的猶太人雖被降服了，不過另一些猶太人則出現在紅海的南端。當地的希米雅國國王皈依了猶太信仰，因此建立了幾世紀以來首個猶太君主國——這一次，這個猶太王權出現在阿拉伯半島的南端。紅海的南北兩端，在大約同時突然冒出了猶太成分，彼此也都從事紅海貿易，而且雙方的政策據說也都是親近波斯、排拒拜占庭，顯然兩者之間必定有著某些關聯。

拜占庭的國策，根本上自然是針對波斯。拜占庭的行動不只是反對波斯，也同時對付中立分子，努力地削弱或收服地方勢力，期能在紅海的此端到彼端之間，建立起拜占庭的絕對優勢以及商業壟斷。在紅海的北端，拜占庭在其阿拉伯副手的配合協助之下，自己可以把局面處理得很好。可是在南端，那裡是他們的資源範圍之外，為了解決問題，他們於是把衣索比亞也扯進這一場遊戲裡來。衣索比亞是個基督教國家，與拜占庭聯手對付在葉門的猶太人，還有在葉門以東的波斯人。衣索比亞在這個時期，已經是個國際貿易的強權，其船隊能夠向東駛抵印度，他們在阿拉伯大陸又有陸軍。衣索比亞人新近才改宗基督教，對這個信仰十分熱心，因而對於拜占庭的使節團報以熱切的回應。

何其不幸，衣索比亞沒能完成交託給他們的任務。他們出師先捷，擊潰並摧毀了南阿拉伯最後一個獨立邦國，整個地區於是向基督教以及其他的外方影響大開中門。然而，衣索比亞的力量不足以維持這個局面。他們一度試著從葉門向北推進，於公元五〇七年，進攻北向商路上一個葉門人的貿易據點——麥加城（Mecca）；然而衣索比亞人不但沒有成功，還被打敗了，不久之後波斯人就來到葉門，取代了他們的地位。

葉門在先知穆罕德早年生活以及隨後的一小段時間裡，乃由一位波斯總督（satrap）管轄，國家完全在波斯控制之下。波斯勢力在紅海南端建立鞏固，標誌著拜占庭致力於開發一條單獨、不受控制的東方商路這一政策的嚴重挫敗。諷刺的是，此時尚有一項發展，顯著地減弱了整個議題的重要性。數百年來，中國製絲的方法始終祕不外傳，出口蠶繭罪可致死。公元五五二年，兩位景教（Nestorianism）教士成功地把蠶卵偷運出中國，帶到拜占庭來。於是，到了第七世紀的早期，蠶業在小亞細亞已經完全建立。中國出產的絲由於美感與品質高超，仍然備受推崇，不過，中國這一項世界專利就此終結。

第六世紀結束時，兩大競爭對手都撤出了戰場，或是受到削弱。衣索比亞人不單是被逐出了阿拉伯半島，他們在衣索比亞的政權也是大不如前。波斯勢力仍在阿拉伯半島維持了一陣子，不過，他們也因為國內的王位繼承糾紛以及祆教信仰本身浮現的宗教難題，大大地削弱了。拜占庭人在查士丁尼時代結束之後，自身也有困難，顯而易見的是震動拜占庭基督教的教會不合。阿拉伯半島上僅餘的最後幾個獨立小邦，也就是南方的公國，如今都消失了。隨之而來的，是接連不斷的外族統治。

這一切的轉變，對阿拉伯半島有著相當的影響。這些事件發生之後，阿拉伯半島上來了不少外邦人。這些殖民者、逃難百姓以及其他的外來族群，定居在半島之上，帶來了新的生活方式、新的製品與新的觀念。波斯與拜占庭不斷衝突的結果，導致穿越阿拉伯半島的各條商路建立起來，商人與貨物的來往穿梭不容忽視。北方邊境邦國復興，各自聯結後台帝國，可是，他們仍然是阿拉伯族群的一部分。

這一切外來影響，也在阿拉伯人之間引發許多反響。部分的反響屬於物質層面，阿拉伯人學會了使用武器和盔甲，以及當時的戰術。這些在將要發生的史事中派上了用場。阿拉伯人也嘗到了進步社會的滋味，因為商販為他們帶來了前所未聞的商品，而阿拉伯人也很快地學會了如何享用這些商品。另外，當阿拉伯人開始向這些比自己複雜的鄰近民族學習宗教與文化事物時，在思想甚至於精神層面，也有一定的反響。阿拉伯人學會了寫字，創作字符，並且開始書寫自己的語言。他們也從外界吸收了新的觀念——或許這才是最重要的。阿拉伯開始對自己的宗教感到不足，對大多數人因循至今的原始多神崇拜感到不足，於是，他們開始尋找更好的。

阿拉伯人的身旁有好幾種宗教。基督教已經有了相當進展，無論是在靠近拜占庭或是靠近波斯那邊，阿拉伯邊境上的阿拉伯人，大多是基督教徒，遠至南方的奈季蘭（Najrān）以及葉門，都有基督教民居住。這兒也有猶太教徒，尤其是在葉門地方，在漢志（Hijāz）各處也有。其中某些無疑是猶太地方流徙至此的難民後代，其他的則是皈信猶太信仰者。到了第七世紀，阿拉伯半島上的基督教徒和猶太教徒，都徹底地阿拉伯化，成為阿拉伯社會的一分子。波斯的各種宗教，在吸收信徒上收穫不多，這並不讓人感到意外，畢竟波斯宗教的民族性格過於分明，對於那些不屬波斯民族的民眾缺乏感召力。

早期的回教記事裡面，提到了一群在阿拉伯語中稱做「合匿夫」（Ḥanīf）的民眾，他們揚棄了多神崇拜之後，也沒想接受當時互相競爭的各式教義的任何一種。這些人，就是最早皈宗回教這個新宗教的信眾。

第三部

回教的初生和巔峰

第三章　回教的創始

關於回教的到來、創立回教者的事蹟，及創教者最早的友伴徒眾的故事，我們所能知道的完全來自回教經典、傳統說法以及歷代相傳的回憶。事件發生不久之後，這些事件開始吸引外在世界的目光，遂有個別或外界的觀察家為此見證。回教像猶太教、基督教以及人類的其他偉大宗教一樣，給歷史學家出了個類似的難題。早在中古時期，就有一些較他人嚴謹的虔誠回教學者，質疑個別傳記或是歷史記載的真確程度，甚至於真實程度。不過，這些學者同時又毫無保留地，接受這個宗教所傳達的訊息是有效並且完美的。現代的批判式學術界不再受到這方面的囿錮，因此提出更多的質疑。除非是有當時的銘文或文獻、紀錄這類獨立的證據公諸於世，否則大多數回教早期歷史的傳統敘述，不得不停留在充滿問號的階段。透過嚴格考據方法恢復回教早期歷史，仍處在試驗的階段。

對回教信徒來說，故事的骨幹是清楚而明確的。先知的行教使命、奮鬥生涯以及最後勝利，回教社群（Muslim community）之成立，先知門徒與繼任人的變遷，都可以從經典以及親與其事者輾轉相傳的回憶總匯中得知。這些往事，是為全球回教徒在歷史自覺上的核心部分。根據傳統說法，召集阿卜都拉（Abdallah）之子穆罕默德（Muhammad）成為先知之一的召喚，發生在穆罕默德年近四十之時。據傳，在齋戒月（Ramaḍān）的一個晚上，穆罕默德獨自在希拉山（Mount Ḥirā）上睡覺。天使加百利（Gabriel）下到凡間，對穆罕默德說：「複誦！」穆罕默德不知所措。天使連說了三次，壓力幾乎讓穆罕默德窒息，直到穆罕默德反問：「我該複誦什麼呢？」加百利天使於是說：「奉造物之主的名複誦，祂自一凝血塊中創生人類；再複誦教授用筆的主至寬仁，祂教導人類所不知者。」這些話語，構成了回教經典《古蘭經》第九十六章的前四句經文。「古蘭」是個阿拉伯語詞，兼有「閱讀」和「朗誦」之義，指稱的是一部書，書中集有——根據回教徒的說法——上帝頒賜給穆罕默德的諸般啟示。以上是第一個訊息，在此之後，先知穆罕默德又為家鄉的民眾帶來了更多的訊息，力勸他們放棄崇拜偶像的信仰和作法，轉而敬拜一位獨一、普世的上帝。

根據傳統的說法，穆罕默德於公元五七一年左右出生於阿拉伯古來氏（Quraysh）部落，地點是綠洲小鎮麥加，位於阿拉伯半島西部的漢志地方。在當時，阿拉伯半島大半是荒涼的沙漠，點綴以零星散布的綠洲，還有少許商路穿過。居民大多是遊牧民，以牧養山羊、綿羊、駱駝維生，三不五時也侵掠敵對部落、綠洲居民，或者是邊境上的居民。有一些百姓在情況許可的地方以耕作維生，當外界情勢變遷，把商旅帶回穿越阿拉伯的商路上時，另一些百姓則做起生意來。第六世紀羅馬和波斯重執干戈，正是此等時機，地處地中海到東方的商路沿線的一些小鎮，藉此稍微繁榮起來。其中一個小鎮，正是麥加。

穆罕默德在行教早期得到一些信眾，先是自己的家族成員，再是來自較廣的交際圈子。不久，這些傳道者所啟發的新觀念和新運動，使麥加大族心生懷疑而加以反對。在他們眼中，先知穆罕默德和他的勸示，對於既存的宗教秩序與現實秩序是個威脅，對於門閥本身的優越地位也是個威脅。傳統的傳記裡面，提到這些壓力甚或是迫害已到如斯地步：一些信徒得要離開家園，逃到紅海彼岸的衣索比亞去避難。在公元六二二年，大約是第一次召喚（Call）的傳統日期之後第十三年，先知穆罕默德與雅斯里布（Yathrib）小鎮的特使達成協議。雅斯里布的居民歡迎穆罕默德及其部眾到該鎮，他們應允會推舉穆罕默德仲裁鎮民糾紛，並且會以保衛本鎮居民的態度，來保衛穆罕默德以及跟他從麥加動身而來的信眾。雅斯里布小鎮位於另一個綠洲，位置在麥加北方約兩百一十八英里。穆罕默德派遣約六十個信眾家庭先行，再於同年秋天，來到雅斯里布與他們會合。這趟先知與信眾自麥加轉往雅斯里布的遷徙，在阿拉伯中稱為「希吉拉」（Hijra），字面上的意思就是「遷徙」。「希吉拉」被回教徒視做穆罕默德行教生涯裡的決定性時刻，此後在訂定回教曆法時，阿拉伯紀年就是從「希吉拉」發生的年分開始的。雅斯里布成了回教信仰以及回教社群的中心，日子久了，人們簡稱該鎮為「麥地那」（Al-Medina），意思是「那座城鎮」。回教社群叫做「烏瑪」（Umma），這個語詞的意思和「社群」（community）一樣。

在麥加，穆罕默德是個平凡的個人，先是要對抗該地當政者的冷漠，然後要對抗其敵意。而在麥地那，穆罕默德自己成了主政者，手操政、軍、教大權。沒有好久，這個在麥地那新成立的回教政體，便與麥加的異教當政者開戰。經過八年奮鬥，穆罕默德攻占麥加，這是個人事業的最高榮耀。穆罕默德故鄉原先的偶像崇拜至今廢止，取代其位置的是回教信仰。

故此，穆罕默德的行教事業，與摩西和耶穌兩位先輩按照其門徒記載所描述的行教事業，有個關鍵差異。摩西並沒有進入應許之地（the promised land），他去世時民眾還在前進。而耶穌則被釘上十字架，幾百年下來，基督教一直是個受迫害的少數宗教，直到羅馬皇帝君士坦丁皈宗此教，並賦予尊崇基督教者大量權力，始才改觀。而穆罕默德占領了在他來說是應許之地的地方，於有生之年，在現世得到勝利與權力，不但行使政治上的權威，也同時行使先知性的權威。穆罕默德作為上帝的傳道人，帶來了宗教性的啟示並傳行此道。然而與此同時，他又是回教「烏瑪」的領袖，制訂法律、進行裁決、徵收賦稅、指揮外交、宣戰媾和。「烏瑪」在一開始的時候是個社群，現在則成了一個國家，不久，它將成為一個帝國。

先知穆罕默德去世之時，他的先知使命已經完成——根據傳統的說法，這發生在六三二年六月八日。對回教徒來說，穆罕默德行教的目的，是在恢復先前列使勸示過、卻被揚棄或扭曲了的真正一神信仰；其次是廢止偶像崇拜；此外還包括把具體表現出真道與聖律的上帝最後啟示，帶到人間。回教徒相信，穆罕默德是最後一位先知，也是關門的先知。他去世了，上帝想要傳達給人類的啟示就已經完成，在穆罕默德以後，不會再有先知，也不會有進一步的啟示了。

這個精神工程於是完成，而靈性上的作用也達到極致。然而，維持、捍衛天道（Divine Law），並把它帶到世界各地這一個宗教層面的職責，仍有待完成。欲有效達成這項任務，得要不間斷地行使國家裡面的政治與軍事力量——一語以蔽之，就是治權。

穆罕默德從來沒有說過，自己不同於不免一死的凡人。儘管他是上帝的傳道人，也是上帝子民的領袖，他自己並沒有神性，也不是永生的。《古蘭經》說：「穆罕默德只是一位使者，列使在他以前謝世。若是他死去或被殺，你們能肯退轉嗎？」（第三章第一百三十八節）

先知穆罕默德死了，以後再也不會有先知；但回教社群以及回教國家的領袖死了，則要有人接棒。緊急之際，先知穆罕默德麾下的核心分子在自己的圈子裡，選擇了阿布貝可（Abū Bakr）接棒。阿布貝可很早就皈信回教，並十分受人敬重。根據傳統史書的說法，他所採用的領袖名號是「哈里發」(Khalīfa)。這個阿拉伯詞彙由於絕妙的雙關性，兼有「繼承人」與「代理人」之意。根據一種說法，哈里發是「上帝先知的繼承人」(Khalīfatu Rasūl Allāh)；根據另一種說法，哈里發是「上帝的代理人」(Khalīfat Allāh)——後者寓意深長。在阿布貝可接棒時，他或是推舉他的人都不大可能有任何一個這類的觀念。不過，哈里發體制這個回教世界最高統御的巨構，則來自他們這場即席創作。

回教哈里發國的早期歷史，如同穆罕默德個人的早期歷史一般，主要來自回教史料；要再過一些日子，其他地方的史家才開始述及這個新國家、這個新信仰的興起與進展。回教徒的敘述形諸於文以前，以口述的方式代代相傳。這些紀錄之所以受到破壞，不單是由於人類的記憶不牢靠——這在不識字的社會，問題反倒沒有今天糟糕——更嚴重的，是來自分化了早期回教徒的各種個人、家族、部落、教派以及朋黨糾紛，這些糾紛也為流傳至今的多種史料版本染上色彩。甚至連一些最根本的史實，諸如戰役的經過與結局，在針鋒相對的版本中都可能不同。

按照回教史家的說法，先知穆罕默德去世之際，他所帶來的宗教仍然局限在阿拉伯半島的部分地區。他所要傳教的對象阿拉伯人，也同樣地只住在該地——肥沃月彎的邊境上或許也有一些阿拉伯人。西南亞、北非以及其他地區的廣袤大地，後來雖然合成回教疆土、哈里發國境和現代術語中所稱的阿拉伯世界，但在那個時候，仍然使用他種語言，信奉別的宗教，聽命於其他君主。穆罕默德逝世才一百年之久，以上整個地區都轉化了。這的確是全人類歷史上最疾速以及最戲劇性的轉變之一。第七世紀末期，外間世界見證到新宗教與新勢力出現，也就是哈里發的回教帝國。這個帝國東向深入亞洲，遠及印度與中國邊界——有時候還不止——西向沿地中海南岸到達大西洋，南邊伸向非洲黑人的地方，北邊進入歐洲白人的地方。在這個帝國之內，回教是國教，而阿拉伯語正快速地取代其他語言，成為公眾生活的主要溝通媒介。

時至今日，回教紀元展開已經超過十四個世紀，哈里發的阿拉伯帝國也消逝已久。然而，除了西邊的歐洲和東邊的伊朗與中亞地區以外，南腔北調的阿拉伯話，依然是阿拉伯占領地民眾的口頭用語，阿拉伯文依然是商業、文化和施政上的主要工具。阿拉伯語文作為宗教語文、經典、神學和聖律的語文，流傳到了不說阿語的地方，後來更擴散到阿拉伯占領疆域之外，傳到許多從未聽說過阿拉伯政權的亞非地區。

回教信仰與阿拉伯帝國兩者的擴張，得力於被征服省分民眾的協助。這些民族的數量增加迅速，一個牽一個。在西方，北非的柏柏人（Berbers）起初激烈地抵抗阿拉伯征服軍，接著，他們在占領與殖民西班牙的過程中與對方聯手，其後，他們主動地把撒哈拉沙漠以南的許多黑種民族殖民化與回教化。在東方，波斯帝國政府被毀，祭司教階集團失勢，波斯人在回教當中覓得組織架構與人生意義，還把他們的新信仰，帶給中亞那些伊朗系與突厥系相摻的百姓。在中央地帶，原在肥沃月彎、說亞蘭語的、信奉基督教的民族，以及在埃及、說科普語的、信奉基督教的民族，長久以來臣屬於波斯帝國和拜占庭帝國，從一個帝國統治，換到另一個帝國統治。他們發現眼前的這些新宗主要求不多，而且較為寬容，因此比起舊日的宗主，要受歡迎得多。

把這些國家轉換到回教和阿拉伯式的生活，其實並不難。阿拉伯的稅負要比拜占庭抽取得輕，對於回教徒尤其是低，就一般大眾而言，也是很輕。在君士坦丁堡治下，關於正統的爭論曾讓非正統的基督教徒及其教會不勝其擾；阿拉伯政權不去計較關於正統的諸般細節，一律賦予各種基督教信仰同等的法定寬容。猶太人曾經在帕提亞人和崇拜偶像的羅馬諸帝統治底下生活，享有一定的宗教寬容；到了較不寬容的薩珊王朝和信奉基督教的拜占庭人統治時期，情況則不甚理想。如今在阿拉伯的回教邦國治下，他們發覺自己的地位略有改善。

阿拉伯國家的統治者以及阿拉伯軍隊的將官，主要是麥加和麥地那這兩個綠洲城鎮的鎮民。不過，他們並沒有遠離其沙漠根源，完成征服行動的阿拉伯軍隊主體，就是這些沙漠居民。阿拉伯人在征服戰爭中應用的戰略，絕大部分是妥善運用沙漠的力量，這使人聯想到西方航海人民在後期建立的帝國，乃是善用海洋的力量。阿拉伯人進了沙漠，就像回到家裡一樣，阿拉伯人的敵人卻不是如此。對於阿拉伯人來說，沙漠友善、熟悉而親切，對於敵人來說，沙漠荒涼、無邊而駭怖，處處是艱困，步步是危機，敵人之畏懼沙漠，就如同陸地居民畏懼海洋一般。阿拉伯人把沙漠當作是交通管道，用來傳送訊息、補給與支援，在危急時用作避難所，既不受干擾、也不怕追擊，一旦成功在望，沙漠又成了邁向勝利的大道。阿拉伯帝國也有自己的蘇伊士運河，那就是通過蘇伊士地岬、聯繫起亞洲和非洲的沙漠小徑。

阿拉伯人在每一個占領國，都把主要的軍事基地和行政中心建在沙漠與農耕世界的接境處。當地如果有地望相宜的舊城，好比大馬士革，阿拉伯人就直接以之為都城。不過，阿拉伯人往往得要營建新的中心，以符合本身戰略上與帝國式的需要。這些地點，後來就形成新的城市。這些駐防城鎮中，最重要的有位於伊拉克境內的庫法（Kūfa）與巴斯拉（Basra），伊朗境內的共木（Qomm），埃及境內的富斯泰（Fusṭāt），以及突尼西亞境內的魁拉萬（Qayrawān）。

這些城鎮，就是早期阿拉伯帝國的直布羅陀（Gibraltar）和新加坡（Singapore），孟買（Bombay）和加爾各答（Calcutta）。用來稱呼這些地方的阿拉伯詞彙，是「邊城」（miṣr），複數作amṣār，這是個古閃語詞彙，原先似乎用來指示邊界或疆界，因此借用為「邊境」或是「邊省」。同一個名詞，不意地也在《聖經》的希伯來語、亞蘭語、和阿拉伯語中，都用作「埃及」的地名。「邊城」在政府以及各省最終被阿拉伯化這兩件事上，有著核心的重要性。開國初期，阿拉伯人在自己締造的帝國中，是個小而孤單、卻又重權在握的少數民族。而這些邊城，則是阿拉伯系的拓荒百姓與阿拉伯語文的天下。各個邊城的核心是軍營，那些身兼戰士與殖民者身分的阿拉伯人，依部落統屬，居住其間。核心周圍興起了一座外城，外城中有工匠、店家和各色人等，都是當地的居民，照料著阿拉伯統治階層、軍士及其家庭成員的多方需求。這些外城無論是在規模、財富以及重要性方面都在成長，逐漸也包括了為數日增的本地公務員，他們在阿拉伯政權底下辦事。這些民眾因形勢所需，學會了阿拉伯語文，也受到了阿拉伯的品味、態度與觀念的影響。

嘗有一說：回教因征服而傳播。這個說法是誤導的，雖然回教傳行天下在相當程度上，無法離開平行進行的征服行動與殖民歷程。阿拉伯征服者最原始的作戰目標，並不是藉由武力來樹立回教信仰。《古蘭經》在這一點上說得很明白：「宗教無強迫。」（第二章第二百五十六節）這句話通常詮釋如下：那些奉持一神宗教、並且尊崇那些回教承認乃是早期的上天啟示的經典者，可以在回教國家與回教律法認可的情況下，維持其宗教信仰。至於那些不是一神論的、也沒有回教所承認的經典的，他們所受到的差別待遇就比較苛刻，不過，在早期阿拉伯征服者統治之下的地區，很少有這樣的異教徒。征服者的確有用形形色色的誘因，譬如輕傜薄賦，來吸引征服地民眾接受回教，可是，征服地民眾並沒有被強迫入教。至於說阿拉伯政權試圖同化臣民，把他們變成阿拉伯人，這更是難以成立。恰恰相反的是，頭幾代的征服者，在阿拉伯人與非阿拉伯人之間維持嚴格的社會分際，就算是後者皈宗回教並且接受了阿拉伯語文，也不放鬆。他們不鼓勵阿拉伯婦女與非阿拉伯男子通婚，反之則在所不禁，他們也不容許新進的回教徒和自己在社會、經濟、政治方面享有完全的平等。一直要到回教紀元第二個世紀的革命性變化，終結了阿拉伯人的獨享權益，阿拉伯化的歷程才突飛猛進。

阿拉伯帝國真正傲視群倫之處，與其說是實際的軍事征服本身，不如說是被征服地區的民眾之阿拉伯化與回教化。阿拉伯人在政治與軍事上稱霸的時間非常短暫，很快地就不得不釋出帝國的控制權，就連阿拉伯人締造的文明的領導權，也一應轉手予其他民族。然而，阿拉伯的語文、信仰和律法卻沿用至今，是為其統治的恆久紀念。

這個巨大的轉變，主要是由平行進行的殖民行動與同化行動達成的。根據一種廣泛接受的看法，驅使阿拉伯人展開征服的動力之一，是貧瘠的阿拉伯半島上有人口過剩的壓力。許多阿拉伯人在阿拉伯王國的早期，紛紛越過古代帝國那些傾圮的防禦工事，遷徙到被自己征服的肥沃土地上來。抵達之初，他們只不過是握有治權的少數人——一支占領軍，加上一個高高在上的階層，包括有軍士、高級官員以及地主。阿拉伯政權接收了前朝的國有土地，以及阿拉伯新秩序的對頭的土地，還有，在征服者來到之前逃奔四散者的土地。因此，阿拉伯政府控有廣大的領地。其中許多土地，以優惠條件承包或租借給阿拉伯人。這些阿拉伯人所繳交的租稅，要比留在當地的本地地主輕多了。這些阿拉伯大地主，一般都雇用當地勞力為他經營田莊，自己則住在駐防的城鎮裡。

阿拉伯文化的影響，就是從這些城鎮放射到四周鄉間去的。有些影響直接傳達，有些則透過急遽增加的本地皈依者傳達。這些皈依者，不少在軍中服務。雖然那些自矜為純正阿拉伯後裔的人，傲慢地否定這些本地皈依者在經濟上和社會上應與自己平權，但接受征服者的信仰以及隨信仰而來的語文的皈依者，仍然與日俱增。

能夠使用征服階級語文的優越感，這種語言在施政及商業上的實用價值，帝國文明的豐沛和多樣，以及——或許這才是最重要的——臣民對於這種寫下新降啟示的神聖語文的無比崇敬，這些，都有助於阿拉伯人對於其臣民進一步的同化。

回教統治的頭一百年所發生的這些含括各層面的軍事與政治變動，也帶來經濟上與社會上的重大變革。在「阿拉伯征服」的過程中，許多凍結在私人、公家或教會手中的財富，再度流出市面。早期的阿拉伯史家，講述了不少關於豐厚戰利品與大手筆花費的故事。第十世紀的作家馬思忽迪（al-Masʿūdī），描寫了某些征服者所累積的產業。據馬思忽迪說，鄂斯曼（ʿUthmān）哈里發被弒當天，鄂斯曼個人在私人帳房管理下的現金，就有十萬個第納（dinar，指羅馬或拜占庭的金幣）和一百萬個狄爾含（dirham，指波斯銀幣）。鄂斯曼的物業，估計也值十萬個第納，「他還留下了許多馬匹和駱駝」。祖貝爾（al-Zubayr ibn al-ʿAwwām）是回教的早期信徒之一，也是早期回教歷史上的重要人物。他在伊拉克的巴斯拉和庫法、埃及的富斯泰和亞歷山卓都有宅第。馬思忽迪說，祖貝爾在巴斯拉的宅第，於今（回曆三三二年，即公元九四三至九四四年）仍然提供坐賈行商、海路販子以及相關人士歇息之用。祖貝爾身後的財產，估計有五萬個第納的現金，還有「數以千計的馬匹，上千的男女奴隸，以及上面所提到的城鎮裡面的房地產」。根據同一史料，另一位「先知友伴」陶哈（Ṭalḥa ibn ʿUbaydallāh al-Taymi）在庫法有一座大宅院。他在伊拉克的田莊收入，「每日多達一千個第納，有人說還不止如此；他在撒拉合（al Sharāh）地方的田莊收入更多。他在麥地那城給自己蓋了一棟房子，那是用灰泥、磚塊和柚木築成的。」還有一位早期的回教徒奧都刺合蠻（ʿAbd al-Raḥmān ibn ʿAwf），他有好幾座馬廄，「繫馬百匹，另有千隻駱駝和萬頭綿羊。在他去世時，其產業總值的四分之一就值八萬四千個第納」。當賽得（Zayd ibn Thābit）逝世，「他留下的、用斧頭破開的金錠銀錠，再加上物業、田莊，總值有十萬個第納……當牙剌（Yaʿlā ibn Munya）棄世時，他留下了五十萬個第納，還有民眾欠下的債項、土地物業以及其他資產，總值有三十萬個第納」。[1]

這些、那些關於征服者富甲一方的記載，無疑是誇大其辭，不過，這也描繪出一幅深具說服

1 *Al-Masʿūdī, Murūj al-Dhahab*, ed. Barbier de Meynard and Pavet de Courteille, rev. Charles Pellat (Beirut, 1970), vol. 3, pp. 76-7.

力的畫面，看到征服者的上層社會擁有恆河沙數的財富，在所來到的發達國家中盡享良機與喜悅，毫無節制地大肆揮霍。

當然，不少非阿拉伯人也在這個新秩序中謀得利益，富裕起來；然而，也有一些人——包括阿拉伯人在內——並沒有得益或者變得有錢。即使是在那些富裕的民眾之間，其進展也未必能與他們的目標和期望同步。歷史敘事、文學作品，尤其是當代詩文，在在反映出這個時期的社會、政治以及間接受到影響的經濟層面呈現出緊張的現象，也反映了個人或是社會族群的生活苦況。征服行動與新政權成立，不免廢黜了原先壟斷財富與權力的主要社會族群。這個轉變所造成的影響，在東方的前波斯諸省，肯定要比對西方的前拜占庭諸省來得沉重。因戰爭失利隨之失去地位的拜占庭要人，可以從敘利亞和埃及後撤到拜占庭的國都和中央諸省，把原先的人民與領地留給新的宗主。可是，波斯帝國的要人卻沒有這般退路。波斯帝國的首都在阿拉伯人手中，除了少數的例外，這些要員得要留在原地，盡其所能在新政權底下謀個安置。這些波斯前朝的特權與管理人員，對於帝國形式記憶猶新，在帝國行政方面又是老手，按理說來，他們應當對回教的政府與文化發展貢獻良多。比起那些臣服已久的拜占庭城鎮裡的僅存人口所提供的貢獻，波斯人的貢獻要重大得多。

剛開始的時候，這些波斯的管理階層看來與新政權適應良好，保有了大部分的功能與一些權益。可是隨著阿拉伯勢力的鞏固，大批阿拉伯部落在伊朗落地生根；伊朗系的回教徒數目增加，他們爭取權利，要求和阿拉伯人平權；以及——這或許才是最重要的——城市的成長，以上都對新合作與新衝突的出現起了催化作用。在前代拜占庭領地上，城市生活由來已久，也是一種熟悉的生活形態，因此在此處的轉變相對輕微。在都市化不深的前波斯帝國，這些回教城市的驟然興起，則帶來了緊張和爭執。

在回教時代早期，足以嚴重威脅到阿拉伯國家的穩定以及回教社群的最凶險衝突，並不在於回教徒是否是阿拉伯系的分野，回教徒與異教徒之間的分別也沒有那麼嚴重；癥結是在阿拉伯本族人之間的對立——出身北阿拉伯與南阿拉伯部落者互相對立，先來者與後到者互相對立，勤奮有成者與事與願違者彼此對立，父母兩系都是阿拉伯自由人者與父系為阿拉伯自由人而母系為外邦妻妾者也彼此對立。由於勝利者對被擊潰者行使各項天經地義的權力，於是阿拉伯混血兒的人數也跟著急速上升。

阿拉伯傳統史家往往從部落、個人或宗教層面，來呈現這些衝突。這些層面無疑都很重要，不過，其中顯然也牽涉其他因素。不同流派的阿拉伯人之間，有著連綿不斷並且往往是怨懟深重的敵意，這引發了一系列的內戰，人數日增的非阿拉伯系回教徒，遲早也會捲入這些內戰。在這些內戰之中，各個派系紛紛為自身的悲情與訴求，尋找宗教上的措辭。

阿拉伯帝國成立，終於結束了羅馬與波斯在中東商路上的長期衝突。整個中東地區從中亞到地中海，再度連成單一的帝國體制及商業體制，這是自亞歷山大時代以來的頭一回。拜占庭的金幣和波斯的銀幣，又繼續流通了好一陣子，由是之故，這兩種貨幣的兌換率成為早期回教律法中的要項，而兌換業者，也成了回教徒市集內的一號人物。新的大一統局面，加上一個手頭寬鬆、一擲千金的新統治階級出現，對於工業、商業的成長皆有助益。這些中東的阿拉伯籍征服者，和中古歐洲的維京人（Vikings）一樣，把錢都花在高級織品上面，宮廷與上層社會都對此特別鍾愛。餉銀充足的軍士與落戶民眾，有形形色色的需求，再加上皇家宮苑、奢華的私人宅第、清真寺、其他公共建築的建造工程，這些肯定都對經濟發展貢獻甚巨。急速成長的城鎮裡面存在的不滿情緒，未必全由於實際生活的辛勞，卻是來自積壓心頭的憤恨。阿拉伯混血兒當中，有不少天資聰敏、饒財有勢的，他們感到憤恨，因為自己被排拒在社會與政府的最高層級以外。非阿拉伯系的信眾，尤其是波斯信眾，亦感到不平，因為他們被賦予低等的地位。他們要求平等，而平等正是其新信仰的普世啟示促使他們充滿期盼的。第三，古今皆然，如果人口增殖速度大於滋生物，天下就會有些游離浪蕩的人口，諸如逃亡的農民、缺乏一技之長的勞工、流氓無賴、窮漢貧民和偷雞摸狗之徒。阿拉伯史料栩栩如生地描述了這個城鎮生活邊緣的世界。

回教疆域的大幅與急遽擴張，本身就造成了自然的緊繃現象；維持和治理這個國家與這個帝國的工作，又被以上這些差異與衝突弄得複雜不堪。早期的幾位哈里發，因此舉步維艱，在這一點上一籌莫展。

回教的前四位哈里發，並非以世襲的方式繼任——在遜尼派（Sunnis）的法學用語中，這種繼任的方式是推選。前四主被稱做「受到正確指引者」（Rāshidūn），四主當政時期，也被遜尼派回教徒視做黃金時代，其聖潔僅次於先知穆罕默德在世之時；本時期在道德與宗教方面提供的指引，也僅次於先知在世之時。不過，這四位受到正確指引的哈里發，除了頭一位以外，都喪生在刺客之手。第二位哈里發烏默爾．本．赫帖（Umar ibn al-Khaṭ ṭāb），為心懷不滿的基督教奴僕所弒，刺殺第三位和第四位哈里發的更是非比尋常，鄂斯曼和阿里（Alī）兩位哈里發，皆為信奉回教的阿拉伯異議分子所殺。先知去世才二十餘年，他的回教社群就被激烈的紛爭撕裂了，他的邦國也淪入亂事與內戰之中——並非征服者與被征服者相殺，也不是新回教徒與舊回教徒的衝突，而是阿拉伯人和阿拉伯人之間的對立。

阿布貝可在任短暫，六三四年卒後由烏默爾．本．赫帖繼任。烏默爾的十年任期之於回教國的形成極為重要，之於回教眾民的整體歷史記憶也不遑多讓。根據一項廣泛為人所接受的歷史傳統，烏默爾相傳是阿布貝可垂死前，在病榻上指定為繼任人的。無論如何，反正烏默爾馬上獲得大多數「先知友伴」的承認與接受，其統治也沒有遇到嚴重的反抗。唯一表示異議的，是那些支持阿里有繼任資格的人。阿里是先知穆罕默德的堂弟，又是他的女婿，於是對某些人來講，阿里的繼任資格在於個人的能力堪當大任，而對另一些人來說，那是基於一種繼承先知的合乎法理的權利。不過，阿拉伯大眾看來都接受由烏默爾主政，而烏默爾不僅能夠維持大一統局面，還奠定了後來帝國政府施政系統的開端。主事者威權的轉變，見諸新頭銜之使用。烏默爾除了擁有「哈里發」的名號，表示其代理的任務之外，據說他又被稱為「忠誠者的統領」（Amīr al-Mu'minīn），這個頭銜同時在政治、軍事、宗教三方面有著更明顯的威權意涵。這個頭銜成了、也一直是哈里發們最常使用的名號，只要這個體制有效存在一天，這個稱號也的確是登上該位者的尊貴特權。烏默爾在世時並沒有儲備繼任人。依照傳統的說法，烏默爾被弒時不過五十三歲。相傳他在去世前躺在床上，指派了一個由六名資深「先知友伴」組成的小組——這在阿拉伯語中稱做「樞拉」（shūrā）——指示他們提名其中一位接任哈里發。他們的選擇，落在鄂斯曼身上。鄂斯曼出身麥加的高門大族烏邁耶（Umayya）家族，是「早期信徒」的核心圈子裡唯一代表麥加貴族階層者。

早期的哈里發們能夠指揮的武力並不多，沒有御林軍，也真的沒有任何常備軍。可資運用的武裝部隊，只有向阿拉伯各部徵集的戰士。哈里發治國也較少倚賴武力，他們大多憑著個人的德望來治國，其威望來自大眾對於先知繼承人的敬重，還有經個人風範贏來的尊崇。

然而鄂斯曼的為人卻不曾激發起如同前兩任哈里發所獲得的同等尊崇。宗教性的連結在先知棄世十數年後開始鬆弛，而麥加的上層社會也因為它的成員登上了至高的職位，遂積極攫取各項天賜良機，使得局勢益發緊繃。至於總是讓遊牧部民感到煩擾的威權壓力，至今也已經變得難以忍受了。

鄂斯曼於公元六四四年接任哈里發。在第七世紀中葉，西方的敘利亞和埃及，與東方的伊拉克和伊朗大部皆在回教徒掌握之中。新成立的回教徒艦隊，在「船桅之役」（Battle of the Masts, 654-655）的海戰中甚至大勝拜占庭。至於波斯帝國則早就被摧毀了。現在是略事休息的時候，而戰事中止也使得部民有閒暇來反省自身的苦況。他們的反省以及因反省而招致的行動，一併爆發而為一連串塗炭生靈的阿拉伯內戰。

第一次內戰開始於公元六五六年，肇因於鄂斯曼遇刺。這一群叛兵來自停駐在埃及的阿拉伯軍中，他們來到麥地那向鄂斯曼陳情，訴說其苦況。叛兵於六五六年六月十七日，闖入哈里發的居室，鄂斯曼傷重斃命。他們的行動與後來發生的爭鬥，標誌著回教歷史上一個轉捩點。回教徒的哈里發，頭一回——而且絕不是最後一回——被追隨自己的回教徒謀害，回教徒軍隊，也自相殘殺。叛兵改立阿里為哈里發。

阿布塔里卜之子阿里（Alī ibn Abī Tālib），是先知穆罕默德的堂弟和女婿，他在回教第一次內戰這一場錯綜複雜又多面作戰的衝突之中，是位關鍵人物。阿里是先知穆罕默德的女兒法蒂瑪（Fāṭima）的丈夫，這個身分本無引人矚目之處。此等親緣關係在一夫多妻的社會裡，算不得什麼。然而，作為先知的族人，阿里倒是可以根據前回教時期的阿拉伯舊俗，自薦為穆罕默德在政治與宗教兩方面部分威權的繼任人選。阿里個人的資質以及他在眾人心目中的地位，使他候選有望。此外，有許多回教徒對於推選產生的哈里發們及其部屬的品性十分失望，也有一些回教徒盼望，在先知族人領導下的新政權能夠扭轉乾坤，回歸伊斯蘭真正的原本教訓。阿里也有能力吸引這些教徒的支持。這些人後來被稱做「阿里的朋黨」（shīʿatu ʿAli），再簡稱為「什葉派」（Shīʿa）。

阿里當政五年，動盪無寧日，到了公元六六一年一月，阿里哈里發也被謀害了。這一回，下手的不是作亂的士兵，而是一位獨行刺客，一個極端教派的密使。由是創下了第二個先例，影響深遠。

參與第一次回教內戰的各方交戰派系當中，敘利亞的總督，即阿布蘇府嚴之子穆阿維耶（Muʿāwiya ibn Abī Sufyān）所領導的那一派大獲全勝。穆阿維耶在許多方面皆占上風。他出身麥加的烏邁耶望族，與遇刺身死的鄂斯曼哈里發是堂表之親。按照阿拉伯古來風俗的許可，也受到回教的確認，穆阿維耶有權利也有義務，要為族人橫死討回公道、進行報復。而穆阿維耶擔任的這個總督職位，是由烏默爾哈里發指派的，因此其任職早於過去兩朝時的內訌與敵對。穆阿維耶擔任敘利亞總督，身處回教世界和拜占庭基督教世界的軍事邊界，麾下有一支訓練精良、紀律嚴整的軍隊。這支部隊由於聖戰的光華而獨樹一幟，也在進行聖戰的過程中習得經驗而千錘百鍊。

阿里被害之後，有一些人視其子哈珊（Hasan）為新領袖。不過，哈珊放棄了個人對於哈里發職位的繼承權，承認穆阿維耶為哈里發。穆阿維耶原來就已在敘利亞黃袍加身為哈里發，如今他得到整個帝國的承認。穆阿維耶繼任，標誌著回教史上的新時代，即所謂的「烏邁耶哈里發朝」。烏邁耶時代的繼承，雖然在原則上並非、在實際上卻是王朝式的，人選只能出自烏邁耶家系。繼承大統沒有一定的規矩或權利，在後期的回教朝代也的確是如此。這無疑是受到《古蘭經》以及太古傳統的抑制，後兩者呈現出非難君主政體的強烈態度，絕不接受一個固定的繼承法則，無論是長子繼承或是其他法則。穆阿維耶提名兒子雅系德（Yazīd）作為儲君，這設下了一個先例，後代哈里發群起仿效。此舉的深意，明見於一則第九世紀作者訴說的故事裡：

> 大眾聚集在穆阿維耶面前，諸發言人於是起立，宣布雅系德是哈里發職位的繼任人。一些民眾表示不贊同，當下就有一位來自鄔德拉部（‘Udhra）的民眾……站起身來。他把佩劍抽出鞘外有一掌之寬，說道：「『忠誠者的統領』是那一個！」他指著穆阿維耶說。「要是他死

了，就那一個！」他指著雅系德。「如果有誰反對，就這一個！」他指著自己的佩劍。穆阿維耶對他說：「你真是雄辯之王。」[2]

烏邁耶哈里發朝維持了不到一個世紀，阿拉伯的回教史學——其中大多是在烏邁耶朝覆滅之後才動筆的——對烏邁耶朝大力撻伐。對什葉派來說，這些哈里發是篡位奸徒，是專制暴君，他們從阿里和阿里的兒子，也就是回教社群的正當領導人處，奪走了哈里發職位，還屠殺、迫害其子孫，違反、敗壞了回教的真意。就是連遜尼派史家在烏邁耶朝覆滅以後所寫的作品，也指烏邁耶氏為篡位奸人，認為烏邁耶氏在治國的目的與方法上，就算稱不上是專制，至少也是世俗取向且不符合宗教的。而在經典史學當中，烏邁耶朝被定位為「王權」（mulk）的過場，夾在先前受到正確指引的哈里發朝，以及隨後受命於天的哈里發們之間。阿拉伯的史學雖然對於烏邁耶朝普遍充滿敵意，但對於穆阿維耶在政治與外交上的本事卻有所致意，不過，即便是如此，那也只是含混不清的恭維。

今日學界對於烏邁耶朝的成就，在整體上採取了一個可以說是比較正面的看法，特別是對歷代明君加以肯定，認為他們在危機重重又波濤不斷的內部糾紛期間，仍舊維持了回教國家與社會的穩定和延續。

烏邁耶的哈里發們，是透過一連串的折衝樽俎還有過渡性的安排，達成如此政績。這些妥協和安排，使得他們能夠保持相當的統一，繼續並開展向外的征服，還能建立帝國行政、帝國社會以及帝國文化的核心。他們為此付出的代價，是稀釋了回教的純正啟示。宗教權威的尊榮以及信仰忠誠的連結，被篡弒相尋加上內部紛爭，削弱到瀕臨崩潰的田地。烏邁耶朝的哈里發創制出被稱做「阿拉伯王國」（Arab kingdom）的東西，作為代用品。說得明確點，「阿拉伯王國」代表的意義就是阿拉伯至上：只有真正的阿拉伯人，也就是雙親皆為阿拉伯系的純種後裔，才能夠進入權力與利益的最高層級。混血的半阿拉伯人，也就是阿拉伯父親和非阿拉伯母親——通常是奴僕——生下的孩子，可以爬到一定的階層；不過，他們仍被排拒在最高階層之外。即便是如烏邁耶王子馬斯拉瑪（Maslama），他的父親是烏邁耶朝偉大的哈里發之一，本身也是勳業彪炳，但由於他母親是名女奴，因此完全不被列入繼承大業之列。

在這些混血阿拉伯人底下的社會階層，是皈依回教的非阿拉伯人；在他們底下，則是非回教徒的廣大群眾，這些非回教徒，在當時依然構成人口中的絕大多數。這些非阿拉伯系的民眾，無

---

[2] Ibn Qutayba, *ʿUyun al-Akhbār*, ed. Aḥmad Zakī al-ʿAdawī (Cairo, 1343-8/1925-30), vol. 2, p. 210; English translation in Bernard Lewis, ed. And trans., *Islam from the Prophet Muhammad to the Capture of Constantinople*, 2(1974), p. 273.

論有沒有改信回教，雖然無法掌握政權與軍權，可是他們在烏邁耶朝的政府裡，卻扮演了重要的角色。烏邁耶朝為後世史家所詬病的另一項妥協，是他們把某些回教在諸如行政與稅收事務上的教訓箴言，心照不宣地擯置一旁，從而建立一個政府機制，這個政府機制，無論是在中央還是地方，都在組織架構、治理方式和人事銓選上，愈來愈傾向那些被回教哈里發國推翻、取代了的帝國制度。

這個過程並沒有被蒙混過去，因而引發了道義上的以及武裝上的反抗。武裝反抗特別是來自兩幫人馬，他們以宗教言詞批評烏邁耶哈里發朝，因此其組織也採用了教派的形式。其中一支是合里濟派（Kharijites），源自意為「出去」的阿拉伯語詞彙。合里濟派開始於一小群阿里的支持者，他們在第一次內戰時退出阿里的軍隊，轉而對付阿里。謀害阿里的，就是此派的成員，他們還持續反對烏邁耶朝以及此後相承各朝。合里濟派所代表的是部落獨立自主的極端形式，他們拒絕接受任何不是由人民依自由意志而同意的權威，而這項同意必須能夠也依照人民的自由意志隨時撤銷。他們堅持任何一位信徒只要是由信眾選中，不論血統或族屬，他都可以作哈里發。什葉派的觀點恰好相反，他們堅持哈里發的職位由上天授命，乃屬於先知個人家族裡的繼承人。這兩派都製造了一些頗為凶險的暴亂，想要推翻既存的秩序，在其上建立一個全新的、而且是更為鑿實確切的回教新秩序。

第二次內戰始自這樣的一場起事——這場起事在政治與軍事上的及時影響相對為小，但是它在宗教上卻有著無邊的影響力，因而也在歷史上有著重大的意義。公元六八〇年，阿里的兒子胡辛（Ḥusayn），也就是先知穆罕默德的外孫，在伊拉克揭竿而起。胡辛全家及其部下，於慕賀藍月（Muḥarram）的第十天，與烏邁耶軍交鋒於卡爾巴臘地方（Karbalā'），遭到擊敗。根據傳統的說法，大約有七十個人在此役及戰後被殺，唯一生還的是一位病童。他是胡辛的兒子阿里（'Alī），他被留下，躺在一頂帳篷裡，因而保全了性命，並轉述此事與世人。「卡爾巴臘慘案」後來成了什葉派對回教歷史的理解核心，而慕賀藍月的第十天，也成了什葉派宗教行事曆上的重要日子。在這天，只要是有什葉派教徒的地方，都會進行宗教儀式，紀念先知家族的殉難、緬懷援救不及者的懺悔、追述殺人兇手的惡行。儀式中，犧牲、愧疚與贖罪的主題強烈。回教遜尼派與什葉派在教義上的差異並不太重要，比起分裂基督教世界對立教會的那些差異要小太多。但是，什葉派對於殉難以及迫害別有一番感觸，加上他們幾百年來都以少數族群的身分，居於那些他們認為是偽君的統治之下，這在什葉教徒和遜尼派政權與主流大眾之間，築起了一道心理藩籬，並且造成經驗與眼光上的差異，因此，在宗教與政治上，也有了不同的態度與作為。

「卡爾巴臘慘案」加快了什葉派從政治黨派轉變為宗教派別的轉化，也為第二次內戰帶來了新的酷烈與緊張。哈里發國領地又一次被連年累月兩敗俱傷式的戰爭所撕裂。更不利的轉變是非阿拉伯人也開始捲進事端。雖然長期來說，阿里黨人的反動最為不利，可是在這一個特殊時刻，它並不是最危險的。烏邁耶哈里發奧都馬力（ʿAbd al-Malik, 685-705）於六八五年就職，當時他所面對的諸端亂事與反對運動中，的確是以祖貝爾的兒子穆斯埃卜（Muṣʿab）與阿布都拉（ʿAbdallah）兩兄弟的叛亂最具威脅性。阿布都拉在六八三年於漢志地區自立為哈里發，勢力一度伸展到伊拉克，也在帝國境內的其他省分，獲得一定的承認。阿布都拉卒於六九二年，此後，奧都馬力才完全敉平所有反抗，恢復並且增強了後來形成君主國的勢力。

在奧都馬力及其著名的繼任人希慎（Hishām, 724-743）任內，被阿拉伯史家稱做「建構和調整」（organization and adjustment）的進程，又向前大步邁開。全新的帝國秩序代替了從拜占庭與波斯時代沿用下來的舊式行政架構，在這個新秩序底下，阿拉伯語文也替代了希臘語和波斯語，成為施政和會計用的官方語文。阿拉伯史家把這項改革歸功於奧都馬力，在這一點上，是有實物證明的。公元六九四年，奧都馬力發行新制的哈里發國金幣，此事有著深遠的意義和影響。鑄造金幣本是拜占庭自羅馬諸帝繼承而來的特權，世上並無其他的黃金錢幣。直到那時，阿拉伯人也只模造過銀幣，而這些銀幣，也是前拜占庭與前波斯諸省原有的製幣作坊出品。錢幣的形制和以往大致相同，其上加注記號，表示統治者的更換。阿拉伯人仍然從拜占庭進口金幣。因此，拜占庭皇帝視奧都馬力發行金第納幣——這個幣名，自然是自從羅馬的 denarius 轉來的——為挑釁，是理所當然的。拜占庭皇帝為此，不惜大動干戈以為抗議。這些金幣上的銘文更增強了、表明了這項挑釁。銘文中有一道輔以古蘭經經文的信經，內容是這樣的：

> 除神以外別無他神，無有儕輩。穆罕默德是神的使者，神遣之併以正道真理，使此教勝於一切宗教。（第九章第三十三節）
>
> 祂是神，獨一而求恆，祂不化生（beget），亦非化生而來。（第一百一十二章第一至第三節）

這些直接詰難基督教教義的古蘭經文，也出現在聖岩圓頂寺（Dome of the Rock）的壁銘之中。聖岩圓頂寺是奧都馬力於回曆七二年（公元六九一—六九二年）在耶路撒冷的聖殿山（Temple Mount）上興建的禮拜寺。建築物本身及其壁銘，表明了宗教上的目的。新建的快速道路以及沿路上刻有哈里發名字的里程碑石，明示著帝國的用意。而新發行的貨幣，則兼具兩者的用心。到了這個時候，情況已經非常清楚：新的普世政權與世界宗教已然興起，挑戰拜占庭帝國的特權與基督教的使命。

聖岩圓頂寺和毗鄰的阿克薩清真寺（Aqsā Mosque），組成了回教歷史上第一座大型的宗教建築組群。它標誌著新時代的開始。那個轉借、改造、即席而作的時代，已經過去了。烏邁耶哈里發國，再也不是羅馬和波斯的後繼帝國，而是一個新的大同政體。回教，也不純然是基督教的後繼宗教，而是一個新的普世教義。聖岩圓頂寺的地點、形制以及更重要的內部裝飾，在在反映出它的寓意。聖岩圓頂封的形制與規模，無疑是想要媲美聖塚教堂（Church of the Holy Sepulchre）並超越之，其中所進行的精巧改動，是為了回教虔敬所需，不是為了基督教。建寺的地點是耶路撒冷城，對於前代的猶太教和基督教來說，該城是世間至為神聖的城市。

選擇這個地點，意味深長。古蘭經裡從來沒有提到過耶路撒冷，甚至連「耶路撒冷」這個名稱，也不見於早期的回教作品中。當提到這座城市時，譬如在奧都馬力的里程碑石上，它叫做「埃利亞」（Aelia），這個城名是羅馬人改用的，旨在降低該城的神聖性，並且抹滅該城與猶太教和基督教的聯繫。更值得注意的是，在耶路撒冷城內為首座巨型回教禮拜寺選擇建地一事。寺址是在聖殿山，這裡是猶太教和基督教雙方宗教史上各項主要事件的發生場地。禮拜寺的確切位置是聖岩所在，根據猶太教師的說法，亞伯拉罕在此準備奉獻己子，後來，聖殿的約櫃也曾放置其上。奧都馬力此舉似乎意味著，這個禮拜寺乃是終極教義的禮拜寺——這座獻給亞伯拉罕的宗教的新聖殿，替代了所羅門王的聖殿，承續上天降給猶太人和基督教徒的啟示，並且修正兩者墮入歧途的錯誤。

這座禮拜寺所具有的爭議性目的，復經由裝飾內壁的特選古蘭經文以及其他壁銘，予以加強。「神是唯一，無有同伴，無有儕輩」，這段經文一而再、再而三地出現，明白反對基督教的三位一體說。這個駁斥在其他壁銘之中更是露骨：

贊頌歸於上帝，祂沒有化生子息，在世間無有同伴，也無須庇佑以免於蒙辱。是啊！為祂的偉大與光輝榮耀祂！

另一段一再重複的壁銘，是著名的第一百一十二章全段：「祂是神，獨一而求恆。祂不化生，亦非化生而來，無一是其對等。」

還有一段金句，向先前得過啟示的人們，傳遞一項明白的警告：

噢！聖經的人們！在宗教上毋得踰矩：忽妄言神，只說真理。瑪利亞之子耶穌基督，確是神的使者……故此，相信神也相信列使，不要提「三」。斷念，這對你們要好，因為神是唯一上帝，比產生子息者高崇……（《古蘭經》第三章第十八至第十九節）

另一段壁銘，則強力警告猶太人與基督徒，他們的方式偏差：

這是神的見證，在祂之外別無他神，天使與擁有知識者，皆奉義不移。在祂之外別無他神，祂是全能的、至睿的。神的宗教是伊斯蘭[3]……不信神示的要當心，神在清算上是迅速的。（《古蘭經》第三章第十八至第十九節）

這些銘文的含意，兼有政治性和宗教性。唯有宗教能夠賦予帝國以正當性；而只有帝國能夠供養宗教。上帝透過祂的使者穆罕默德和祂的代理人哈里發，交給世間新的教義和新的秩序。在這一個呈獻給新信仰的首座大型宗教建築裡面，這個新信仰的俗世領袖奧都馬力哈里發，肯定了回教與先前宗教的關聯，同時也表明了新的教義已經降臨，前來糾正前教的偏差，並且替換它們。

奧都馬力之子，也是其繼任人瓦立德（al-Walīd）哈里發，也可能由於類似的考量而興建了大馬士革的大清真寺（Great Mosque of Damascus）。第十世紀的地理學家穆克達西（al-Muqaddasī）記錄了一則雋永的對話：

有一天我對我叔叔說：「〔瓦立德哈里發〕在大馬士革的清真寺上大筆花費回教徒的錢財，這是不對的。要是他把這些錢花在維護道路和蓄水池還有修繕堡壘之上，就來得更適當、也更有價值了。」對此，我叔叔回答說：「孩子，你或許不相信。瓦立德是受到了正確的指引，在處理一件重要的事情。他觀察到敘利亞這片基督徒的地方，到處矗立著外觀誘人、名聲遠播的美麗教堂，諸如那些在利達（Lydda）和在伊德薩的基督復活教堂（Resurrection，即聖塚教堂）。因此，他為回教徒蓋了一座清真寺，把他們的注意力從這些教堂那裡轉移開去；他還把這座清真寺建成舉世驚嘆的建築。與此同理，當奧都馬力看到了聖塚教堂那個廣大而偉岸的圓頂時，他恐怕這會占有了回教徒的心房，於是也建造起了我們在聖岩上看到的這座圓頂。」[4]

或許是由於這座大清真寺，以及它與所羅門聖殿的承續關係，耶路撒冷城一度被稱為Bayt al-Maqdis，[5]此名顯然和聖經中稱呼聖殿的希伯來名稱Bayt ha-Miqdash相關。隨後，這個名稱和「埃利亞」這個稱呼，都被「聖（城）」（al-Quds）取代了（參見《以賽亞書》第五十二章第一節，〈尼希米記〉第十一章第一節、第十一章第十八節等等）。有一段古蘭經文（第十七章第

---

3 譯按：順從。

4 Al-Muqaddasī, *Descriptio Impenii Moslemici*, ed. M. J. Goeje, 2nd edn (Leiden, 1906), p. 159.

5 譯按：神聖的房子。

一節），敘述上帝如何在一夜之間，把先知穆罕默德從麥加的神聖清真寺，帶到最遙遠的清真寺（阿拉伯文al-Masjid al-Aqṣā）去。一條早期經註把這個「最遙遠的清真寺」放在天庭；而另一個經註則認為，該寺位於耶路撒冷城。而後者逐漸廣為回教徒接受。聖岩圓頂寺裡面的壁銘，並沒有包括這段經文。另一個年代一樣久遠的傳統說法正好相反，它否定耶路撒冷城在回教中具有聖潔的地位。根據這個說法，只有麥加和麥地那兩處才是聖城，而對於聖殿山的崇敬，乃是猶太化（Judaizing）造成的偏差。這項爭論持續了好幾個世紀，直到相對來說滿現代的時候，才確認該城的聖潔性。

約旦沙漠裡距安曼城（Amman）東約五十英里處的古瑟暗拉（Quṣayr ʿAmra）獵宮，有一幅壁畫傳達了更直接的政治訊息。這幅畫的年代可能早在第八世紀之初，所描繪的內容是哈里發上坐，六位異教徒的君王向他稱臣。六王的名字，同時用希臘文和阿拉伯文寫下。其中四個名字頗為清晰，「凱撒」（Caesar）指的是拜占庭君主，「羅德烈」（Roderic）是最後一位西班牙的西哥德（Visigoth）國王，七一一年被阿拉伯人打敗；「霍司祿」（Chosroes）是波斯皇帝；還有衣索比亞的「大王」（Negus）。剩下的兩個人物磨滅至無法辨識，不過，他們可能是中國的皇帝，和突厥或是印度的王公。值得注意的是，這些國王並沒有像上古時代描繪那些被擊潰的敵人一樣，畫成屈辱的囚徒，反而被描畫成前來朝覲的藩王。此中蘊含的訊息，不是占領和征服，因為中國和衣索比亞這兩個國家並沒有被征服。其訊息反倒是，世間諸王皆承認回教的崇高地位以及回教哈里發的最高職權，視哈里發為某些君主的嗣君，又是所有君王的宗主。

在烏邁耶時代後期，哈里發及其幕僚試著把所承襲的各項財務體系，合理化成一個新的、而且具有回教特色的稅制。後來史家賦予「虔敬的哈里發」烏默爾二世（'Umar ibn 'Abd al-'Azīz）關鍵性的角色。這些史書只讓烏默爾二世冠上「哈里發」的名號，而其他的烏邁耶朝主政者，都被稱做「國王」（kings）。

但是，民生艱難一仍舊慣，那些始作俑者如今又有生力軍加入，那就是人數激增的阿拉伯混血兒以及非阿拉伯系的回教徒。連那些當初和平投降的人，沒有發展出另類教義的人，都開始覺得回教歷史的進展步上了歧途，而領它走進罪惡淵藪的，就是回教社群的領袖們。這種感受，經常呈現在文學作品當中。那是一種消極的隱退，人們不願與政權有所牽連，他們認為出任公職對真正虔誠的回教徒而言，是一種貶低身價且不足取的墮落。

是該發生革命性變化的時候了。就深層意義來說，回教的到來本身就曾經是一種革命。這個新信仰勝過了既存的教義與教會，沒有為前兩種聖約（testament）帶來第三個版本，反而是帶來了替代兩者的新經典。在征服之下成立的新君主，無論是在政治、靈修或社會方面，都推翻了舊秩序，並在其上建立了一個新秩序。在回教秩序之下，最理想的境界將不會有神職人員、沒有教會體制、沒有王公貴族、沒有任何形式的特權會社組織或是種姓階級和社會階層，唯一剩下的高下之別，就只有接受真理者相對於剛愎自用、拒絕真理者的那一份自明自見的優越——當然，也包括了自然世界與現實社會中明顯的男尊女卑與主崇奴賤。但就是連這些不平等，新的教義也將它軟化，使之符合人道。回教世界不像古代的世界，在此，奴隸不再是動產，而是一個人，有著受到認可的法律與道德地位。婦女雖然還處在多妻與妃妾的制度底下，他們卻擁有一些財產權，這些財產權在西方世界，一直要到現代才有可資比擬的權益。不信回教的人士雖然在財經和社會上的利權被削，卻也能得益於回教政權的寬容與安全保障。這些寬容和保障，與中古時期大批非基督教徒的遭遇，甚至於今日基督教世界的一些同等情況相較，都是尖銳的對比。

征服戰爭贏來的戰利品以及貢賦，原則上由全體阿拉伯戰士共享，雖然在分配時厚薄有差。這許多阿拉伯戰士想要尋求更多的好處，也得到了更多的好處，各般好處有時候是彼此衝突的。這包括了部落民尋覓新水草，綠洲居民訪求更大更好的莊園，麥加商人對大城鎮內的繁榮商業虎視眈眈。人們對於哈里發政府的大多數指責，主要集中在政府對於這些團體需求的回應，遠積極於對回教需求的關注，這種抱怨在第三任哈里發鄂斯曼政府身上尤為明顯。

對於習慣遊牧生活海闊天空的民眾而言，威權是煩人、陌生的；國家權力高漲與當政者的權力增加，都唐突、悖離了回教的純正啟示。

在虔誠信徒與叛逆信徒雙方眼中，哈里發制是為了維護和傳揚回教正道才建立的。哈里發制的目的，是為回教服務的；哈里發的權力，是回教徒依自由意志同意賦予的，回教徒也隨時可以撤銷這項同意。可是，對某些哈里發來說，政權服務的對象不是回教，而是小部分有錢有勢者的利益。這些有錢有勢者，在政府事務和其他範疇的處理方式上，已和那些被回教推翻、取代的古代帝國看齊，而且到了令人不安的地步。以上課題，在關於鄂斯曼遇刺一事的議論中具體化。某些人認為，這是一樁故意的謀殺事件，是反叛正統權威的行動，應處以嚴刑峻法。某些人則認為，這不是一樁謀殺，而是一項處決，公正嚴明地處分了妄用——什葉派會說是篡奪——回教社群的至高職位、而使社群偏離正道的人。關於這項議題的討論，在往後的幾個世紀以不同的形式繼續下去，並深深影響了回教徒的政治理論與實際施政。

在早期，公開討論的主題有二：一是哈里發制，也就是談論該由誰來主政及如何主政；另一個主題是恢復——以及界定——純正的回教信仰。

可悲的是，唯有鞏固政權才能修持社群的和諧，而回教政權越是茁壯，就越得在回教的社會觀與道德觀上多方妥協。對於妥協過程的抗爭是前仆後繼、鬥志高昂，有時候成功，眼看這些叛徒就要奪得權力了，可是往往又是以沒有結果收場。相形之下，每一次有這類型的爭鬥，無論是叛方或是守方得勝，都造成政權的力量一再增強，向古老中東式的中央集權專制政體靠近，反倒與回教對於政府的理想漸行漸遠。抗爭的過程當中，出現了一系列的宗教教派。各派在教義本質上並不相同，擁護者的組成也不同，不過，各派在致力恢復回教創建者那種根本活力這一點上，卻是相同的。最初，當「阿拉伯人」和「回教徒」實質上還是同義詞時，教派相爭就等於阿拉伯人內戰。後來，隨著回教在被征服民眾之間快速播散，皈信者也開始在這些運動中具有相當分量，並且是舉足輕重。回教帝國裡的大型激進運動，居然是在回教圈子內部的活動，而非反對回教的活動。如此對於回教理念的普世訴求，以及不斷革命的衝勁，不啻是個發人深省的見證。

七四三年希慎去世，其後四任哈里發任期短促，烏邁耶哈里發朝迅速地到了尾聲。部落之間的仇殺再起，合里濟派與什葉派的門戶之見更是壁壘分明，伊朗東部呼羅珊省（Khurāsān）出現的新生強盛反對勢力，使得哈里發國連在敘利亞都岌岌可危，別的地區更是不把哈里發國當一回事。烏邁耶朝的末代哈里發馬旺二世（Marwān II, 744-750）是位明君，可惜已經無力回天。一股新的勢力、一個新生朝代和回教歷史上的新時期，正在東方嶄露頭角。

第四章　阿拔斯哈里發朝

回曆一二九年齋戒月二十五日，也就是公元七四七年六月九日，阿布穆斯林（Abū Muslim）在東伊朗的呼羅珊省，揚起了起事的黑旗。阿布穆斯林是位重獲自由的波斯奴隸，也是一個好戰宗派的首領。他和諸位先烈活動了將近三十年，譴責虔誠不足的烏邁耶諸君，力倡先知族人的繼任資格——尤其是先知族人中的阿拔斯家系，也就是先知叔父阿拔斯（al-ʿAbbās）後人的繼任資格。此時正值民心向背，伊朗的回教人口因為烏邁耶朝強加己身的不平等而感到焦躁；阿拉伯軍隊以及落戶的百姓由於長久留居伊朗，已經半波斯化了，但是內部壁壘分明，即使造反勢力捷報頻傳，他們還在為了部落宿仇相戰不已。阿布穆斯林得到的支持，主要來自非阿拉伯人，但也不乏之一些阿拉伯要人的支持。在這些支持之下，阿布穆斯林席捲整個呼羅珊，再自呼羅珊西進，經過伊朗，來到古老的都會省分伊拉克。大軍於七四九年渡過幼發拉底河，再次擊敗了一支烏邁耶朝的軍隊。同年，軍士在庫法擁立此派首領阿布阿拔斯（Abu'l-'Abbās）為哈里發，冠以「殺伐」（al-Saffāḥ）[1]的名號。七四九至七五〇年，叛軍在伊朗和伊拉克節節勝利，結束了烏邁耶氏的國祚。這位新哈里發的威權，迅速地在整個回教帝國鞏固起來。

這場造成阿拔斯哈里發朝代換烏邁耶朝的鬥爭，不唯是簡單的改朝換代；在回教歷史上，這是一場革命。

阿拔斯氏得勝事件的革命性格，早為回教史家與西方史家所注意，雙方也都努力地加以詮釋。一些史家受到民族、甚或是種族的歷史理論影響，把阿拔斯朝之繼起，詮釋為波斯人戰勝了阿拉伯人，從而摧毀了烏邁耶朝的所謂「阿拉伯王國」，並且在波斯式回教的表象之下，建立一個新的伊朗帝國。

乍看之下，這個觀點是有些根據的：叛軍首領與新朝百僚當中，波斯人都特別耀眼，而在阿拔斯氏的政治文化裡，波斯元素也十分強烈。然而，如果進一步考察，史家就不得不在幾個重要的題目上，修正這種波斯人戰勝而阿拉伯人戰敗的理論。某些十九世紀的西方史家以及二十世紀的伊朗學者，視什葉派教義為「伊朗民族自覺」的表現，可是，如前所述，此觀念實際上是出自阿拉伯人的。什葉主義在伊拉克南部的混居人口中間最為強烈，阿拉伯殖民者把此理念帶入伊朗，長久為其擎柱。阿布穆斯林造反的直接對象，是烏邁耶氏的統治與敘利亞地區的獨大，不必然是針對阿拉伯人而來。親阿拔斯氏的運動，有波斯人支持，也有許多阿拉伯人同表贊成，包括了這場運動的幾位領袖或統帥。雖然種族敵對不是沒有，波斯人也在勝利者中十分耀眼，但這個運動所擁立的，卻是位阿拉伯主子，所建立的，也是一個阿拉伯朝代。勝利以後，政府裡不少高位顯職，都保留給阿拉伯人，而阿拉伯語，仍舊是施政與文化上的唯一語文，阿拉伯地方，在賦稅上依然享有優惠，最後在社會上，阿拉伯至上主義還是維持著。阿拉伯人所失去的，並不是人們一度料想的權力實體——這是後來才失去的——而是獨享權力果實這項權益。如今，他們不得不與其他人分享這個果實，尤其是和那些有著一半自身血統的兄弟同胞。在烏邁耶朝，只有那些雙親都是阿拉伯系的，才能出任國家的最高職位；而在阿拔斯朝，不只是阿拉伯混血兒，就是連波斯人和其他民族，也都可以並立在哈里發的朝堂之上。在阿拔斯朝廷裡，統治者的恩寵要比貴族血胤的身分更能帶來權勢與尊榮。不過，如果非要為「阿拉伯王國」訂個結束的期限，這個期限應該訂在稍後時期，等到阿拉伯戰士從優容種姓的地位下降、而那些在國都與各省自治本土王朝服務的突厥衛隊得勢之時。

1 譯按：「殺人魔」。

誠如諸多革命一樣，越是深刻的轉變，越是漸進的，在政治變革之前或之後，都一直在進行。烏邁耶朝的末代哈里發馬旺二世的母親，是一位庫德族（Kurdish）的女奴，而阿拔斯朝首位哈里發「殺伐」的母親，是位阿拉伯自由人——據說，就是因為這個原因，他比兄長更得青睞。可是這位母親為柏柏族女奴的兄長，隨後繼承了小弟的職位，外號「滿朔」（al-Manṣūr, 754-775）[2]，在許多方面奠定了阿拔斯朝的輝煌璀璨。「滿朔」的繼任人以及後代的回教世襲諸王，除了少數的例外，在血統上都出自顯赫的父系——通常是皇室——而母親大多是無名的女奴，並往往是外邦人。

阿拔斯氏勝利的廣泛意義，與其從達成這個勝利的運動來評斷，倒不如從隨後的改變來評斷要來得恰當。頭一個改變也是一個眾所矚目的改變，就是阿拔斯朝把都城從敘利亞遷去了伊拉克，從烏邁耶朝一個世紀以來的統治中心，遷往古代中東各個國際帝國的重心所在。阿拔斯朝的首任哈里發「殺伐」，在幼發拉底河河畔興築了一個暫時性的國都，而其繼任人「滿朔」，則在底格里斯河西岸建設了一座新城，用作恆久的國都。這座新城位於商路的交會處，接近波斯薩珊故朝的都城泰西封舊址。一位中古時期的阿拉伯作者，在一則富有濃厚文化象徵意涵的故事中，提到人們在巴格達興建一座大型的哈里發居所的時候，建築工人曾奉哈里發之命，從泰西封城內、波斯諸王的宮殿廢墟，挪用了一些磚石。

新都的正式名稱是「太平城」（Madīnat al-Salām），不過習稱做「巴格達」，那是原先在此址之上的小鎮名稱。阿拔斯家族的眾位哈里發，就從這座城池以及鄰近的王畿地區發號施令，領導回教世界大部達五個世紀之久。一開始的時候，他們是帝國的實際君主，在一段政治驟衰的時期之後，他們則成了名義上的主君，邦國的實權，由其他的統治者行使，而這些統治者，大多手握軍權。

阿拔斯氏和那些藉著革命運動的手段取得政權的前朝後代一樣，沒多久就面臨一項抉擇：抉擇的一方，是原來支持者的理念和目標；另一方，則是政府與帝國的需要。阿拔斯氏選擇了輿論和踵續，所以，他們得要面對某些堅持到底的部眾的氣憤與反感，並且得要壓制這些怨恨。阿布穆斯林這位輔佐阿拔斯朝得勝的大功臣，以及幾位與他來往密切的人士，於是都被殺害了。這個選擇使得激進派和極端分子遠離，另謀出路；但也同時穩住了主流的回教徒，協助「滿朔」去迎抗、克服內亂外患的重重凶險。於是乎，「滿朔」得以在長久又傑出的治世，為阿拔斯政府奠下各項基石。

在這個奠基工作中，論到能力，「滿朔」要退居第二位。有一個家族在阿拔斯朝的最初五十年表現卓越，那就是鮑馬克家族（Barmecides）。鮑馬克氏往往被當作波斯人。比較確切地說，鮑馬克氏是中亞的伊朗人，出自報闍城（Balkh）佛教神職人員一系。鮑馬克家族的賀立德

---

[2] 譯按：「勝利者」。

（Khālid al-Barmakī），在巴格達建城不久就出任為「滿朔」的宰相。其後，賀立德及其子孫歷代為宰相（wazīr），長期發展與指導阿拔斯帝國的行政，直到這個氏族在八〇三年，於哈倫．拉施德（Hārun al-Rashīd）主政之下覆滅為止。

王都既已東遷，便更為接近伊朗文化的古代中心。阿拉伯人的權力壟斷宣告終結，回教化的伊朗人，也加入了統治菁英之中。伊朗人由於較富有政治經驗，因此在行政體系的各個階層都不斷地爬升，而宰相則被穩當地放置在整個國家官僚體制之首，儘受哈里發無上權威的節制。如此這般，很自然的結果就是伊朗人的影響力增強了。薩珊朝的文書，都被迻譯或轉寫為阿拉伯文，薩珊人的傳統也恢復了，而朝廷典儀與政府行政，也都遵循著薩珊朝的波斯模式。這意味著阿拔斯朝在相當程度上，疏遠了阿拉伯的部落傳統——阿拉伯部落傳統在這件事的各個層面上，其實也都無法提供足夠的指引。一支常備軍依照波斯的模式建立，這在回教國家還是頭一回。常備軍減低了朝廷對於阿拉伯各部徵兵的倚賴，因而進一步削弱了阿拉伯人在首都的影響力。

早期的阿拔斯哈里發，在許多方面都維持、發展先輩的政策，其所造成的斷裂遠比一度所認為的要輕得多。有一些在烏邁耶朝末期就清楚可見的轉變，如今加快了腳步繼續前行。哈里發不再是一位阿拉伯的「大長老」（supershaykh），而是中東舊式的專制君主。作為「大長老」，必須要接受阿拉伯各部酋長不時的同意所督導，但專制君主聲稱威權來自上天，建基於個人的武力，透過一個巨大並且不斷擴編的官僚體制來行使權力。阿拔斯朝在這方面強過烏邁耶朝，不過相對於古代的專制君主而言，又形微弱。因為哈里發們缺少既有的封建種姓與教階制度的支持；而且，按照其信仰的根本理念，他們臣服於天道，他們無由廢止天道，也沒法加以修訂。

哈里發們為了彌補這些缺憾，並代換掉阿拉伯種族內部那種和諧日益減弱的連結，遂愈來愈看重回教的自我認同與團結一致，試圖將共同信念與共同文化的統一性，強加在這個廣大而多歧的帝國之上。又一次，他們踵續薩珊前例，強調哈里發制度與權威裡的宗教元素。哈里發們受到由他們認可及順從的神學家的支持與鼓勵，想要用一個御用的宗教詮釋者階層，為政權打好基礎——這個教士集團的性質，是社會的而非屬靈的。為了達成這些目的，哈里發重建了麥加和麥地那兩座聖城，組織定期的伊拉克朝聖團去兩座聖城朝聖，並且展開宗教裁判迫害，對付逸出正軌的各個回教宗派，特別是摩尼教派，它在這個時候似乎吸引了不少信眾。馬門哈里發（al-Maʾmūn, 813-833）及其嗣君，想要把「超然派」（Muʿtazila）這個神學學派的教義，立為國定的官方教義，並迫害其他教派的信徒。這個嘗試並沒有成功。當穆它瓦寇（al-Mutawakkil, 847-861）需要全民支持，來對付犯上的突厥軍士時，他不得不接納主流的遜尼派觀點，並揚棄「超然派」的教義，甚至還得進一步打壓它。遜尼主義與該派教師（ulema）的勢力原本就已強大到足以抵禦並克服統治者在教義上的一意孤行，因此就算這位統治者是正統的遜尼信徒，情況也不會有所不同。這種試圖以國家來支配宗教的嘗試一敗塗地，從此不復再見。在穆它瓦寇之後，阿拔斯朝諸哈里發，至少在官面上，都忠實地遵循最嚴格的正統流派，再也沒有朝代干冒大不韙，對回教的宗教體制強行指派某種教義。

哈倫・拉施德之世（786-809），常被視為阿拔斯朝勢力的極盛時期，不過，衰象亦初見於此時。其中一個衰象，是哈里發在地方各省的政治權威，於哈倫・拉施德的繼承人時代急遽崩潰。在西方，西班牙和北非（756-800）實際上都在當地諸侯手上獨立了，這些諸侯勉為其難地對阿拔斯氏的宗主地位予以純名義上的承認。八六八年，甚至連埃及也脫離了阿拔斯氏的管轄。埃及總督阿合馬・本・土倫（Aḥmad ibn Tulun），是從巴格達派出去的突厥親衛，他自立為王，並擴展其轄區至敘利亞。阿合馬的王朝覆滅之後，沒多久又有另一個突厥王朝代興，來源相類。自此以後，除了一段非常短暫的無主時期之外，埃及再也不受巴格達節制。一個獨立的政治勢力在埃及興起，又往往兼領敘利亞，這種形勢在敘利亞和伊拉克兩地之間，製造出一片新生的無人地帶，讓生活在沙漠邊緣的貝都因部落，重獲原有的獨立自主。偶爾，貝都因部民還能把活動伸展入敘利亞與美索不達米亞的定居地區，占據城鎮，建立過渡性的王朝。

在東方，紛亂過程的形式稍為不同。哈倫時代一場真相難明的高層震動，嚴重動搖了阿拔斯朝的哈里發與其伊朗系支持者之間的同盟關係。這場風暴的最高潮，是鮑馬克家族遭到罷黜夷滅，哈倫·拉施德將事權收歸己有。雙方鬱積已久的衝突，於哈倫·拉施德身後猛然爆發，二子鬩牆。哈倫之子阿敏（al-Amīn）的力量基礎，主要是在王都所在與伊拉克地區；而另一個兒子馬門的勢力基礎則在伊朗。這場內爭嘗被詮釋為阿拉伯人與波斯人之間的民族糾紛，而以波斯勝利作為終結。不過，這場內爭更可能是前不久時期的社會衝突的延續，只是兩伊之間的地區性對立——這未必是民族之間的對立——把局面弄得更為複雜罷了。由於馬門仰賴東方的支持，他一度計畫把國都從巴格達遷到木鹿（Marv）去，可是面對巴格達百姓的群情洶湧加上伊拉克人民也同聲反對，馬門只好決定回到這個帝國城市來。此後，伊朗人的壯志雄心，就發揮在本土的自治王朝上。馬門帳下一位伊朗將軍泰希爾（Ṭāhir），在八二〇年於呼羅珊自立為王，建立王朝。這事為群雄設下了先例。於是，正當回教帝國的大部分地區都還承認哈里發名義上的宗主地位為遜尼回教的最高領袖的時候，哈里發在群雄割據地區的管轄實權卻被剝奪一空了。

當哈里發在東西方各省的權力，減弱到只能對實際的統治者頒授受職文書時，哈里發的威望也開始急遽地縮減，即使是在伊拉克這個首都所在的省分也號令不行。然而，只要巴格達還能控制住穿過該城的商路命脈一天，回教帝國在政治上的分崩離析，就不會妨礙到商業和文化的發展，在某些方面還有實質的幫助。不過，其他的危險也同時在萌發。朝廷揮金如土，官僚系統臃腫，造成財務危機不斷重演；地方稅負不達中央，金銀礦藏枯竭，礦洞被入侵者占據，這些都使得財務危機更加深重。哈里發先是用撲買國稅（tax-farming）[3]的補救辦法，來解決現金流量（cash-flow）的難題；最後，乾脆以地方總督擔任撲買官。這些總督兼撲買官，搖身一變成為回教帝國真正的統治者，而當撲買稅收與治民事權都歸軍事將官掌握之時，實權就又進一步集中了——唯有軍事將官才有武力能強迫人們就範。自穆塔辛姆（al-Muʿtaṣim, 833-842）與瓦第閣（al-Wāthiq, 842-847）的年代以降，哈里發們已成了手下大將的傀儡，任由他們隨心廢立。

哈里發的威權在第十世紀之初完全瓦解。通常，人們都以授與伊拉克總督伊本・瑞依閣（Ibn Rāʾiq）「上將軍」（amīr al-umarā）名號一事，來象徵哈里發威權瓦解的過程。這個頭銜與職位在當時的作用，無疑是用來確立這位巴格達城的軍事指揮官，比起其他地區的袍澤要高人一等。與此同時，名號頒授也正式承認了在哈里發之外，別有至高的統治權威存在；後者行使實際的政軍大權，而哈里發只能作為國家與信仰上的形式元首，並代表回教在宗教層面上的團結一致。九四六年一月十七日，最後的罷黜終於來到，原來在西伊朗就已經實質獨立、建立王朝的什葉派波斯步野家族（house of Būyeh/Būyid），進攻國都並下之。這麼一來，哈里發連在自己的城市裡都不再是主人了。更糟的是，遜尼回教的最高領袖如今受到什葉分子控制，只因哈里發有利用價值，所以才被留在原位上。其後，遜尼派的統治者雖然取代了當政的什葉黨人，哈里發卻依然居於臣屬的處境。

從此時開始，直到一二五八年蒙古人占領巴格達城，哈里發體制大致上有名無實，主要是作為遜尼回教團結的官式象徵，也為許多位行使實權的軍事領袖，做個合理化的上級。哈里發本人，除了十二世紀末期到十三世紀初期一段短暫的時期之外，都處於仰人鼻息的境況。

步野家族入主巴格達，不僅在哈里發體制的政治演變上有著重大的轉捩意義，其入主也標示了中東歷史上稱做「伊朗小插曲」（Iranian Intermezzo）中的一個重要時刻。從第九世紀阿拉伯勢力日落西山，到十一世紀突厥勢力最終鞏固，其間有一段復興伊朗文化的過場。這一場復興，是以絕無疑義的民族形式，透過伊朗人所支持的伊朗王朝來進行的。復興發生的地點在伊朗國土上，最重要的目標是恢復伊朗的民族精神與文化，將它融入嶄新的回教形式當中。東伊朗的泰希爾王朝（Tahirids, 821-873），是頭一個獨立的伊朗回教徒王朝，其後在東方陸續興起了薩法爾王朝（Saffarids, 867-903）和薩曼王朝（Samanids, 875-999），在北方與西方有步野王朝（Būyids, 932-1055）及其他王朝，這些王朝，都是回教徒王朝。其中某些王朝仍然沉浸在阿拉伯式的回教理念之中，對於波斯文化視若無睹；可是循著事件的發展與其民意的本質，無論是願或

3 譯按：蒙古帝國早期，中亞的回教商人把波斯經驗一成不變地搬到東方，與統治中國華北地區的蒙古汗王磋商，實施撲買制，漢文史籍稱之為「撲買地稅」。用現在的話來說，是「包稅」。畢竟中國的經濟形態不同於中東，此法隨即為傳統的課徵方式取代。

不願，他們都得贊助這一場伊朗文化新生運動。最積極的贊助人是薩曼王朝，其王都位於布哈拉（Bukhara），該地是伊朗文化復興的中心之一。波斯語在大多數薩曼君王在位期間，都被尊為官方語言，薩曼諸王也積極獎勵波斯詩人和波斯學者，於是新式的波斯文學便在第十和十一世紀宣告誕生。這種文學雖然用的是阿拉伯文字，也深受回教信仰與回教傳統影響，但其特性與本質，卻完全是波斯的產物。

步野時代除了是伊朗文化復興的時代，也是什葉派新生的時代，兩者往往被錯誤地等同起來。阿拔斯哈里發朝建國，導致什葉派主張以及內部領導產生重大的變化。在烏邁耶朝時代，依照什葉派的主張，回教社群以及回教國家的領導人，應該出自先知穆罕默德的男系親屬，也就是說，出自堂弟阿里一系，而非先知嫡女法蒂瑪那支。因此，繼任資格就擴展到阿里和其他妻子生下的子息。也由於看重先知的本家，繼承資格甚至推廣到了先知同族的他系後人，譬如阿拔斯系，他們就是在什葉教派裡開始角逐權力的。當阿里家系的繼任資格被堂表之親的阿拔斯系捷足先登，人們的著眼點，反倒落在先知的血親後代，也就是嫡女法蒂瑪一系的直系血親。不久，這個討論話題就成了什葉派的主要議題，後來又成了唯一的議題。什葉分子視阿里與法蒂瑪所生的兒子、孫子以及後代為「伊瑪目」（Imām）。法蒂瑪系的第六代伊瑪目賈發・薩迪閣（Jaʿfar al-Ṣādiq）於七六五年棄世，其後部眾分作兩幫，各自擁護其子慕沙（Mūsā）或另一子亦思馬因

（Ismāʿīl）。擁護慕沙者奉慕沙及其子孫為回教世界的正當伊瑪目，直到阿里的第十二代。這位第十二代的伊瑪目，不明不白地失蹤了。有些信徒以等待彌賽亞的心情，守候這位伊瑪目回歸，鵠候至今，這些人被稱為「第十二代派」（Twelver Shīʿa）。「第十二代派」的教義大致上是溫和的，與遜尼派只有枝節上的差異。

另一個團體是「亦思馬因派」（Ismāʿīlīs），由擁護亦思馬因得名。亦思馬因分子繼承了早期什葉教徒在烏邁耶時代那種極端的教義以及暴烈的手段，應用於今非昔比的社會現實。商業發達，工業勃興，城市成長，政府隨之擴編與軍事化，社會日益複雜並趨向多元，這些都把回教帝國原來鬆散的社會組織置於生死存亡的緊張拉力之下，也醞釀出廣泛的民怨。在一個神道設教的社會裡，宗教派系的活動原來就是對於既存秩序心存不滿時的自然表現；思想生活愈發複雜，各種文化與觀念也不斷衝擊，促成教派活動的興起與傳播。到了第九世紀末期和第十世紀早期，這些緊張已經到達崩解點。回教世界的主政者面對著眾多挑戰，大的有喀爾麥分子（Carmathians）在東阿拉伯與敘利亞、美索不美米亞一帶的武裝暴亂，以及亦思馬因分子聳人聽聞的佈道；小的則包括巴格達城裡一些道德論者與神祕學家的和平言論——這些評論比較含蓄，但是到了最後，它們的影響力也更為宏大。哈里發們費了一番工夫，敉平了敘利亞、美索不達米亞一帶的喀爾麥叛亂，東阿拉伯的亂民因而陷入孤立。亦思馬因分子則在葉門獲得長久的勝利，據地為王。

亦思馬因分子從葉門派遣使節到北非去。在那裡一切順利，他們得以於九〇八年，擁立亦思馬因系的繼任人烏拜杜拉（ʿUbaydallāh）為首任的法蒂瑪朝（Fatimid）哈里發——朝名的來源，是因為烏氏的繼任資格係基於穆罕默德女兒法蒂瑪嫡系。前三任的法蒂瑪系哈里發，只在北非行使治權；第四任哈里發慕義司士（al-Muʿizz）於九六九年攻下埃及，興建新城開羅（Cairo）為其首都。

一個強盛的獨立王朝管轄著中東，卻連阿拔斯系即使是名義上的權威也不承認，反而自己成立了一個哈里發國，不但挑戰了阿拔斯系作為整個回教世界領袖的身分，甚至連遜尼哈里發國在神學上的立國基礎也一概否定，這可是破天荒的頭一遭。法蒂瑪朝除了在政治、軍事、宗教上有所動作之外，他們也採行靈巧的經濟政策，目的在於把與東方的貿易從波斯灣地區轉移到紅海，如此便可以同時強化埃及與削弱伊拉克。

法蒂瑪朝迅速推進到巴勒斯坦、敘利亞和阿拉伯半島，其勢力和影響力一度領先於巴格達城的遜尼哈里發。穆斯坦昔（al-Mustanṣir, 1036-1094）在位時期，是法蒂瑪朝在埃及的巔峰時期。在穆斯坦昔治下，法蒂瑪帝國含括了整個北非、西西里、埃及、敘利亞和阿拉伯西部。一位親法蒂瑪系的將領，甚至在一〇五六到一〇五七年攻下了巴格達城，在這個阿拔斯系都城的佈道講壇之上，宣示了法蒂瑪系哈里發的宗主地位。不過，這位將領次年就被趕出巴格達城，法蒂瑪朝的勢力隨後亦告衰微。法蒂瑪朝社稷將傾，在民政方面首見端倪。這導致一系列的軍閥崛起，陸續執政於開羅，如同早先其同類在巴格達的作為一般。法蒂瑪朝的哈里發失去實權，淪為權臣的傀儡，勢孤力單，他們於是逐漸失去教派分子的支持。這個政權終歸覆滅，埃及又回復對遜尼思想的忠誠。

埃及法蒂瑪政權的盛世，與前朝在許多方面各有千秋。這個政權的頂端是哈里發，是位擁有絕對權力的君主，部眾相信他是永不犯錯的伊瑪目，治權來自世代相承的權利，而這個權利是由上天的旨意、通過一個上天擇定的家族傳承到他身上的。哈里發的政府中央集權而朝班有序，分有宗教、軍事、諸司三支。後兩者由宰相總制，而宰相是個凡人，地位在哈里發之下。宗教分支包括有一個傳教士的網絡，下分等級，由一位傳道總長（missionary-in-chief）總領。這位總長在政治上是位超級有影響力的人物。這個負責高等教育與宣揚亦思馬因教義的宣傳組織，其角色看起來與當下一些一黨專制國家裡的「黨」無分軒輊。宣傳部手下有一支特務大軍，特務遍布那些在名義上仍然受到巴格達的阿拔斯系哈里發們控制的東方諸省。這種宣傳工作的成效在在可見：從伊拉克到印度邊界的整片地帶，接連不斷有小型暴動，證實了亦思馬因特務的活動；回教的學術思想界，也有事例顯示出亦思馬因教化的煽惑性訴求。

法蒂瑪朝時代，也是埃及商、工業花團錦簇的輝煌時代。除了幾次因尼羅河或是軍方派系肆虐所造成的饑荒之外，這是個空前繁盛的時代。首先，法蒂瑪政府了解貿易之於帝國的繁榮和影響力事關重大，宰相雅固（Yaʿqub ibn Killis）首倡商業取向，繼任者蕭規曹隨。埃及在前法蒂瑪時代的貿易微薄而有限，法蒂瑪朝在埃及開發種植場和工業，並且展開重要的出口貿易，銷售埃及產品。另外，法蒂瑪朝也建構了一個廣大的商業聯繫網，特別是和歐洲及印度的商業來往。在西方，法蒂瑪朝承繼了早先突尼斯時代的風光，與一些義大利城邦建立聯繫。埃及與西方之間舟船如織，交市海上，法蒂瑪系的船隊掌握了東地中海世界。再往東方，法蒂瑪朝和印度經營出重要的接觸，法蒂瑪朝逐漸把自己的宗主勢力，向南伸展至紅海兩岸，而大部分的印度貿易，都停靠於法蒂瑪朝在蘇丹（Sudan）海岸線上的艾答港（'Aydhāb）。埃及人每至一處，亦思馬因的傳教士都亦步亦趨，於是，很快地我們就看到這樣的理念，同在西班牙與印度的回教徒之間發酵滋長。

然而，法蒂瑪系終歸沒有勝過阿拔斯系。一〇九四年法蒂瑪系的哈里發穆斯坦昔去世，法蒂瑪朝的勢力縮減，從此再也沒有力量嚴正地挑戰阿拔斯系的至尊地位。衰微的原因之一，是什葉派的幹勁被亦思馬因派與第十二代派之間的衝突消磨殆盡。第十二代派自產生以後，也曾顯赫一時，在伊朗建立了好幾個本土王朝。諷刺的是，當強盛的法蒂瑪帝國進而挑戰巴格達政權時，阿拔斯政權的朝中主政者，卻正是第十二代派的步野群臣。雖然步野家族亦持什葉主張，不過第十二代派的第十二代伊瑪目已經銷聲匿跡將近七十年，步野家族並沒有試圖擁立阿里的後人作哈里發，卻在表面上向阿拔斯系稱臣，為自身的勢力找個遜尼表象的掩護，也利用阿拔斯氏作為工具，以便在遜尼世界執行步野政策。

第五章 草原民族西來

到了十一世紀，回教的國家與社會內部衰象紛呈。這些徵兆甚至在更早時期就能察覺到了；回教帝國解體，形成一連串的自治地方政權，哈里發的力量、威望不復從前，連在首都亦是一般。回教帝國在拜占庭與伊朗薩珊朝的基礎上苦心建構的政治與行政架構，全然崩潰。在哈里發的實權與回教國家的實權讓渡給以軍力治國的軍閥的同時，哈里發作為遜尼回教元首的宗教地位也墜落到谷底。大部分民眾轉隨自立門戶的各種宗派，從伊朗到埃及這大半個帝國，也落入什葉派將領或王公的統治之下，連哈里發所在的城市也不能倖免。

經濟民生方面的衰敗跡象稍後才出現。步野家族一度恢復了中央諸省的安定繁榮，法蒂瑪朝則開創了埃及中古史上經濟最繁盛的時期。然而，困難在帝國東部日漸嚴重，後來在埃及也有同樣的現象。曾幾何時利潤豐厚的中國貿易，如今縮減並歸於沉寂，其成因部分要歸於中國內部的情況。回教帝國與俄羅斯及波羅的海諸省之間的貿易，在第八、九、十世紀時曾一度生機蓬勃，但到了十一世紀也縮減、消失。貴重金屬益發短缺，抑扼了商業活動，國內商貿也受到打擊，這些因素都加快了擬封建（quasi-feudal）經濟體制的發展。

在文化生活方面，第八、九、十世紀有一場思想大開放。本時期在經濟上的拓展，帶動了城市以及都市人口的成長。這些城市居民有閒暇、有品味，又充滿了好奇心，所謂的「回教文藝復興時期」，即發軔於將希臘的科學、哲學著作譯成阿拉伯文。在這個回教的文藝復興時期，傳統回教與遜尼派也在回應希臘學術和波斯俗世智慧的同時，更新豐富了舊式的阿拉伯人文思想，使得人們對阿拉伯文化更為認同。可惜的是，這場文化層面的百花齊放根基不穩，也不持久。這是個城市文化，局限於都市有閒階級的某些層次。它與傳統的關係，以及透過傳統再與回教宗教生活的深層氣質所發生的關係，仍然是不明朗、不明確的。

十一世紀及十二世紀早期，回教帝國的軟弱無力，在同時來自四方的內外夾攻之下暴露出來。在歐洲，基督教世界的軍隊於西西里和西班牙節節推進，掠奪大片回教徒治下的土地，這個恢復失土的浪潮，在十字軍抵達中東本土的時候臻於頂點。在非洲，柏柏人之中產生了新的宗教運動，導致新的柏柏帝國在西班牙和北非興起。再往東看，兩大阿拉伯貝都因部落希勞氏（Hilal）與蘇雷姆氏（Sulaym），自原居地上埃及出走，橫掃利比亞與突尼西亞，所到殘破，阿系北非從此無法完全復原。在哈里發國的北界，信奉基督教的喬治亞人在過去幾個世紀因遭受拜占庭進攻與合撒兒人（Khazar）襲擊而衰弱，如今他們恢復了一個地跨黑海至達吉斯坦（Daghestan）山腳的喬治亞帝國，再從達吉斯坦推進，進入回教徒的地界。

就事件的長久影響而言，至關重要的是來自東方的侵略浪潮，也就是亞洲大草原上的阿爾泰民族（Altaic）的侵略浪潮。回教徒首次邂逅突厥人，是在帝國的東方邊地，有好一陣子，回教徒引進突厥人充做奴隸，特別是一種從小被培訓為軍事人員的奴隸。這種奴隸後來稱做「馬木祿克」（Mamlūk），這個阿拉伯語詞的意思是「部曲」（owned），有別於那些日常執事或有經濟功能的卑賤奴隸。在阿拔斯朝早期甚至更早的時代，回教帝國之內偶爾也會看到突厥奴隸；不過，首先大量使用突厥奴隸的是穆塔辛姆哈里發（833-842）。穆塔辛姆在即位以前，就編組了一支突厥軍奴大軍，即位之後，又安排東方諸省每年入貢大批突厥軍奴。在其繼任人主政時代，哈里發國益發仰賴突厥軍隊與突厥統帥。這些突厥軍人，不久便把阿拉伯人和波斯人排除在軍事領導權之外，相應地，後兩者也失去了政治領導權。由於阿拉伯人在武班中成為主流，而軍事性格又成為回教政權的主流，突厥人於是當家了千年之久。早在八六八年，突厥軍奴建立了回教埃及頭一個獨立王朝，其後大多數的埃及政權的根源大致相類。在伊朗，民族王朝維持了一段時期，可是最為重要、國祚也最長的薩曼王朝，也逐漸倚賴突厥軍士，久而久之，就被最著名的突厥王朝之一：葛茲納王朝（Ghaznavids, 962-1186）取代了。葛茲納王朝，是由一位奉職於薩曼朝廷的突厥奴隸創建的。

不過，這些例子都是些個別軍士或者是一小組軍士，先在回教國家充作奴隸或是雇傭兵，然後接掌政權。九六〇年發生了一件意義非常的事件，那就是位於回教世界以外的突厥王朝黑汗王朝（Karakhanids）舉國皈依。在此之前，改宗回教的只有個人或是小群的人，如今破天荒地有一整族具有自由身分的突厥百姓皈依回教。其人數據阿拉伯記事者所記高達二十萬帳（tent），成為藥殺水（Jaxartes）[1]以東地區，第一個突厥系的回教徒王國。黑汗王朝百姓在皈依之後，似乎完全忘卻了未信回教之前的突厥舊事，全心認同中東的回教文明。

突厥式的回教在開始之初，就有一個明顯的特色，那就是突厥人係以毫無保留的誠摯投入這個新教。改宗的突厥人把民族認同深深地沉植在回教當中，連阿拉伯人與波斯人都遠遠不及。其原因，部分是由於突厥人身處回教與異教世界的邊界上，特別能感受到回教信仰的質樸熱切；部分也是由於這些人改宗回教之後，立即就捲入對付異教族人的聖戰之中。阿拉伯人至今還記得偶像崇拜時代阿拉伯地方的英雄往事，波斯人也對古伊朗的昔日榮光感到驕傲，可是突厥人卻沒有可資比擬的紀念。除了少數民謠、世系傳說的斷簡殘篇，突厥人在前回教時代的文明、國家、宗教、文學，皆被抹殺遺忘殆盡。甚至連「突厥」這個專稱，也成了「回教徒」的同義語，對突厥人來說是如此，西方人來看也是一樣。突厥人忠於回教的那股熱誠和鄭重，沒有別的民族能比得上。因此此後一場大型的遜尼派復興運動會在突厥王朝主持之下展開和傳播，實不足為異。

十一世紀之初，法蒂瑪哈里發朝仍舊是個強權，統治範圍從埃及延伸入阿拉伯半島西部以及敘利亞；不過，法蒂瑪朝在敘利亞地方，不得不與本土的沙漠貝都因王朝分享治權。在伊拉克和伊朗西部，統治者是伊朗系的王朝，最重要的是位於中央諸省的步野王朝。在東方，薩曼王朝的遺產由兩個王朝平分，即烏滸水（Oxus）[2]以南的葛茲納王朝，與烏滸水以北的黑汗王朝。這兩個王朝都是突厥王朝，但有著很大的差別。前者是典型的回教徒國家，以突厥將軍與突厥「馬木祿克」軍為首；而後者是個突厥式的國家，由一位汗王及手下的自由突厥部民治理。

大約便在此時，突厥民族的兩次大遷徙轉化了中東的面貌，一度也改變了東歐的面貌。位於遙遠北方那藥殺水彼岸之處，住著烏古斯突厥人（Oghuz Turks），而在烏古斯突厥人的後方，於額爾濟斯河（Irtish）周圍地區，則住著欽察人（Kipchaks）。這些欽察人從額爾濟斯河前進到藥殺水，趕走了烏古斯突厥人。而後繼續向西移動，經過南俄，進入東歐，在那裡，他們有許多

---

1 譯按：今錫爾河。

2 譯按：今阿姆河。

不同的名稱，諸如孛羅夫齊人（Polovtsi）和古曼人（Kumans）。烏古斯突厥人既被逐出故土，便遷入了回教的地界。這場大遷徙分成好幾波，其中最重要的，是稱做塞爾柱人（Seljuks）的那波。這一波的民眾，得名自主持遷徙的氏族。塞爾柱本人及其家族，應該在十世紀末葉就已進入回教地界，在布哈拉省落地生根，皈依回教。塞爾柱家族的後人憑著召集而來的軍隊，奉職於好幾個回教徒的王朝，最後的一個就是葛茲納王朝。之後，他們叛離所事奉的王朝，並在討伐他們的戰役中迅疾得勢。塞爾柱的孫子突谷魯（Tughrul）和察格里（Chagri）兩人，率領突厥軍隊進入呼羅珊，粉碎葛茲納王朝，占領主要的城鎮。

沒有多久，他們便開始為自身的打算行動了。一〇三七年，木鹿與匿沙普爾（Nishapur）兩城的清真寺，皆奉兩人之名祝禱。兩人很快拿下了東伊朗其他地區，帶著一支日漸壯大的突厥軍隊向西進發，前去占領伊朗西部。最後，突谷魯從末代的步野大臣手上奪得巴格達城，於一〇五五年率軍進城。一〇七九年，塞爾柱家族又從本地土王以及日暮黃昏的法蒂瑪朝處，搶下敘利亞和巴勒斯坦，也完成了阿拉伯人和波斯人所沒有達成的目標，即從拜占庭帝國那裡占得安那托力亞大部。這片地區從此之後，就成為突厥回教徒的土地，至今仍然。

塞爾柱人的征服行動為中東建立了一個新秩序；中東大部分地區如今在單一權威之下復歸統一，上承阿拔斯哈里發國早期的統一局面。塞爾柱人是回教遜尼派，因而保留了哈里發作為名義上的統治者，甚至還在兩個要項上，加固了哈里發的地位。首先，塞爾柱人增廣了哈里發宗主權所及的疆域；接著，塞爾柱人又消滅了那些連哈里發領導回教世界這個名義都不予承認的教派政權。然而，帝國的實際君主，卻是塞爾柱的大素檀（Great Sultan），是這些大素壇，清除了分據帝國的小型政權，並且迎抗西敵拜占庭與法蒂瑪朝，擊敗彼方。「素檀」[3]這個頭銜，乃突谷魯於一〇五五年占領巴格達城後採用的，編年史家往往用這個稱號，來指稱那些政權不是哈里發式的前代主政者，好比步野諸王和葛茲納諸王。不過，首先在官面上使用這個稱號，並且把這個稱號銘刻在錢幣上面的，該是塞爾柱的眾位素檀。自此之後，素檀這個稱號一直代表掌握無上權威者，且沿用至今。

塞爾柱的大素檀們，在十一世紀的下半葉，統治著一個大一統的帝國，地域所及包括了哈里發國在西南亞洲幾近全部的地，外帶安那托力亞地區。一〇九二年，第三任大素檀馬力沙（Malikshāh）卒，諸子爭立，釀成內戰，一度為塞爾柱征服所阻擾的政局分崩歷程就此復甦。此

[3] 譯按：sultan或做soltan。此詞今通譯為「蘇丹」，但在中古漢文史料中，較精確與文雅的音譯為「素里檀」或「唆里檀」，又譯做「算端」，宋代稱做「大食層檀」。此稱與今日非洲的Sudan國完全無關。後者中間無/l/音，國名字根為阿拉伯語的「黑色」〔sud〕，人民膚色黝黑之謂也。前者的字根是亞蘭語的sultana>selet，統治之謂也。為免混淆，今採古名稍加變化，譯sultan為「素檀」而非「蘇丹」，譯sultanate為「素檀國」而非「蘇丹國」。

次的割據群雄，是塞爾柱家族的不同宗支或是朝中大臣。其中最重要的塞爾柱君主國位於起兒漫（Kirman）、伊拉克、敘利亞和安那托力亞。各國對於坐鎮呼羅珊地區的大素檀，輸納淡薄的忠誠。

正值此衰弱、紛亂之際，十字軍在一〇九六年抵達地中海的東岸。回教世界無法團結一致，使得侵略者在最初的三十年得心應手。十字軍沿敘利亞海岸直下巴勒斯坦，勢如破竹，建立了環環相扣的拉丁系封建公國，基地在安提阿（Antioch）、伊德薩、的黎波里（Tripoli）和耶路撒冷。但是，即使是在這個節節得勝的第一階段，十字軍的活動主要仍局限在面對著地中海與西方世界的沿海平原和坡地。在東向沙漠與伊拉克的內陸地區，反撲行動正在籌畫預備著。據守阿勒坡和大馬士革的塞爾柱王公，實在是幫不上什麼忙；反撲行動的實際力量乃來自東方遠地。一一二七年，奉職塞爾柱朝廷的突厥官員禪吉（Zangi）攻下摩蘇爾城（Mosul）[4]，逐漸在美索不達米亞北部與敘利亞地區建立一個回教強權。一一五四年，其子努老丁（Nūr al-Dīn）攻占大馬士革，敘利亞地方遂產生事權歸一的回教勢力。於是，一個不可掉以輕心的回教勢力終於出現，迎抗十字軍。

現在擺在雙方面前的課題，是控制埃及。埃及的法蒂瑪朝，正步履蹣跚地走向土崩瓦解。一位名叫薩拉合丁（Ṣalāḥ al-Dīn）的庫德族官員，也就是西方所熟知的薩拉丁（Saladin），由努老丁派往埃及，擔任法蒂瑪朝的宰相，也同時代表努老丁的權益。一一七一年，薩拉丁廢掉了法蒂瑪朝，使埃及回頭尊奉阿拔斯哈里發名義上的至高地位，自己則獨攬朝政，但對努老丁仍秉持著含糊不明的忠誠。一一七四年努老丁去世之後，薩拉丁便從其嗣君處，取得回教徒控制底下的敘利亞地區，這是一一八七年向十字軍發動聖戰的先聲。在一一九三年薩拉丁去世之時，他已經規復了耶路撒冷，並且把十字軍驅逐出境——除了一條狹長的沿海地帶之外。十字軍邦國之所以能夠就最根本的存在再勉強拖上一個世紀，完全是因為薩拉丁的敘利亞—埃及帝國在繼任諸君時代分裂成為眾多小邦。等到十三世紀馬木祿克王朝重整敘埃邦國之時，十字軍邦國就劫數難逃了，其他的敘利亞小邦亦同歸覆滅。

安那托力亞成為突厥江山，應該是由遷徙諸部造成，而未必是出自塞爾柱大素檀的計畫行動。但是，當突厥人據有安那托力亞之後，塞爾柱親王蘇利曼（Suleymān ibn Kutlumush）就被派去建設這個新省。十二世紀末期，蘇利曼的後人就在安那托力亞地方建立起強盛的突厥君主國，定都康雅城（Konya），也就是古代的以柯尼永城（Iconium）。自此以降至十四世紀初，安那托力亞的中部與東部，在這些安那托力亞的塞爾柱王形形色色的統治下，逐漸變成突厥之地。

4 譯按：即古代的尼尼微城。

突厥移民大舉自遙遠東方遷入此境，突厥式的回教文明，也替代了希臘正教。

東方的塞爾柱邦國，由於無時或休的紛爭與衝突而削弱，此時又面臨新的內憂外患。在東北方，另一支草原民族在回教世界的邊境上冒了出來，這就是「黑契丹」（Kara-Khitay）。[5] 黑契丹人屬於蒙古族，自中國遷徙至此，乃是旋踵便至的催命閻王的先頭部隊。時至十二世紀中葉，黑契丹人已經從黑汗王朝處攻占了河中地區（Transoxania），建立起地跨烏滸水至葉尼塞河（Yenisei）與中國邊境的廣大帝國。向這些異教入侵者宣示的聖戰，導致山加爾素檀（Sanjar）於一一四一年的「格凡草原會戰」（Battle of the Katvan Steppe）中戰敗，被迫出奔。回軍慘敗的消息一路傳到遙遠的基督教世界，對於十字軍日漸萎靡的士氣實乃一大激勵。遊牧突厥部落的反叛行為，也促使塞爾柱的勢力下滑。一一五七年山加爾素檀去世，支離破碎的王國於是分裂為多個小國，大多由塞爾柱朝原先的權臣治理。連在巴格達城的哈里發，也有一段時間重獲獨立自主與宗教威權，在這個遜尼回教的故都，維持了曇花一現的哈里發政權。再往東看，鹹海（Aral Sea）南方省分花剌子模（Khwarezm）的突厥總督，也開創了一個新而短促的帝國。一時之間，花剌子模帝國似乎將會承繼大素檀們的領地與勢力。

在這段突厥人移入並總領政治、軍事威權的時期，政府在體制、經濟、社會、文化和宗教各方面，都發生了重大的變革。

塞爾柱朝在行政方面，大力仰賴波斯人與已然確立的波斯官僚體制。本時期最值得注意的人物之一是賢相倪贊卯睦（Nizām al-Mulk）。他將前不久時期那種隱含封建趨向的撲買稅法加以推展，使該走勢制度化。於是，這個前代的非常手段，在新式的社會與行政秩序之下成為了定規；賦稅自此基於土地，而非通貨。土地由官員負責收授，因此官員也受配有一些武裝隨員。在受配的土地上，撲買者不僅因協助徵集國稅而有佣金收入，也擁有徵集自身俸祿的權益。國家則要在「聖律」（Holy Law）允許的土地稅和人頭稅外，巧立名目加徵苛捐雜稅，才能維持國家的收入。

在這樣一個變動的年代，社會騷亂在所難免。伊朗的上層社會發覺自己遭到新興的突厥系軍事統治階層排擠，陷於貧困。不在地（non-resident）領主的興起，也讓土地擁有者受到沉重的打擊。模鑄的貨幣漸不通行，商人與工匠皆蒙受其害。

首要的反抗運動，又是什葉派亦思馬因分子發動的，不過這次面貌一新，形式更激進。一〇九四年，法蒂瑪系哈里發穆斯坦昔去世，亦思馬因分子分為兩派，一派承認當時坐在開羅寶座上的繼任人，他是穆斯坦昔的幼子；另一派則向穆斯坦昔的年長兒子效忠，這個兒子先是被擯棄一旁，隨即在亞歷山卓遇害。於是，波斯系的亦思馬因分子在哈三瑟巴（Ḥasan-I Ṣabbāḥ）的帶領

---

5 譯按：中國史書稱「西遼」。

之下，拒絕接受新任的法蒂瑪系哈里發，並與開羅一刀兩斷。他們也同時精心修訂出其信仰的改良版，在塞爾柱朝的統治區域，展開新式的激進、暴力反抗運動。哈三瑟巴主張的亦思馬因改良教義，稱做「新說」（New Preaching），「新說」信眾通常被稱做「暗殺派」（Assassins）。「暗殺派」的歐語名稱 **Assassins** 來自阿拉伯語的 **hashish**，或許是基於其詭異行徑命名。今天 **Assassins** 這個字對於歐洲人的意義，就是來自該派的政治手段。

一〇九〇年，哈三瑟巴控制了阿拉木特（Alamut），那是波斯北部一座天塹難越的山間城砦。其後一百年間，他們也在敘利亞地區建立了類似的據點。這個教派的「大宗師」（Grand Master）就在阿拉木特或是其他的據點指揮多股虔誠狂熱的信徒，奉一位神祕隱遁的伊瑪目的名義，恐嚇、「暗殺」回教世界的君王親貴。「大宗師」的密使，肆無忌憚地行刺回教世界的重要政治人物和軍方大將，作案累累，宰相倪贊卯睦也於一〇九二年被刺身死。暗殺派所造成的恐怖，要到十三世紀蒙古入侵才徹底拔除，此後亦思馬因派一蹶不振，成為一個無關緊要的異端。

暗殺派的舉動，是什葉分子想要推翻遜尼哈里發國以及既建教派的最後一次認真的嘗試。此際，還有一場遜尼派復興如火如荼地進行，久而久之，影響及於回教徒的日常生活、思想態度和文學創作的各個方面。其根源可推溯於過往。宗教體制自從從政權那裡自清分離，至此為時已久，該體制極為珍視它在教義、律法、教育與社會體制各個領域中的特權，堅持按照本身的內部邏輯去推展這些事項，政權以及政府的需求與壓力對它只有間接的影響。雖然，這樣做是會有某些好處；可是這也連帶產生了欠缺協調的致命傷。當軍事將領在群雄逐鹿之中脫穎而出，政教之間的關係就更為緊張，因為它疏離了政權，聽命於一個只靠武力而且只關心稅收的強權。等到軍事階層的人士不再出自帝國民眾的本族，卻另外自為種姓時，或是當政治上的至高權威改由那些不承認基本的政治正統觀的教派分子把持時，兩者間的鴻溝更益發深闊。在一個神道設教的社會裡，統治者與被統治者之間在道德與人際上最後的各項連結一旦撤除，回教這個宗教的內部，遂產生了深重的危機。軍人和教派分子高踞朝堂，書吏階層掌管行政，這些書吏無論是在文化上與專業上，都承襲自前回教時代的其他根源。就連在宗教領域本身，自立門戶的諸方教派也在遜尼教旨之外提供撩人心弦的選擇，並且得到廣泛的支持——特別是在城裡。

遜尼中興於十一世紀初期，開始於呼羅珊。呼羅珊地方是當時回教世界唯一不在什葉派統治底下的重要地區，此時由遜尼派的突厥葛茲納王朝統治。什葉派信誓旦旦地要把葛茲納的馬合木（Maḥmūd of Ghazna, 999-1030）爭取過來，可是沒有成功。馬合木轉而支持喀爾藍密教派（Karrāmī），後者雖被指為異端，卻是反什葉派的遜尼中興的尖兵。塞爾柱人自葛茲納朝處接下了遜尼中興的使命，西傳至巴格達城及其後方地區。在遜尼分子的眼中，塞爾柱人占領巴格達城這一行動，是把該城從什葉派的步野家族手中解放出來的義行。

遜尼中興的目標，無論是自覺的還是非自覺的，基本上有三項：推翻什葉政權，恢復哈里發國；針對什葉派在理念上的挑釁行為，重新規畫出一個遜尼派的答覆，並傳揚周知；還有最困難的，把回教的宗教體制整合到回教的政治生活當中。

目標中的第一項，幾乎是完全達成了。東方的步野王朝以及其他的什葉王朝都被推翻了，遜尼回教恢復了政治一統。一一七一年法蒂瑪哈里發國終結之後，從中亞到非洲，所有的回教地方皆奉巴格達城遜尼哈里發之名祝禱。好勇鬥狠的暗殺派即使未便降服，也被禁制在山間城砦裡面，他們想要推翻遜尼秩序的嘗試受到了挫敗。突厥人的軍事強勢、政治堅持與宗教死忠，使以上事項成為可能；而這些因素也給與回教世界力量，迎抗並擊敗異教徒，將安那托力亞併入回教版圖並逐退西方基督教世界的進攻。

關於對付什葉異端的抗爭，一路下來戰果輝煌。這場抗爭在東山再起的遜尼政治勢力羽翼之下，展開於呼羅珊地區。亦思馬因派嘗在開羅與其他地區開設傳道學校（mission schools），法蒂瑪朝就在這些傳道學校中訓練出順應一己訴求的宣道家。十一世紀早期，遜尼派的靈修界與法學界人士也模仿這些傳道學校，開始興辦道統學院，叫做「馬德拉薩」（madrasa）。塞爾柱征服之後，宰相倪贊卯睦在巴格達城開辦了一所「馬德拉薩」，從此之後，「馬德拉薩」在帝國各方城市如雨後春筍般出現。「馬德拉薩」體系在薩拉丁及其繼任人時代，擴展到埃及地區。遜尼派的教師就在這些神學院裡，先是針對法蒂瑪朝治下的埃及學院與佈道團體主張的教義，擬出遜尼派的答客問並散布之，再來是對暗殺派祕密特使所激化的教義，做同樣的工作。

遜尼派幾乎是大獲全勝。什葉主義的兩個教派，由於上代的步野朝與法蒂瑪朝國勢微弱兼且朝政不修，形象受到玷污。而在教條神學的層次，遜尼派規畫出的最後、並權威性的阿什額理（al-Ash'arī）與默圖禮迪（Māturīdī）兩人學派，幾乎肅清了所有什葉教條，僅餘微量。另在群眾信仰的層次，什葉派的激情部分大多轉往蘇非主義（Sufism）。蘇非思想雖然呈現出民間宗教的觀想與神祕色彩，與官方政權和教階集團的冷冰冰教條分庭抗禮，但此思想本身不脫遜尼窠臼。

回教的宗教體制在時間的洗禮下，不僅恢復了生機，還在實質上大大改善了本身的地位——那個他們在早期的回教國家裡所具有的地位。「馬德拉薩」訓練出來的新式遜尼官僚，代替了早先的書吏階級。有著自成一套的教階制及細心珍護的保管品的神職人員，頭一回成為社會秩序與政治秩序的棟梁之一，地位穩固而正當。哈里發與素檀的領導權同時並行，於是，自古以來教權與政權、信仰與權力、恪遵法律與投機取巧的二分對立得以保持，並切實地制度化了。然而，宗教一方在這裡是滿載而歸的。

突厥式的回教從一開始就致力於捍衛和推展回教信仰與回教勢力，這個勇於抗爭的素質從未喪失。突厥式的回教原誕生在東方邊境上，對抗著異教徒的世界；接著被帶引到西方邊境之上，去對付基督教世界；當它控制哈里發國的那一刻，回教世界同時要迎抗東方的異教徒、西方的基督教徒，以及內部的異端分子。這場漫長、艱苦，而終至勝利的奮鬥，對於突厥主政時期的回教社會和體制，不能說沒有影響。在塞爾柱人的統治之下，深切的宗教熱忱開始影響到政府與行政的整個架構。最明顯可見的，是遜尼教階集團的權力增加、威望提升、組織改良，還有，人們愈來愈看重宗教教育與個人的向道之心——政府官員也不能免於此項要求。回教的宗教單位著手編訂教義，整齊歧異，把宗教單位的影響經由民眾與政權擴散開去。不過宗教體制最終整合到政治機制的架構當中，要到鄂圖曼素檀的時代。

就在這時，回教世界有個前所未見、教人心膽俱裂的外來威脅，正在整裝待發。在那亞洲的東北角落，蒙古親王鐵木真（Temujin）在一場艱苦奮鬥之後，統一了互相攻伐的遊牧部落，成為蒙古地方的霸主，號稱「成吉思汗」。一二〇六年春天，成吉思汗召集了全體蒙古部落，在斡難河（Onon）的源頭舉行大會，在眾民面前立起了九尾白纛，與會者向他重申忠誠，以他為汗。國勢強盛的蒙古帝國，於是誕生了。

數年之間，剩餘的蒙古人與非蒙古的突厥人，甚至於西伯利亞南部的森林部落，都因威壓或恐懼請降，成吉思汗隨時可以調遣草原民族，展開征服大業。一二一八年，成吉思汗控有了東北亞洲，隨時可以把注意力轉往西方。成吉思汗帳下大將哲別那顏（Jebe Noyon），揮軍入侵黑契丹國，占領了直抵藥殺水的地域，與花剌子模的回教徒突厥沙王為鄰。次年，一隊來自蒙古地方的商隊，因為花剌子模國總督下令，而在藥殺水上的訛答剌邊鎮（Utrar）遭到洗劫，商隊成員被殺戮殆盡。死者大約有四百五十人，大部分——也可能全部——是回教徒。

成吉思汗的報復，來得迅雷不及掩耳且銳勢不可當。一二一九年，成吉思汗提軍渡過藥殺水，進入回教地界。到了一二二〇年，布哈拉、撒馬爾罕（Samarqand）兩座城市以及整個河中地區，都落入蒙古人手中。第二年，蒙古人又準備好了下一步行動。他們不費吹灰之力地渡過烏滸水，沙塵滾滾地殺向木鹿與匿沙普爾，占領伊朗的東境。

一二二七年，成吉思汗過世，這帶來了短暫的喘息機會。不過，新立的汗王很快準備就緒，再度出兵。一二三〇年，蒙古軍對花剌子模王國與花剌子模軍隊的殘餘分子，展開全新的攻擊。一二四〇年，蒙古軍已經攻下伊朗西境，並侵入喬治亞、亞美尼亞和美索不達米亞北部。一二四三年，蒙古軍遇上了安那托力亞地方的塞爾柱素檀大軍，全面告捷。

蒙古人在十三世紀中葉，又策畫並舉行了一次西征。成吉思汗的孫子、蒙古親王旭烈兀（Hülägü），欽奉坐鎮北京的大汗將令，渡過烏滸水去占領直抵埃及的回教大地。長髮的蒙古騎士在短短的幾個月內，以雷霆萬鈞之勢橫掃伊朗，擊潰所有的反抗勢力，就連盤據在城堡中、從未被攻破的暗殺派，也化為齏粉。

一二五八年一月，蒙古大軍終於會師巴格達城下。末代哈里發慕司達莘（al-Musta'ṣim）略事抵抗但徒勞無功，窮途末路之下乞求和平，盼能開出條款，或是允以垂憐。蒙古軍蹂躪燒掠巴格達城，「忠誠者的統領」和所能搜出來的家族成員，皆於一二五八年二月二十日遭處死。阿拔斯家族做了將近五個世紀遜尼回教的虛位元首，統治到此終結。

哈里發制度這個巨大的歷史體制，在每下愈況之時，仍舊是回教世界在法理上的中心，也是回教世界統一的象徵。這個體制的毀壞，在回教歷史上是一個時代的結束——不僅是政府與領導地位這些外在形式的結束，也是回教文明本身的結束。回教文明經歷了上一波草原民族大舉入侵帶來的轉化之後，步上了新的道路，和前幾個世紀所走的路子十分不同。不過，關於哈里發制度被毀在士氣方面當下所造成的打擊，恐怕沒有某些主張所指的那麼嚴重。哈里發體制早就不再有效地行使職權，而蒙古人所做的，不會多過於合上死者的眼瞼。哈里發制的消失不見，這對於實際行使政軍權力的單位而言並沒有太大的差別。在所有的回教國家中，素檀體制已得司法界與宗教界承認，素檀本人於是也開始僭取哈里發原先保有的宗教頭銜與獨家特權。

在另一方面，人們也過於誇大了蒙古征服行動所造成的影響，包括其殘破範圍與嚴重程度。人們曾把古典回教文明的衰敗歸咎於蒙古人的破壞，連此後中東地區所有的經濟、社會、文化、政治不彰，都要蒙古人負責。現代史家大多揚棄了這種看法，或是做了實質修訂；這些在純真年代做出的論斷，經過史家仔細地檢視過去，再加上現今戰亂與破壞的切身體驗，已經緩和許多。目前一致同意的意見，是蒙古征服所造成的毀滅性作用，既不巨大也不長久，更不像以往所想的那般廣泛。蒙古軍的立時打擊，從現代的標準來看雖是小兒科，在當時的確是所至披靡、哀鴻遍野、人煙無繼、瘡痍滿目。不過，蒙古人並沒有征服埃及，因此當時已經是阿拉伯文化首善之區的埃及，只受到間接的影響，其文化地位沒有改變。敘利亞地區也只受到小波的襲擊；當埃及馬木祿克王朝的軍隊在一二六〇年的「艾加鹿會戰」（battle of ʿAyn Jalūt）大敗蒙古軍之後，敘利亞地區便併入了埃及素檀國，受其庇護，免於蒙古人的攻擊。由於蒙古人待在伊朗地區，長此以往流風所及，安那托力亞地區在許多方面相應轉型。雖是如此，安那托力亞地區仍然有能力培育最後的、也是最大的一個回教帝國。至於伊朗地方，蒙古入侵確實是個沉重的打擊，不過，即使是在這裡，也不是伊朗全境都受到影響。伊朗南部的本地土王不戰而降，其城鎮因此免受入侵者劫掠，繁榮依舊。法爾斯地區——也就是上古的波斯地區——又一次成為波斯人民生活的聚焦地點。波斯文化在蒙古占領期間，百花吐芳於波斯波里斯（Persepolis）故址三十英里處的設拉子城（Shiraz）。風雲人物有詩人薩厄迪（Saʿdī, 1184-1291）、詩人何菲思（Ḥāfiẓ, c. 1320-1389）、天文學家虎特伯丁（Qutb al-Dīn, d.1310）和建築大匠葛旺馬丁（Qawām al-Dīn, d. 1439）。麥什德（Mashhad）城內的高鶴紹德清真寺（Gawhar Shād Mosque）即葛氏所建，眾推之為伊朗建築之至善典範。

即使是那些確實遭受蹂躪的伊朗地區，也恢復得很快。在征服行動的初期震撼之後，蒙古諸汗帶給伊朗一段相對來說政治穩定的日子。蒙古汗王鼓勵重建城市生活、工業與貿易，扶植那些他們認為是派得上用場的科技，在蒙古汗王於一二九五年皈宗回教以後，他們也支持回教的文藝和學術。這些信奉回教的汗王，在十四世紀就為了回教的禮拜活動，蓋起堂皇的建築。就某個層面來看，蒙古征服實際上幫助了中東搖搖欲傾的文明，為它注入新生命。最早的阿拉伯征服者，把東地中海的文明和伊朗的文明史無前例地統合為一國，開創了社會與文化接觸的新時代，成果豐碩；如今蒙古人也將中東文明與遠東文明統合在一個王朝之下，在貿易和文化方面，都有立竿見影的正面影響。與此同時，蒙古人敞開大門，歡迎與歐洲大陸全新而又互蒙其利的接觸；許多歐洲人也就抓住這個非回教徒統治中東的機會，探尋通往中國的陸路。關於不同文明彼此接觸的收穫，有一個很好的例子，那就是波斯史家拉施德丁（Rashīd al-Dīn, 1247-1318）撰著的《歷史彙編》（Jāmiʿ al-Tawārīkh）。拉施德丁是位改宗回教的猶太人，是醫生、學者、也是宰相。合贊汗（Ghazan Khan）和完者都汗（Öljeitu Khan），交託以編輯世界全史的工作。拉施德丁召集了一個編纂小組，包括有兩位中國學者、一位來自喀什米爾（Kashmir）的佛教居士、一位深明部落傳承的蒙古專家、還有一位法蘭克的教士以及多位波斯學人。拉施德丁在他們的協助之下，著成了一部西起英格蘭、東迄中國的世界大歷史。拉施德丁與支持他的汗王，在編纂一部涵蓋本身文明以外地區的世界通史這項嘗試上，超前歐洲有五百年。

蒙古入侵在一方面確實造成了永久的損害：巴格達城和伊拉克地區再也沒能恢復本身居於回教世界中心的地位。侵略行動造成的立即衝擊，是行政部門崩壞以及因此造成的灌溉系統失修。整個伊拉克地區的繁榮，甚至於地區的命脈，全賴這個精心維護的灌溉工程。可是新政權在鞏固其控制，並且恢復伊朗地區的安定與繁榮之時，並沒有檢視伊拉克地區受到的破壞。統治伊朗的蒙古人定都在亞塞拜然地方，王廷所在的大布里士城（Tabrīz）宏大富庶。伊拉克如今成了外緣的邊疆省分，任憑那些搬到蒙古人製造的隙地居住的貝都因部落攻擊破壞。貝都因民眾不像蒙古人般只是過境，他們留駐該地。於是，自此之後，底格里斯河與幼發拉底河流域，因著沙漠和勁敵所形成的邊界，而與西方的地中海國家隔絕；在東方，兩河流域又受到自己稱臣納款的波斯新勢力包抄，因此，兩河流域無法再作為東西貿易的管道。東西貿易的路線，於是向北、向東轉移到安那托力亞和伊朗，向西、向南轉移到了埃及和紅海，把伊拉克和這個哈里發的廢都遺棄堙廢數世紀，不予聞問。

中東地區兩大文化區的分隔，在哈里發國被摧毀之後的那段時期，日漸清晰。在北邊的是波斯文明區，中心在伊朗高原，向西伸展入安那托力亞及其後方，直到鄂圖曼突厥人占領之下的歐洲土地；向東伸入中亞，以及位於印度的新興回教帝國。阿拉伯語在這些地方仍舊是宗教語文，也是宗教相關學科、法律、習俗、神學上的語文，可是阿拉伯文學並不普及。這裡的文學與藝術生活，乃由回教伊朗的傳統主導。這些傳統開始於「伊朗小插曲」時代，在突厥王朝底下相承不絕，到了蒙古人及其繼起者治下，臻於全新的再生。伊朗本地的口語和文化用語一向是波斯語。在伊朗的東境和西境，還有中亞與安那托力亞地區的突厥人之中，則產生了新語言和新文學；這些語言和文學，皆由波斯古典文學滋養，並受到波斯古典文學的深刻影響。

伊朗文化區以南，則是固有的阿拉伯語文明中心。這些中心包括有被遺棄的伊拉克省，還有埃及這個新興的中心，文化區的幅員向西、向南伸入非洲大陸。這些地區在藝術上——特別是在建築上——雖是受到波斯影響，波斯語文和波斯文學並不普及，書面文化遵循著古來阿拉伯的人文脈絡。

政治方面，突厥人和蒙古人處處稱王。從地中海到中亞以及印度，其間所有的國家都由突厥王朝或是蒙古王朝統治。就是連馬木祿克王朝的敘利亞—埃及帝國，長期以來也是由「進口的」突厥馬木祿克統治階級所維持與捍衛。這些馬木祿克主要進口自黑海以北的欽察地方，後來，還由高加索地區的切爾卡斯人（Circassians）以及其他民族予以增補——在某些層次上來說，是遞補。

兩個文化區之間的歧異不斷增長，政治上也燃起衝突。在這麼一個時代，維繫統一的首要元素是宗教，特別是新生的蘇非形式。這個蘇非形式是賈沙理（al-Ghazālī）在塞爾柱時期努力會通神祕主義與政統教派之後，開始傳播的形式。十一世紀的遜尼復興，已經復甦、統整了回教，可是它的工作還沒有全面達成。鄉間農民與遊牧部民尚未觸及，而後者在民政瓦解、天下百姓轉相流徙的時代關係至大。這些突厥部落尤其深受蘇非思想的影響。他們早先經由遊方僧人與神祕教士皈依回教，而這些僧人教士，大多也是突厥人，其信仰和學院派的繁複教條可以說是風馬牛不相及。賈沙理的調和工作，為貫通神祕主義與神學開出道路；異教徒征服統治所造成的震撼，使得神學家與一般大眾相依扶持。因此，此後蘇非派和教條主義者都奉持著相同的正統遜尼宗教，雖然兩家在崇拜上和信仰思想上仍有相當差異，衝突也時有所聞。

自十三世紀以降，蘇非派的團契（brotherhood）成了廣大群眾宗教生活的典型表現。蘇非思想成了回教一統的維繫力量、宗教情操的主要呈現方式、以及宗教忠誠的表現方式。長久以往，蘇非思想也成為思想文化的活水泉源，有時候，甚至也是政治力量的活水泉源。那些在土耳其和伊朗當政的王朝，也就是那兩個在現代初期為了競奪回教中東霸權而寖寖相抗的敵對勢力，都在本始源頭上，深受蘇非理念與組織的影響。

第六章 後蒙古時代的轉圜

在蒙古征服與哈里發國被摧毀之後的幾個世紀裡，中東回教世界出現了三個主要的權力中心：伊朗、土耳其和埃及。伊朗由一派相承的蒙古汗王統治，這些汗王原來崇拜偶像，後來改宗了回教，不過，他們仍舊自認為蒙古人，並保持著蒙古傳統中重要的文化元素。土耳其由信奉回教的突厥親王統治，一度默默承受蒙古人的宗主統治，深受蒙古時代的伊朗文化影響。埃及由「馬木祿克」的素檀們統治，這些素檀大多是突厥人，他們成功地抵禦了蒙古侵略，可是在許多方面，仍然屈從於這些當代世界宗主的影響勢力。另外，在俄羅斯和在中亞有兩個位於中東邊緣的蒙古汗國，他們對蒙古世界的政局有所作用，對中東政局亦然——尤其是在他們皈信回教之後。

主要的權力中心首先是伊朗。旭烈兀在攻下巴格達城之後，就撤往西北，此後八十餘年，旭烈兀及其後代便從該處統治伊朗地方與相鄰諸國。伊朗地方的蒙古汗王稱做「伊兒汗」（Il-Khans），意思是「封土藩王」（territorial rulers），象徵著他們臣屬於蒙古地方的大汗，承認大汗的至尊地位。整體說來，伊朗地方在這些伊兒汗王的治理之下國泰民安，汗王尚未改宗回教之前，曾讓各教信徒享有同等的寬容與機會。伊兒汗王主要的對外行動，是向西擴張其占領地。他們在安那托力亞地區收服了塞爾柱系的素檀，並滿足於安那托力亞地方親王來歸和取得一個占領區的發展。對付馬木祿克素檀國的奮戰則更為重要。一二五九年，旭烈兀自大布里士城出師，軍經亞美尼亞與美索不達米亞北部，轉而南下敘利亞，攻下了阿勒坡城與大馬士革城。可是，一二六〇年九月，一支先行的蒙古軍在巴勒斯坦一個叫做艾加鹿的地方——即歌利亞泉（the spring of Goliath）——遇到了一支埃及來的馬木祿克軍，相戰之下一敗塗地。統率這支馬木祿克軍的是一位欽察系的突厥人，名叫北別爾（Baybārs）。這支埃及軍立即規復了整個敘利亞，此後，蒙古人幾次入侵敘利亞，卻總是被馬木祿克王朝擊退。

在這個時期，蒙古人和基督教歐洲之間，有一連串很有意思但是不得要領的外交通使。通使的目的，是策畫一場讓雙方的共同回教敵人兩面作戰的戰事。不過，他們談不出結果來，而如今做了埃及素檀的北別爾，卻在此際與別兒哥汗（Berke Khan）結成同盟，來抗衡計畫中的上述同盟。別兒哥汗是蒙古的俄羅斯地方的後起汗國的汗王，此時已經獨立並皈信回教，其國王逐漸成為一個回教邦國，國民主體是（欽察）突厥人，史稱「金帳汗國」（Khanate of the Golden Horde）。

伊朗和埃及之間的衝突繼續了好幾十年，即使是在合贊汗皈信回教之後，情況一仍舊慣。最後雙方於一三二三年言和。這時候，伊兒汗國與先前的王朝一樣，也面臨同樣的紛擾因素，而在一三三六年伊兒汗王不賽因（Abū Saʿīd）去世後，伊朗再度分裂成好幾個由本土王朝治理的小邦國。這些邦國維持的時間並不長。諢號跛子（Lang）的帖木兒（Timur），也就是歐洲人所習知的帖木廉（Tamerlane），已經自立為中亞這片蒙古封地的統治者。帖木兒成為河中地區與花剌子模的宗主之後，於一三八〇年入侵伊朗，七年之內占領全境。帖木兒兩敗金帳汗國的汗王，襲擊印度，從本土王朝手中兼併伊拉克地區，蹂躪敘利亞，並向馬木祿克王朝的素檀收取貢賦。一三九四年和一四〇〇年，帖木兒入侵安那托力亞，一四〇二年於「安卡拉之役」（battle of Ankara）大敗鄂圖曼軍，俘獲鄂圖曼國的素檀巴耶系德（Bayezid）。一四〇五年帖木兒卒，當時他正在準備侵略中國。

跛子帖木兒出生在一個蒙古族的部落，該部落已經突厥化與回教化了。他的社會背景平平無奇，不過他娶了一位成吉思汗家族的公主，因而聯繫上高門大族。他十分引以為傲地把這場聯姻銘刻在他位於撒馬爾罕城內的墳墓上。其所統領的，是蒙古人與突厥人合成的軍隊，前者為主力，後者為主體。帖木兒不同於前代的蒙古統治者，他是——或者「據說是」——一位虔誠的回教徒。雖然征服戰爭造成的毀壞極為巨大，但仍有謹慎之處，對於回教信仰的場所或是人員，都表示出適當的敬重。帖木兒的征服行動要比旭烈兀更具破壞性，並代表了阿爾泰民族入侵的最後一場震動。始自第十世紀、並轉化了中東地區的草原民族大規模移動，似乎在帖木兒卒後走到了尾聲。不過，部族滲透仍在繼續，更重要的是，遊牧民已然滲入中東都市生活與都市文明的架構當中。

帖木兒是位大征服家，但絕非建立帝國之人。在他死後，其廣大基業四分五裂。鄂圖曼王朝與馬木祿克王朝，在安那托力亞和敘利亞地區恢復了影響力。兩個土庫曼（Turkoman）的氏族，叫做「黑綿羊」與「白綿羊」的，[1]在伊朗西部、美索不達米亞和安那托力亞東部成功地建立起主控勢力。帖木兒的後人，只繼續統治伊朗東部與河中地區，其都城布哈拉、撒馬爾罕、尤其是赫拉特（Herat），都是璀璨文明的中心區。帖木兒王朝的時代，藝術、建築、科技、波斯文學與東突厥語文學成就輝煌。就後者而言，這是個偉大的古典時代，這個時期寫成的作品，對於從君士坦丁堡以至於遠東、印度這片土地上所有突厥民族的文化發展，有著長久的影響。

至於使用阿拉伯語的國家，它們的重心最終從伊拉克地區移往了埃及。伊拉克地區由於組織散漫、國力疲弱、又距離地中海太遠，而在緊接著的那段時期來到中東的外敵與商賈皆浮地中海而來，於是，伊拉克地區在十字軍的時代，就被排除作為回教徒勢力的可能基地。另一個選擇是埃及，這是另一條貿易路線，而這片只有一條河流經的灌溉谷地，本質上就需要單一的中央集權政府。於是埃及被當作規復戰爭的基地，終於把十字軍趕出近東；埃及也為馬木祿克王朝提供資源，以逐退伊兒汗王的軍隊，拯救了大半個阿拉伯世界，使之免受蒙古侵略。

薩拉丁所建立的艾尤卜王朝（Ayyubid），在十三世紀中葉漸漸失去控制力量，實際事權掌握在突厥系的馬木祿克部曲手中。埃及的艾尤卜素檀國最末的一場危機發生在一二五〇年，當時法王路易九世正在進行十字軍戰爭，而素檀溘然崩逝。在這場危機之中，維持民心、軍心穩定的是駕崩素檀的妃子莎伽拉杜（Shajar al-Durr，字面上的意思是「珍珠樹」）的臨危不亂。她祕不發喪，繼續用素檀的名義發布指示，直到素檀的兒子土蘭沙（Turan Shah）從美索不達米亞趕到為止。土蘭沙很快就包圍了十字軍，擊潰、俘虜之，路易王只得交出所占領的一切，並且付了大筆贖金，才與部分親隨全身而退。這時，北別爾率領的馬木祿克軍則轉而對付土蘭沙，將他殺害。這些馬木祿克部曲仍然想在表面上維持艾尤卜朝的政統，於是宣布立莎伽拉杜為素檀。這個動作並不能安撫身在敘利亞的艾尤卜系親王們，讓他們接受本族在埃及的王朝為人傾覆，於是，

1 譯按：即歷史上的 Kara Koyunlu 和 Ak Koyunlu 王朝。

這位新立的女性「素檀」，很快就面對要她下台的親王聯盟。就連身在巴格達的哈里發，也對女性登基表示異議。哈里發本來沒有直接捲入事端，然而新立的女主，卻原是其後宮佳麗，後來致贈與埃及素檀者。他於是支持敘劉亞地區的艾尤卜系親王，並且下令在埃及的馬木祿克部曲另選素檀。一位埃及史家記載，哈里發致信馬木祿克部曲說：「要是你們當中已經沒有個男子漢可以任命的話，告訴我們，我們會派一位過去給你們。」[2]

最後一位艾尤卜系素檀卒後擾亂一時，馬木祿克部曲的統率北別爾乘著戰勝蒙古人的餘威，於一二六〇年自立為素檀。他像薩拉丁一樣，把信奉回教的埃及和信奉回教的敘利亞統合成單一邦國，這一次的統合較為長久。北別爾保衛國土，打敗來自東西兩方的外敵，並且開始經營一個嶄新的社會秩序。薩拉丁正式承認巴格達城阿拔斯系哈里發的宗主地位，以此象徵埃及回歸到遜尼派。北別爾則把哈里發國帶到開羅來——有一位阿拔斯家族的難民從蒙古人占據的巴格達城逃出，北別爾好意相迎，並立他為一系列影子哈里發（shadow caliphs）的首位哈里發。這個影子哈里發朝只引發了很有限的反擊。這些所謂的開羅哈里發，完全無權無助，事實上不過比受朝廷津貼的人物高明一點，工作純屬典儀性質，在新素檀登基大典上進行儀式罷了。這個哈里發朝在一五一七年結束，當時鄂圖曼土耳其人占領了埃及，他們無聲無息地任由它湮沒無聞。

北別爾及其嗣君的馬木祿克王朝體制是半封建式的，改造自塞爾柱體制，而後者是艾尤卜王朝帶進敘利亞與埃及地區的。這個體制也深受蒙古範例的影響，還有那些從東方來到埃及、想在埃及開創一番事業的蒙古移民的影響。蒙古人的聲望，即使在這個回教抵抗的大本營裡都高漲不下，馬木祿克王朝曾經一度模仿蒙古人的武器與戰術，甚至於蒙古人的衣著與應對禮節。

馬木祿克王朝的官員，會受撥一塊及身的土地，受撥的時間，有時候比住的時間還要短。他通常不住在田莊裡面，而住在開羅或是其封地所屬的行政區域的首府。他比較在乎土地收入，而不在乎土地所有權。因此，這個制度並沒有發展出西方封建形式的鄉間別院（chateaux）、莊園（manor）或是強勢土豪。在此並沒有「再分封」（subinfeudation）現象，而把埃及土地劃分為封邑也不是永久不變的，領地將定期地徹底重新組編。

馬木祿克部曲原先是買來的奴隸，在埃及接受訓練與教育。最初他們大多是來自黑海北岸的欽察系突厥人，後來馬木祿克也包括了蒙古族的沙漠居民以及其他種族人士，主要是切爾卡斯人，偶爾也有希臘人、庫德族人，甚至還有些歐洲人。不過，領導階層使用的語言一直是突厥語或是切爾卡斯語，許多馬木祿克甚至於一些素檀們，實在說不上一兩句阿拉伯語。北別爾及其嗣君所經營的馬木祿克邦國，植基於一個極為精密的二元行政體系，民政與軍政分立，兩者皆由馬

---

[2] Al-Suyūṭī, *Husu al-Muḥāḍara* (Cairo, AH 1321), p. 39.

木祿克官員掌控，手下別有文職事務人員。至於素檀繼立的方式，直到一三八三年大致遵循的是世襲繼承；之後在第二個馬木祿克素檀國，或稱「切爾卡斯馬木祿克素檀國」的時代，王位乃由勢力最盛的統領掌握。素檀一旦去世，其子便作為過渡時期名義上的元首，而真正的繼承人選，便在這時決定。

對歐貿易、特別是歐洲與遠東經近東地區所進行的貿易，這些貿易本身以及從中抽得的商稅，對於埃及來說都是攸關緊要的。國勢鼎盛之時，馬木祿克政府保護之、鼓勵之，使埃及稍為繁榮昌盛。然而，北別爾雖然抵擋過蒙古勢力的威脅，但真正的災禍還是躲不過。一四〇〇到一四〇一年，帖木兒手下的突厥蒙古混合武力侵擾敘利亞地區，抄掠大馬士革城。蒙古人離去後，馬木祿克素檀國又受到疾疫、蝗災與不受羈束的貝都因部落下手劫掠，經濟與軍事力量都遭到打擊，再也沒能回復昔日盛況。

在十五世紀之時，經濟和財政方面的困窘導致新的財經政策產生，其目的在盡其所能自轉口貿易榨取金錢。所採取的方法，是壟斷主要的本地或轉口物產。壟斷造成價位提高，這引發了歐洲方面的回應，這個回應對於埃及的經濟生活有非常深遠的影響。

安那托力亞的中部和東部，在康雅城的塞爾柱系素檀經營之下，逐漸轉化成回教邦國，成為近東、中東回教文明不可或缺的一部分。此國或稱羅姆（Rum）。[3]邊境居民與部落民眾占領此地並在此殖民，他們政治上的獨立自主，由於中央集權的塞爾柱君主政體不斷茁壯而受到勒抑；他們的信仰也遭到神學家的審查和控制。回教官僚與識字人士、法學專家與神職人員、行商坐賈與巧手匠人，紛紛移入這塊新近開發的領土，帶來古老、高級、都市性的古典回教文明，將回教生活與回教政權的傳統模式，烙印在這片土地之上。

蒙古入侵所造成的震撼，震得塞爾柱邦國七零八落，無由修復。塞爾柱邦國勉強氣若游絲地捱上了半個世紀左右，便於十四世紀之初完全消失了。執政中央的威權瓦解，加上那些在蒙古人到來之前奔逃四散的突厥遊牧移民，這時一波接一波地入寇安那托力亞，於是邊境上戰火重燃。在十三世紀末到十四世紀的安那托力亞西部地區，主導宗教事務的是「苦行修士」(dervish)，而在軍旅與政治生涯方面，則是邊疆交戰線上的戰士。新一波的擴張行動，乃針對拜占庭帝國而來，此舉將突厥人與回教徒的統轄範圍伸展到整個西安那托力亞。

在分享這些新征服地的公國當中，有一個公國茁壯成巨大、強盛的帝國。這個邦國的朝名，來自其名祖鄂斯曼（Osman），[4] 按照傳統的說法，鄂斯曼之建功立業，乃在十四世紀的頭二十五

[3] 譯按：該地在公元前後為羅馬政權在地中海東岸的重要據點，故有此稱。

[4] 譯按：名祖（eponymous founder）是追尊的祖宗，不是實際的王朝創建人，好比努爾哈赤為中國清朝之名祖，鐵木真為中國元朝之名祖。

年。這個王朝及治下帝國通行於世的名稱「鄂圖曼」（Ottoman），即為紀念鄂斯曼的功勳。[5]鄂圖曼公國位於極西，地處拜占庭庇昔尼亞（Bithynia）的邊境、君士坦丁堡防守線的邊緣，因地利之便機會眾多，工作繁重，由此吸引了各方的支持。鄂斯曼及其嗣君不斷向拜占庭人進行邊境戰事。一三二六年，他們取得布魯沙城（Brusa），這裡後來成為這個成長一日千里的邦國首都。一三五四年，鄂圖曼軍渡過達達尼爾海峽（Dardanelles）進入歐洲，幾年之內就占領了加里波里半島（Gallipoli），然後是亞得里亞堡（Adrianople）——這裡成為鄂圖曼人在歐洲的主要基地，一直持續將近一個世紀。鄂圖曼人對塞爾維亞人（Serbs）和保加利亞人（Bulgars）數戰皆捷，大半個巴爾幹半島遂歸鄂圖曼公國管轄，也使半島的其他部分歸附鄂圖曼王朝。其中最著名的戰事「馬里乍會戰」（battle of Maritza, 1371）與「科索夫會戰」（battle of Kosovo, 1389）。繼此之後，鄂圖曼人在馬其頓地區、保加利亞與塞爾維亞的戰事，更是速戰速贏。而在每一場歐洲征服戰役之前，鄂圖曼人都會在安那托力亞地區先進行一次擴張——其中有兩次用的是和平手段——以鞏固鄂圖曼勢力的根本基地。

鄂圖曼人出現在歐洲舞台，並不只是以軍事角色登場。他們才剛鞏固了勢力，正在和商業對頭威尼斯人打仗的熱那亞人，就前來提出經援，請求鄂圖曼人的軍援。當時的拜占庭史家康塔可塞諾（Kantakouzenos）說：「熱那亞人允諾以鉅額款項，並稱如此義行將永遠銘記在熱那亞元老院與熱那亞人民的心板上。」[6]一三五二年，第一道鄂圖曼人與熱那亞人的商業協定拍板底定，再度確定了歐洲歷史與中東歷史的一個基本主題。

第四任鄂圖曼主君巴耶系德一世（Bayezid I, 1389-1402），繼承了地跨歐亞的廣大領地。他的志向遠大，想要給自己的國家換個新形象。於是他轉向東方，一個接一個地打下了突厥諸侯國，將整個安那托力亞地方收入轄區。鄂圖曼主政者打從一開始便使用著「素檀」這個名號，巴耶系德則把這個名號精確化，其作法是要求開羅的「哈里發」承認「羅姆的素檀」（Sultan of Rūm）。巴耶系德恢復使用安那托力亞地區塞爾柱素檀們的老名號，隱含了承繼安那托力亞地區昔日回教君主政體的意思，甚至還包括了對中東地區回教帝國的繼承身分。一三九六年，鄂圖曼軍在尼科城（Nicopolis）大勝前往解救巴爾幹人民的西歐武士，這益發激起了巴耶系德的雄心。可是，他遇上了——或許是惹惱了——一位比自己還要偉大的征服者。一四〇二年，巴耶系德在安卡拉的一場決定性會戰中敗給帖木兒，被俘自殺。鄂圖曼國的領地於是縮小到他原先所繼承的面積，又在諸子內戰中朝不保夕，接下來，還有一場由「苦行修士」啟迪、領導的凶險叛亂，這

---

5 譯按：Osman 一詞出自阿拉伯字‘Uthman，因各地方音不同，其中字母 /th/ 多有轉讀為 /s/ 者，如波斯語與現代土耳其語皆讀‘Uthman 為‘Osman。‘Osman 轉為 Ottoman，應係拉丁民族將閃語著重音 /th/ 讀做輕音 /t/，再附加元音 /o/ 而成。

6 As cited in Colin Imber, *The Ottoman Empire 1300-1481* (Istanbul, 1990), p. 24.

場叛亂可能是由於社會問題造成的。直到一四一三年，麥何密一世（Mehmed I）才戰勝了其兄弟們，往後的幾年，麥何密及其嗣君又得面對起自各個角落的亂事。[7]

職是之故，麥何密在位期間所關心的主要是恢復鄂圖曼邦國並鞏固之，至其子穆拉德二世（Murad II, 1421-1444 and 1446-1451）之世，更大更重要的變遷才開始進行。穆拉德二世再度擴張領土，在歐洲打擊希臘人、塞爾維亞人、匈牙利人與十字軍，戰果輝煌。在安那托力亞亦然，巴耶系德原先占有的地方大多規復了。在此之後，是一段太平與穩健守成的時期。鄂圖曼眾位素檀在這段時期開始實施真正的回教朝廷，並且獎掖詩人、作家與回教徒學者。值得特別注意的，是本期的作品中出現了突厥人的民族意識。穆拉德很鼓勵這個，甚至還賦詩助倡。在穆拉德的時代，人們研究烏古斯突厥的歷史與傳說，並且把這些歷史與傳說融入歷史傳統之中，故事於是首次發展成把鄂圖曼王室與突厥部落的傳統和傳奇連結起來，而鄂圖曼王室的世系，則上溯到烏古斯汗。這些宮廷與王朝的新點子，由新出現的一群忠貞不移的文臣武將作為核心加以維護，他們愈來愈警醒到這個回教王朝的原則並且全心投入，盡忠於鄂圖曼王室。

對這些核心支持者之助益不可言喻的，是開始於十四世紀末葉、自一四三〇年以降定為常制的「童子充軍」（devshirme）作法。此制乃自基督教人口中徵集男童，加入鄂圖曼王朝的軍事服務或是政府工作。十六世紀的鄂圖曼史家薩得丁（Sadeddin，即「和卓額芬迪」〔Hoca

Efendi〕[8]）對這個制度有詳細的描述，以下引述的是十七世紀英國學者席曼（William Seaman）的翻譯：

最負盛名的國王……與眾大臣集議，得到的結果是，在將來的日子裡，應自非回教徒（unbelievers）[9]的孩子當中，選擇勇武、上進的年輕人參與公職，他們也將因為回教信仰而變得尊貴有教養。這將成為使他們富有並具有宗教心的工具，可能也是降服非回教徒堅守陣地的途徑。其實行辦法為，幾位人士得到國王授權主理此事，令下各鄉，徵集大約一千名非回教徒的孩子，應以「儲備軍團」（Auxiliaries）的方式教化紀律、訓練成人……如此一來，他們與富宗教心者朝夕相處，一直為事奉一神者效力，伊斯蘭的光明即可滲入其心，他們即可因此洗淨錯誤崇拜的污染；同樣地，他們的企盼都專注在所值得企盼的，而他們的希

7 譯按：Mehmed一詞的阿拉伯文書寫體，與「穆罕默德」相同，但後代埃及與土耳其地區有避諱現象，凡此字無涉於先知穆罕默德者，皆讀做Mehmed。路易斯教授原書顯然尊重這個作法，拼做Mehmed。譯者為了保持原書風貌，一概音譯做「麥何密」。

8 編按：額芬迪為「大人」、「先生」之意，十六世紀中葉用來指稱「法官」或有學問者。

9 譯按：此處專指無回教信仰者。

> 望，都放在進取的程度上；他們將忠誠地執行其職責與服務。其薪資按規定，以一天一個阿斯帕（Asper）起始，再根據他們的本事和功勞遞增：這些人通稱以「新車」（Janissarie）。[10]那些勇士在遠征行軍以及戰場廝殺方面，是如此的技術嫻熟，古聖先王得其協助，聲望日隆。同樣地，他們也因為勞苦功高，晉升到卓越的等級；其他長久想望此等勳榮者，滿心（全心全意地）盼望，請求接納他們的子女：如此這般，短短的時間之內，就有上千的非回教徒，因為回教的信仰而光耀門楣。[11]

基督教人口的精力與邊境戰士的鬥志，透過這種方式，與為鄂圖曼王朝奉職雙雙相扣起來，而這也為迫切的政、軍連結問題，找到個解決的辦法——仍舊為邊境傳統所主導的軍隊，和沿著正統回教模式發展的政府，和諧地合作著。這個正統的回教模式，一路受到塞爾柱時期及其後的政治變遷與宗教變遷所調整。

回教的宗教體制，在鄂圖曼國家體制當中臻於成熟，完全統合入遜尼系統的政權。回教如今有了一個實際的體制架構作為代表：它有一個受過專業與學院訓練的神職人員所組成的教階制度，有領土司法權利，以及明確定義的職能與權力，處於一個至高的宗教權威的領導之下，而人們視這個宗教權威為「聖律」的最高表現。可能只有鄂圖曼朝做出最認真的努力，想在一個物質文明高度發展的回教國家裡，把回教的「聖律」建立為當地的有效法律。他們賦予聖律學者與聖律法官前所未聞的地位、威望與權力。

一四五一年，穆拉德卒，其子麥何密二世（Mehmed II）繼立。這位新立的素檀，繼承了一個仍舊是分作兩半的帝國。安那托力亞目前已經是回教固有的土地了，此地已經為中東回教的文明所吸收，也因此而轉型。羅美利亞（Rumelia）——即歐洲諸省——才占領不久，仍然是個邊疆地帶，深受邊界人士的理念、習慣，以及「苦行修士」經過折衷而又神祕的信仰所影響。兩者之間，也就是舊都布魯沙和新都亞得里亞堡之間，的確需要個新的連結。一四五三年五月二十九日，也就是素檀登基兩年、圍城七週之後，新軍對君士坦丁堡行將破敗的城牆，進行最後的猛攻。末代的君士坦丁皇帝與己軍併肩激戰身亡，聖索菲亞大教堂的圓頂上升起了新月，素檀於是進駐這座帝都。

10 譯按：此軍土耳其名稱為yeni ceri，即「新」與「軍」，今歐洲語言中之Janissari，乃土文稱呼一音之轉。

11 *The Reign of the Sultan Orchan, Second King of the Turks*, translated out of *Hojah Effendi, and Eminent Turkish Historian*, by William Seaman (London, 1652) pp. 30-1.

第七章 彈藥帝國

這麼多個世紀以來回教武力渴望達到的目標，隨著君士坦丁堡陷落，拼圖的最後一片終於就位了。此後被稱做「征服者」（Fatih）的素檀麥何密二世，穩固地撮合了他所繼承的兩個大陸——亞洲和非洲——的結合，以及塑造兩大洲的兩個傳統——即回教傳統和邊疆文化——的結合。這個由邊界戰士所組成的公國，如今成了一個帝國；這個公國的首領成了皇帝。這項勝利為鄂圖曼素檀國在回教世界裡，帶來無比的尊榮。

麥何密在此後的當政期間，致力於歐亞兩面邊界上的軍事行動。鄂圖曼王朝的軍隊在歐洲，臣服了摩里亞半島（Morea）[1]上最後一個希臘人的專制君王國，把塞爾維亞與波士尼亞（Bosnia）

[1] 譯按：即伯羅奔尼撒半島。

變成鄂圖曼國的省分，並且占領了多個希臘島嶼。在亞洲，鄂圖曼王朝的軍隊從熱那亞人手中取得阿馬斯拉地方（Amsara），從回教徒首領手中取得細諾普地方（Sinope），從希臘人皇帝手中取得翠比松地方（Trebizond）。值得注意的是，鄂圖曼素檀拒絕繼續東向或是向回教徒大國開戰。安那托力亞東部與美索不達米亞地方的土庫曼族統治者兀孫哈三（Uzun Ḥasan）向素檀挑釁，然而素檀也只是在一四七三年與之交戰並擊敗之，並沒有乘勝追擊的打算。麥何密素檀在一段對答中說明了他的理由，徵引這段對話的是十六世紀的史家凱麥爾學士（Kemalpashazade）。素檀說，懲治兀孫哈三的孟浪行為是合宜的，然而絕其血胤則是錯誤的，因為，「想要毀滅回教人民列聖先王的古代王朝，非所應為」。[2]除了這點以外，素檀正在歐洲進行嚴肅的聖戰任務，追擊兀孫哈三也可能讓他分心。

然而，鄂圖曼王朝的素檀們卻無法對正在其南界與東界發生的重大轉變掉以輕心，因為他們承受不起這個後果。該地的轉變之一，是馬木祿克素檀國的沒落。這個埃及的素檀國，自十三世紀中葉以來就治理著埃及與敘利亞地區，在末了的幾年，它在某種意義上已經可以說是變成一種阿拉伯系的拜占庭國。在北方與東方，即安那托力亞高原與伊朗高原之上，接掌回教世界的政治領導權與文化領導權的突厥人與波斯人之間，都出現了新的國家和新的社會。而新的文明也正在發展，主要以波斯語文與突厥語文呈現。雖然來自東方的影響既巨大又不斷加強，昔日秩序仍然存在於埃及與敘利亞地區。早先的回教文明，以原來阿拉伯語文的形式進入第二個文采煥然的悠久時期。馬木祿克軍士捍衛國土，使尼羅河流域免於侵略。埃及和敘利亞的書吏與學者則使國家維持運作，他們不少是馬木祿克部曲的子息和後裔。與此同時，他們保留並詮釋了古典回教的遺產，這些保留和詮釋，也使古典回教的遺產更形豐富。

這個敘利亞—埃及的素檀國，由於錯綜複雜的內外原因，國勢轉弱。這些因素包括了對抗帖木兒的那場生靈塗炭之戰，財政舉措不當和經濟脫節所造成的資源枯竭，疾疫、乾旱和饑荒所造成的衝擊，以及馬木祿克王朝的秩序與社會崩壞。

最後的致命打擊乃來自國外，來自西方和北方。頭一個打擊是經濟性的，緣故是葡萄牙人來到了東方水域。葡萄牙人打開了歐洲與印度之間的直接航路，從側面繞過了埃及的商業。這一切所造成的長程影響，並不如人們一度所想像的那麼巨大；我們可以看到在十六世紀的時候，經由地中海東岸所進行的貿易活動有著相當的復甦。然而，開啟這些直接航路對當下即時的影響卻是嚴重的，這為馬木祿克素檀甘紹浩高里（Qansawh al-Ghawri, 1500-1516）帶來了交易量下跌、收入一落千丈的危機。甘紹浩高里素檀在威尼斯的鼓勵之下，派出一支埃及艦隊到印度去。起先是

---

2 Ibn Kemal, *Tevârih-I Âl-I Osman VII Defter*, ed. Şerafettin Turan (Ankara, 1957), p. 365.

勝了幾場，不過後來敗於葡萄牙人，葡萄牙人也就展開了有系統的摧毀行動，打擊回教徒商人在印度洋上的商貨運輸。一些葡萄牙船隻，甚至冒險航進了波斯灣和紅海。

第二個、也是致命的打擊，是軍事上的。馬木祿克素檀國與鄂圖曼素檀國之間的關係友好了一段時間，至十五世紀下半葉轉為惡化。在一四八五年到一四九〇年之間，這兩個國家打了一場沒有結果的戰爭，整體上來說，馬木祿克王朝在此役中的狀況要比鄂圖曼王朝好得多。

可是，這種軍事上的均勢說變就變，瞬間轉而對鄂圖曼王朝有利。一個關鍵性的新法寶是火器、手槍與大砲，鄂圖曼人即學即用，全面採行，功效卓著。相反地，馬木祿克王朝卻很不願意接受這些新式的武器。馬木祿克王朝的領地不若鄂圖曼王朝的土地，金屬礦藏十分有限，有需要得仰賴進口。不過，比起任何實際困難都要嚴重的，是馬木祿克朝中大臣對於社會的看法和他們的心態。他們守著昔日那些「法定的」（lawful）、「體面的」（honourable）武器，瞧不起火器，並且蔑視那些使用火器的人，認為他們不夠格、不配談武。馬木祿克王朝在最後的幾年，有幾次缺乏計畫地引進火器，交給特別建立的分隊使用。這些分隊的組成分子為黑奴、馬木祿克部曲在此地生下的子息，甚至於由當地募集的匠人與形形色色的外籍傭兵所組成的地方團練。這些兵員的作用並不大，而馬木祿克軍隊所看重的長矛騎兵、執劍武士與弓箭士，遇上鄂圖曼王朝那些配備滑膛槍的步兵與火器營，都無庸置疑地被比了下去。

但是，鄂圖曼人在向馬木祿克王朝發動最後一擊之前，得先應付另一位更為凶險的、同信回教的敵人。君士坦丁堡城破半個世紀之後，挑戰鄂圖曼王朝地位的不是信奉基督教的對手，而是個信奉回教的對手，那就是伊朗沙王新建立的薩非王朝（Safavid）。薩非王朝由一個激進的什葉運動帶動崛起，締造了一個統一而強大的邦國，這是幾百年以來，頭一個擁有整片地中海世界與中亞、印度之通道的邦國。伊朗地區建立了一個新的軍事強權，大本營靠近鄂圖曼國的西北邊境，這看在土耳其國的眼中，既是個威脅，也是個挑釁；這個軍事強權由激進的什葉教義所啟迪，於是為安那托力亞高原與伊朗高原兩地統治者的宿怨再萌，賦予了宗教色彩。伊朗地方仍有數百萬的遜尼派回教徒，他們可能占當地回教徒的大多數；而鄂圖曼王朝的土地上也至少有著幾十萬的什葉分子，可能會被懷疑心中向著東方的新生什葉政權。鄂圖曼王朝的素檀和薩非王朝的沙王，在容忍限度之外，皆認為對方是宗教異端、篡逆分子。由於薩非家族源出突厥，因此在突厥化的安那托力亞地方廣受支持，這使得薩非王朝對於鄂圖曼王朝所造成的威脅，更形尖銳，前者也就成為後者的心腹之患。

鄂圖曼王朝對於這個假想敵，很早就做出反應。一五〇二年，巴耶系德二世下令把什葉分子從安那托力亞解送到希臘去，並且在土伊邊界上調動土軍。一五一一年，安那托力亞中部發生了一場凶險的什葉分子叛亂。次年，垂垂老矣的素檀讓位給兒子謝利姆一世（Selim I, 1512-

1520），通稱為「嚴峻的謝利姆」（Yavuz Selim）。土耳其的謝利姆素檀和伊朗的以思馬因沙王（Shah Ismāʿīl）之間的敵對與仇視，沒多久就爆發成公開的戰事。在敵意公開化之前，兩位君王在怒意升級的來往文件中，素檀用波斯文致信沙王，那是城市裡有教養的君子所用的語文，而沙王則用鄉土的、本部族的突厥文寫信給素檀，這不啻是一項諷刺。

鄂圖曼王朝贏得了決定性但非總結性的勝利，結束了這場戰爭。一五一四年八月二十三日，鄂圖曼王朝的新軍與火器營在兩大帝國交界處附近的查爾德蘭（Chaldiran）平原之上，打得伊朗軍隊落花流水；九月七日，鄂圖曼素檀進占伊朗首都大布里士。謝利姆素檀和其先輩麥何密二世一樣沒有向東追擊，反倒是回師土耳其，讓戰敗、疲弱的沙王依舊作他那個伊朗什葉邦國的君王。兩個帝國之間隨即展開長期而狠辣的爭鬥，身在土耳其的什葉分子與身在伊朗的遜尼分子皆受到血腥打壓，殉難者的鮮血，灌溉了彼此的深仇大恨與擔憂懼怕。

這場爭鬥，爭的是回教世界的領導權以及中東地區的控制權。它不僅發生於沙場之上，也發生在鄂圖曼素檀與薩非沙王各自支持的遜尼信仰與什葉信仰的宣傳戰中。爭鬥的結果，是鄂圖曼人獲得有限的勝利，因此得以約制伊朗帝國卻無力毀滅之。這場勝利，也為下一個階段開闢了道路，亦即將鄂圖曼國以南使用阿拉伯語的國家納入版圖。鄂圖曼王朝在一五一六到一五一七年，發動了一場為時短暫但切中要害的戰事，推翻了其時已經是步履蹣跚的馬木祿克素檀國，該國主宰埃及、敘利亞與阿拉伯半島西部有兩個半世紀之久。如今這些地區歸鄂圖曼王朝管轄。鄂圖曼王朝的領導地位或說是宗主地位，再從這些新近取得的領地向各方擴散，西向越過北非，遠達摩洛哥（Morocco）的邊界，南向直抵紅海的非、阿兩岸，東向伸入印度洋水域。後來在十六世紀之時，鄂圖曼勢力又延伸到伊拉克地區，這是鄂圖曼人在長久爭持之下才從伊朗系統治者處取得的，這麼一來，鄂圖曼勢力已到達了波斯灣。這時，麥加與麥地那兩座聖城和回教世界的阿拉伯心臟地帶，都在鄂圖曼素檀治下，前者為其聲望錦上添花，後者則加重了他們的責任。

波斯人已經馴服了，馬木祿克王朝也已經征服了，鄂圖曼王朝現在要準備的是重開歐洲戰場，那是他們的重頭戲。鄂圖曼帝國在蘇里曼大帝（Süleyman the Magnificent, 1520-1566）的時代，國勢達到頂峰。鄂圖曼軍在一五二六年莫哈赤地方（Mohacs）的決定性會戰中，把匈牙利王國（kingdom of Hungary）的軍隊打得七零八落。凱麥爾學士用半史詩式的協韻散文頌揚鄂圖曼人的勝仗：

光榮的隊伍有如遍布鬱金香的山面，眾人揮舞烈焰般的閃亮彎刀，與劫數難逃卻死性不改的異教徒廝殺。在戰陣的饗宴當中，眾人立時如酒杯般染上殷紅，頭似洋蘇木之花，眼如發光紅玉髓，手好比珊瑚……待日落的血腥黯淡了神聖競技場的邊緣……（戰事仍在進行〕……不幹好事的〔匈牙利〕國王……進入戰場，於掩蔽西東的沙塵迷霧之中……以火銃與滑膛槍的火花壯膽，懷著堅定無畏的心意，帶領手下有勇無謀的騎兵衝鋒，進攻勇士中至勇的新軍一側……他來到連隊所在，火槍手彈如雨下，繁花便凋謝飄零在那些專做惡行的敵人無益存在的園圃裡……[3]

奮戰良久，國王最後還是戰敗了：

素檀一聲令下，新軍的火槍手向敵軍眾槍齊發……一瞬間便把幾百人或甚有數千人直接地送赴黃泉。〔國王的〕生死簿已經合上，發號施令的日子歸於終結，他轉瞬即逝的生涯紀錄，以失去了現世與來生彌封。

在這場勝利之後，蘇里曼的軍隊向前推進，橫越匈牙利，於一五二九年首次圍攻維也納（Vienna）。在東方，鄂圖曼艦隊於印度洋上與葡萄牙人互別苗頭；在西方，由於回教徒掌握了北非，回教徒的海軍力量得以來到地中海西部，甚至在偶有的小規模突襲行動時，回教徒水師也會去到大西洋以及西歐沿岸。回教勢力的推展，又一次成為基督教世界的致命威脅。十字軍運動已經結束了，而「聖戰」再度展開。伊莉沙白時代研究土耳其的歷史學者諾理士（Richard Knolles）說：土耳其帝國是「眼下的世界恐慌」（the present Terror of the World），這呈現出歐洲人的普遍觀感。

十六世紀是土耳其浪潮的高水位時期，也是轉往低潮的開始。在中歐地區，他們第一次進攻維也納不成，導致此後一個半世紀血流漂杵卻沒有結果的苦戰，直到一六八三年第二次圍攻維也納失敗為止。這一次，土耳其人也是一戰定讞，但敗得徹底。在東方，鄂圖曼人從位於埃及、後來是伊拉克的基地，維護波斯灣與紅海的海上力量。有一陣子，他們還在葉門和東非地角都設置了鄂圖曼王朝的督撫。鄂圖曼王朝甚至曾經派出一支鄂圖曼火器營的分遣隊，去東南亞協助當地的回教徒統治者對抗歐洲來的基督教敵人，結果枉然。就連鄂圖曼人的船艦，也無法抗衡葡萄牙與其他西方人的戰船。即使回教徒統治者在當地提供協助，鄂圖曼人也無可如何地把南亞與東南亞拱手讓與正在崛興的西歐海權力量。

在地中海地區，鄂圖曼王朝於一五七一年的「李班多會戰」（battle of Lepanto）首度遭到重

3 Kemalpashazade, *Mohaczname*, ed. M. Pavet de Courteille (Paris, 1859), pp. 97-109.

大挫敗。陸特匹大人（Lûtfi Pasha）[4]記載道，他以大宰相的身分，向素檀蘇里曼大帝提到了海軍力量的問題。他向素檀說：「在過往的素檀治下，許多素檀統治著土地，而甚少素檀統治海洋。異教徒在海上作戰的本事，要比我們高強。我們得要超越他們。」[5]土耳其人到底沒有超越他們，不過，這些結果要再過一段時間才會明朗化。整個信奉基督教的歐洲，都為李班多會戰歡欣雀躍，視之為輝煌的勝利。然而，這場勝利的重要性，遠比不上鄂圖曼艦隊在亞洲水域的戰敗與覆沒。不要多久，鄂圖曼王朝就恢復了他們在地中海的海上勢力，防衛著本國的歐洲征服地。一位土耳其記事者記錄了一段大宰相蘇庫魯麥何密大人（Sokollu Mehmed Pasha）與素檀謝利姆二世（Selim II, 1566-1574）的談話，談論的主題是建立一支新的艦隊，來替補李班多中受毀的船艦。素檀詢及耗資幾何，大宰相回答說：「吾國富饒，就是想要給整個艦隊配上真銀錨錠、絲質繩纜和織錦船帆，我們也辦得到。」[6]

艦隊確實是重建了，雖然配備沒有那麼奢華。回教水師繼續從位於近東與北非的基地主宰著地中海，並且勇敢地航入大西洋，航入十七世紀。雖然回教世界的實力相對於基督教的歐洲世界而言，早已在重要關頭萎靡不振，然而這種萎靡不振，卻由於鄂圖曼武裝力量威風凜凜的堂皇架勢，而隱沒於基督教徒與回教徒的目光之外。

十六世紀中葉，神聖羅馬帝國（Holy Roman Empire）駐蘇里曼大帝朝廷的使節布斯別克

（Busbecq），對於基督教歐洲在鄂圖曼王朝壓倒性勢力的威脅之下能否存活，表示深切的焦慮。他提出：

> 只有波斯國對我們有利。因為敵人急著要發動攻勢，但又必須留神它後方的這個威脅……波斯國不過是在延緩吾等命運之到來，它不能拯救我們。當土耳其人和波斯國談和之後，他們就會傾注整個東方世界的力量，飛也似地直刺吾等咽喉；我們是如何地毫無準備，實吾不敢言。[7]

然而，鄂圖曼王朝並沒有「和波斯國談和」。他們與這位東方鄰國也是競爭對手相爭至十九世紀早期，而在那個時候，無論是土耳其國還是波斯國都無法對西方世界構成威脅。

4 譯按：Pasha是敬語而非官銜，源自波斯文，用法與中國「官老爺」雷同。為免誤當人名，此處意譯做「大人」，不音譯做「帕夏」。

5 Rudolf Tachudi, *Das Asafname des Lutfi Pasha* (Berlin, 1910), pp. 32-3.

6 *Peçevi, Tarih* (Istanbul, AH 1283), vol. I, pp. 498-9.

7 *The Turkish Lettes of Ogier Ghiselin de Busbecq*, trans. Edward Seymour Forster (Oxford, 1922), p. 112.

伊朗地方的統治者和埃及的馬木祿克素檀們一樣，對火器沒有好感，起初沒花什麼心思去把火器帶入軍隊。他們就像馬木祿克素檀們一樣，在戰場上被鄂圖曼王朝的火槍手與砲手教訓了一番，懂得了自己方式的偏差。他們和馬木祿克素檀們所不同的，是他們留得青山在，異日再戰，並且把學到的教訓身體力行。伊朗沙王在十六世紀當中，一步一步地取得手槍與火砲配件，重新裝備了本國部隊，此行動在十七世紀更是變本加厲。這個時候就像早先的日子與後來的時期一樣，回教諸王總是能找到歐洲的基督教徒製造廠商、商人與專業人士，來供應、裝配並訓練本國的軍隊，甚至於一些到處碰運氣的歐洲軍士，還參軍或是受雇。供給的主要來源地應是威尼斯、葡萄牙和英格蘭。

波斯人起初雖是不很情願，卻很快就學會了製造手槍和使用手槍的方法。一位名叫亞歷山德里（Vincenzo di Alessandri）的威尼斯使者，於一五七二年九月二十四日向十人議會（Council of Ten）呈交報告，其中提到下列觀察：

> 他們使用的武器，有刀劍、長矛、火繩槍，每位士兵都會使用，他們的武器也比其他所有國家的精良，其金屬硬度亦較佳。火繩槍的槍管，一般是六個指距（span）長，內置子彈一發，輕於三盎斯。使用上是如此地靈巧，不會妨礙他們拉弓或提劍，把後者掛在鞍前的穹

突之上，要用時才拿在手上。火繩槍則背在背後，如此，這件武器就不會阻礙到使用其他武器。[8]

這一幅幾乎同時使用弓箭、刀劍與火器的波斯騎兵的圖像，很恰當地象徵了正在發生的複雜變化。十六世紀與十七世紀之際，波斯國的統治者不論是多麼地不甘願，還是採用愈來愈多的手槍，也為眾多部隊裝備了這些武器。他們部署了攻城的火砲，這和鄂圖曼人一樣，雖然在規模上是小巫見大巫。然而，他們應用的平地火砲十分有限，整體上來說是沒有作用的。

以思馬因沙王的繼承人當中，最著名的是阿伯斯沙王（Shah ʿAbbās, 1587-1629）。他的首要任務，就是按照鄂圖曼王朝的模式，建立一支全新的步兵與火器營。在這方面，他得到兩位英國籍的兄弟安東尼．席理（Anthony Shirley）與羅伯．席理（Robert Shirley）的大力協助。這兩位兄弟在一五九八年帶同二十六位隨員去到伊朗，為波斯工作了好幾年。阿伯斯的第一項工作，是遏止中亞的烏茲別克人（Uzbeks）前進，他們已經侵入了伊朗國的東方諸省，並且占領了多個城

---

8 Guglielmo Berchet, ed., *La Repubblica di Venezia e la Persia* (Turin, 1865), p. 181; English version in *A Narrative of Italian Travels in Persia in the 15th and 16th Centuries* (London, 1873), p. 227.

鎮。阿伯斯王為了可以無後顧之憂地完成這個目標，遂與鄂圖曼王朝談和，放棄了喬治亞和亞塞拜然地區，包括前薩非王朝的首都大布里士城。阿伯斯沙王在對付烏茲別克人的戰事中得勝，並且收復了東方諸省，於是又把注意力轉回西方。一六〇三年，阿伯斯的軍隊再度占領了大布里士城，屢戰皆捷，開疆拓土至先前被鄂圖曼人占去的伊拉克大部分地區。阿伯斯在位期間另一個重要事件，是一六一六年英國的東印度公司（English East India Company）出現，在印度的蘇拉特城（Surat）開始營運。直到那時，葡萄牙人實際上壟斷了伊朗地區的對西方貿易，他們想要阻止英國人插手，但卻沒有成功。一六二二年英國商人協助波斯軍隊，奪回了波斯灣上的荷莫茲港（Hormuz），該港自一五一四年起就由葡萄牙人把持。一首為此役賦作的史詩，歌頌波斯軍隊此項動業。

阿伯斯沙王有時候也被稱做阿伯斯大帝，他當政期間在許多方面都是薩非時代的極盛。葡萄牙人、荷蘭人和英國人這些西方列強在波斯灣與印度洋地方的商業競爭，製造了可乘之機，阿伯斯沙王很快就看到這點，並且採取行動。一五九八年，阿伯斯沙王再度遷都。原先，王都從大布里士城遷到卡茲溫城（Qazvīn），阿伯斯沙王又把王都移到位置接近中央的伊斯法罕（Isfahān），這樣，他就能居中監理，對付東西大敵——烏茲別克人與鄂圖曼人——的軍事行動。在阿伯斯當政期間建造或重建的多座建築，為這座城市帶來了永恆的美感，並且為該城居民自詡：「伊斯法罕就是半個世界」（Isfahan nisf-I jehan）的聲明添上姿彩。

阿伯斯卒，薩非王朝的國運急轉直下，終至亡國。鄂圖曼王朝收復了巴格達城以及阿伯斯沙王再度占有的其他土地；阿富汗人連同烏茲別克這些伊朗的東鄰，又展開劫掠；或許對於將來最不幸的，是第一支俄國的使節團於一六六四年抵達伊斯法罕，同時哥薩克騎兵（Cossacks）正開始侵擾高加索一帶的邊境。

就在這個時候，北方正在發生一些重要深遠的改變。一四八〇年，莫斯科的伊凡大帝（Ivan the Great）這位沙皇終於拋開了俄國史家所謂的「韃靼之範」（Tatar yoke），終止了所有的貢賦與從屬關係。俄國人像西方世界的西班牙人和葡萄牙人一樣，結束了國內的回教徒統治，不過俄國較兩者成功的是，他們出兵追擊原先的宗主至其故土。俄國人在長期的艱苦奮鬥之下，於一五五二年打下了窩瓦河韃靼人（Volga Tatar）的首都喀山城（Kazan），喀山城因此納入俄國版圖，從此未曾割離。俄軍自喀山城順窩瓦河而下，於一五五六年奪得裡海的阿斯特拉汗港（Astrakhan）。如今，俄國人控有整條窩瓦河道，並且在裡海邊上有個據點。俄軍在南下途中，回教徒對手幾乎全被打敗，俄軍已經開始侵占鄂圖曼國與克里米亞韃靼人（Crimean Tatar）的領土了。鄂圖曼王朝察覺到這項危險，然而制衡的努力徒勞無功。他們派了一支遠征軍去收復阿斯特拉汗港，又計畫在頓河（Don）與窩瓦河之間開鑿運河，以便將鄂圖曼水師從黑海移到裡海來，這些都沒有成效。克里米亞半島上的韃靼汗王，曾經有能力擊退俄人進逼，繼續視鄂圖曼素檀為主君，對他效忠。黑海在這個時候為土耳其國與韃靼人所控制，克里米亞與伊斯坦堡（Istanbul）之間貿易繁重，特別是糧食交易與買賣東歐的奴隸。

可是，俄國的推進並沒有停止。終十七世紀之世，阿斯特拉汗港一直是俄國人向北高加索地區的獨立回教邦國擴張勢力的基地。久而久之，阿斯特拉汗港就成了一個俄羅斯帝國省分的行政中心，主控頓河河口到窩瓦河河口之間的整片地區。一六三七年，頓河上的哥薩克人自行占領了黑海邊上的土耳其海軍堡壘亞速夫（Azov）。土耳其派陸軍和海軍攻擊，哥薩克人在防守了幾年之後，便將亞速夫送給俄國沙皇。俄國沙皇在仔細考慮之下，決定婉拒這件禮物，以免捲入一場與鄂圖曼帝國全面開打的戰爭。俄國人通往黑海的道路尚未開通，不過，路線已經標示得很清楚了。

神聖羅馬帝國與鄂圖曼素檀早在一六〇六年簽訂的希特瓦托洛克條約（Treaty of Sitvatorok），則標誌著另一個意義非凡的轉變。商議與簽訂這項條約的地點，是哈布斯堡（Habsburg）帝國與鄂圖曼帝國接境的那條河上的小島。這個條約不再是昔日贏家在自己的王都裡隨自己意思訂下的終戰和約，而是對等國家在邊界上談妥的條約。象徵這項改變的是條約的土耳其版本中，首次使用素檀自己的名號「鄱德沙」（Padishah）[9]來稱呼哈布斯堡的君主，後者在土耳其文獻中，通常被輕蔑地稱做「維也納王」（the king of Vienna）。在鄂圖曼王朝進入歐洲的早期階段，並沒有可以稱得上是條約的東西，協商亦甚罕見。人們視回教勢力不斷推進並與其異教敵人交戰的情勢為永恆的宗教職志，這種現象倒是不時受到得勝的鄂圖曼王朝在伊斯坦堡對手下敗將立下的休議和約打斷。因此，《希特瓦托洛克條約》標誌著在觀念上與程序上的重大改變，並反映出在現實世界中腳踏實地的轉變。

十七世紀以對等觀念的喃喃退讓發端，以坦坦蕩蕩地接受落敗終結。回教世界與基督教世界在政治與軍事方面的勢力均衡所發生的改變緩慢而漸進，要能看到教訓、了解教訓與吸取教訓，都要花一些時間。經濟方面的起落更是無法立即明朗，然而其起落影響深遠且具有決定性。在地理大發現的大洋遠航之後，歐洲商業的主要中心都從地中海轉移到大西洋去了，末了，歐洲權勢的主要中心也從中歐和南歐轉往西歐的海權列強。

西方人和中東地區的回教國家打交道時，有著許多的優勢。西方人的船艦為了馳騁大西洋的狂風，造得比回教諸國用來航行地中海與印度洋的船隻大型，噸位亦重。這些船艦由造船業者特別設計，再由為迎抗大西洋風浪而培訓的水手駕駛，調遣轉換比回教的船艦來得靈活。這些船艦

[9] 譯按：源自波斯語，在波斯史書中用做掌權首領的泛稱。

有著雙重的優點：戰時可以配備更多火砲，平時可以承載大批的貨物，航行更遠，所費較低。當西歐的海權國家開始在中美洲和南亞的熱帶地區以及東南亞的亞熱帶地區拓地殖民，就可以種植歐洲人從來沒聽過，或是歐洲沒有的各式作物。有了這些優勢，再加上列強國內受到美洲有價金屬輸入添加動力的經濟發展，以及遠超過於中東經驗所能提供的信用貸款新機會，於是，他們現在可以為中東市場提供品類繁多的商品了。

經濟文化差別日大的重要性，不讓於生意經上的轉變。在十六世紀及其後，生產者主導的各種經濟和各項重商政策，保護並鼓勵了歐洲的貿易公司與各國政府集中其經濟能量並且擴展其商業行為。其所導致的發展，達到鄂圖曼帝國以及其他回教國家那種消費者導向的社會前所未聞的方式與程度。海上列強商業行為的範圍與層面，在西歐人於印度和印尼（Indonesia）站穩腳跟，不只是做生意人、也做統治者的時候，都大幅躍升。西歐人透過海軍力量，得以在起始點就掌握亞歐之間的香料貿易與其他重要商品的交易。

不過，這兩個世界之間的經濟均勢發生變化，不能全然歸因於西方世界的興起。部分成因要在內部變遷找尋根源，至少回教勢力相對衰落的原因便當如此處理。

十六世紀上半葉，古典的鄂圖曼體系正在光輝的高峰，有點讓人驚奇的是，當時的歐洲觀察家把鄂圖曼體系當作高效率、中央集權的專制主義之最佳典型與最佳範例。若說有一些人仍然忠於歐洲舊秩序設限自衛的特權，視鄂圖曼素檀國為專橫獨斷勢力的惡例，則另有一些人士嚮往在這個歐洲新時代裡統治民族國家的開明專制，在他們眼中，土耳其國的遵循法度，符合現代君主政體之典範。

歷史的嘲諷是，正值馬基維利（Machiavelli）與其他的歐洲政治思想家拿法國國王的積弱與土耳其素檀的強勢來做對比之時，日後逆轉兩位君王角色的各項過程，剛好也在兩國展開。在法國，地方要員將變成朝廷命官，自治地區將變成行政區域，國王對所有臣民與整個國家的權力與權威將會茁壯，壯大到他真的可以說「朕即國家」（L'état c'est moi）。同一個阿拉伯語詞「素檀」在回教各個帝國裡面，同時代表了國家與主政者，然而在這個國度裡，朝廷命官卻開始轉化成地方要員，省分轉化成地方公國，皇室的奴隸轉化成皇室的主人，而「世界之王」（the lord of the world）轉化成自己軍隊、自己朝廷和自己家丁的傀儡。

蘇里曼大帝在一五二〇年以鄂斯曼的寶劍受職後，便成為十全十美的專制政府機制的主人，領有的帝國從匈牙利橫亙至波斯國的邊境，自黑海直到印度洋。是的，他受制於不可更易的聖律條款，但是聖律本身也賦予蘇里曼幾近絕對的權力，而獲得認可的聖律說明人，堅決支持蘇里曼大帝對於人民的威權。政府與軍隊——也就是治國的人與打仗的人——都是他的私屬奴隸，這些人相對於人民大眾，享有特權與諸般豁免，但若想與君主的意旨相抗，則完全不可能。老戰士定期由出身寒微的新到奴隸遞補，防止了權力中心產生世代相承的貴族階層；與此同時，藉由可以收回和只有使用權的封邑而與素檀發生連結關係的封建士紳，卻在封地安穩度日，確保農業蓬勃發展，鄉間秩序晏然。

對鄂圖曼帝國來說，十六世紀那項迫使歐洲走上新的政治與經濟道路的巨大挑戰，並沒有帶來困窘的局面，因此也沒有產生刺激。在歐洲諸國之中，只有土耳其國已經擁有組織和資助新戰備的領土、人力、資源和中央集權式的控制。於是當歐洲民眾進入了一個勇往直前的發燒年代時，土耳其人可以優哉游哉地坐在那裡不動——終於也就懶洋洋地陷在那裡。

鄂圖曼史家把鄂圖曼帝國開始衰微之日，定在蘇里曼大帝去世之時。的確，鄂圖曼體制架構崩解的早期徵兆，是在十六世紀下半葉開始出現。一長列回憶錄裡都論及這些徵兆。這些回憶錄是鄂圖曼的政治人物與官員撰述的；寫作的年代，從十六世紀末期到鄂圖曼帝國的最後時光都有。

這些回憶錄作者頻頻提到的其中一項徵兆，是「西帕希」階層的衰敗（sipahi）[10]——也就是那個在早期是鄂圖曼邦國的骨幹而後來一直也是個重要成分的士紳階級。造成他們走下坡的因素有幾個。一個是素檀比較喜歡用專業的「奴」兵而非封建助兵，因為他們馬上提高了效率，自主性也沒那麼強。另一個是戰爭科技進步，需要組織更多專業的長駐軍團，如火器營、砲兵團、工兵營等，減低了——不過並沒有結束——封建騎兵的重要性。

鄂圖曼帝國的軍事封邑「町碼兒」（timar），可以隨時撤回、轉移，並受軍功狀況所制約。雖然實際上通常的作法，是「西帕希」的繼承人可以得到父親的封地，但是這並不是權利，而且要視嗣子履行軍事服務的能力而定。「西帕希」也可以從一塊封地轉往另一塊封地，從一個省分轉往另一個省分，這是常有的事。接近十六世紀末期時的經常作法，是封主死後就收回封地，也不再轉手，而把該塊土地直接併入素檀個人名下。十六世紀以降的土地登記冊顯示了封邑面積遞減，而王畿面積相應增加。這在亞洲特別顯著，在歐洲則少得多。

封建騎兵衰頽，常備軍隊於是增長快速，花在維持這支軍隊的費用，也快速增長。這無疑是奪取無主封邑的一個主要原因。素檀為了要以迅速、輕而易舉的方式得到現金收入，遂不直接去管理這些土地上的收入，而是以五花八門的出租與讓渡方式，把土地放出去「撲買」。這些租讓形式，都是金融性而不是基於軍事的。一些是撲買稅收，另一些則是讓渡使用權。最初，撲買者得到的只是短暫的期限，其後這個辦法擴大，頒授給撲買者終身的權益，而在濫用之下，這種終身的權益就成了代代相傳、可以轉讓的了。這個制度很快就傳遍了帝國各地。不只是皇室的土地

10 譯按：源自波斯語，意為「騎士」，領受封邑，在鄂圖曼王朝，與封建士紳同義。

受到影響，許多頒賜給顯貴或是朝中寵臣作為食邑的封地，也讓他們依樣畫葫蘆地瞎搞。最後，甚至連一些「西帕希」也把自己「町碼兒」的收入放出去「撲買」。

永久控制稅收撲買地和租借地所衍生出的經濟與社會力量，在各省製造出一個新生的有田有地、呼風喚雨的階級。這個階級，很快就在當地事務中舉足輕重。這個階級廁身於政府與平民之間，截取了大部分的收入。在理論上，他們只是以租借人或是撲買者的身分握有產業，但是當政府愈來愈微弱、無法控制省分之時，這些新的地主就可以增加手中物業的面積以及穩固租借期限。到了十七世紀的時候，他們甚至還開始篡奪政府的某些工作。

這些人在鄂圖曼王朝的歷史上叫做「艾延」（aʿyān），通常翻譯做「大老」（notables）。「艾延」這個名詞很早便開始使用，泛稱省裡或是地方上的大老，他們通常都是些生意人。現在，這個名詞則用來指稱一個明確的社會群體或社會階層，由新舊地主組成，執行重要的政治功能。起初，這些「艾延」受到排斥，被認為是奪權，可是在十八世紀的財政與行政緊張時刻，中央政府發現把省務督導盡量委任給「艾延」，甚至於讓他們主持省級市鎮的運作，都是合算的。這時，「艾延」已經開始類似於擁有自有土地的地主士紳了。

當封建騎士的地位以及他們主要依存的鄉間正在進行這些發展之時，奴隸集團也在經歷激烈的改變。這些改變通常從十六世紀下半葉算起，此時出現了第一個清楚的指標，那就是募兵政策的改變。新軍兵團是一個封閉的特權組織，權力極大，也因一種強烈的「兵團精神」（esprit de corps）緊密團結在一起。一開始的時候，他們全是自基督教俘虜與基督教奴隸之中募集而來，主要是因「充軍童子」制募來的。這些募集的新軍參加了神祕的「拜克塔什兄弟會」（Bektashiyya）——新軍兵團在初建軍之時便與此會發生聯繫——成了抱持獨身主義獻身軍士，在營房之外無家庭，在同袍之外無家人。新軍的將官可以娶妻，年長退休或只擔任警衛任務的老兵，也可以結婚。「新軍兵團守則」（Kavānīn-i-Yenicheriyān）裡記載：

> 自古以來，新軍娶妻皆不合法；只有將官娶妻，還有年老力衰、的確不能勝任軍務的個人士兵娶妻，下來，就只有向素檀陳請者。新軍的狀況是獨身的狀況，營房就是為了那個原因才蓋給他們住的。[11]

新軍兵團的式微或可追溯到開始以繼承和付款的方式募兵的時候。這些新辦法原先是用來補「充軍童子」的，到了最後，「充軍童子」就全被他們所取代了。第一道裂痕，是新軍娶妻案例

11 As cited in Ismail Hakki Uzunçarşçili, *Osmanli Devleti Teşkilâtindan Kapikulu Ocaklan*, vol. I (Ankara, 1943), p. 306, note 1.

增加的後果。這在蘇里曼大帝時代就已經很普遍了，到了謝利姆二世登基之時，則認可其為一項權利。此後，這項權利就成為新軍不可或缺的一部分，個人士兵與將官們都可娶妻並和家人生活在一起。

結婚也就意味著生子，而屬於特權族群的父親，總會設法為子息弄到同等的權益，這也是天性。謝利姆二世在再三接獲陳情之下，於一五六八年同意，允許新軍軍士把其子息列在軍餉名冊上面，作為儲備軍士（cadets）。小時候可以得到配給的口糧與小量的津貼，隨後入伍成為新軍兵團的正式兵員。人們稱這些新的新軍為「奴隸的孩子」，以別於真正的「奴隸」。他們並不像「充軍童子」的出品般，經過仔細挑選與嚴格的訓練。到一五九二年，他們已經成為新軍兵團的主體。

當募集奴兵的嚴密制度開了一道口子，整個制度就完蛋了。在接近十六世紀末了的伊朗戰事當中，新軍兵團實際上已經沒有門檻，各色人等不論其出身、地位都能加入，端看他們能否一路打點到自己的名字登錄在軍餉名冊上。史家瑟拉尼奇穆司塔法（Selaniki Mustafa）說：

> 在前素檀穆拉德汗〔Murad Khan, 1574-1595〕在位的時候，鄙俗閒漢之流的卑賤草民，進入了這個受人愛戴的家族。[12]透過賄賂，新軍軍團、管兵器的軍團、火槍手的軍團，遂開放

給平民、離棄其田地的農夫、塔忒人（Tats）、契普尼人（Chepni）、吉卜賽人（Gypsies）、猶太人、喇茲人（Laz）、俄國人和城鎮居民……當這些人加入行伍之後，傳統和尊重就消失無蹤，政府尊榮的面幕被扯破了，不適任與不熟悉事務的人就循此途徑來到，坐在權力的座席之上……[13]

這項抗議後來成了家常便飯，寫回憶錄的闊出大人（Koçu Bey）便重申之，惋惜在那些日子（十七世紀早期）各色人渣都加入了新軍兵團——「奉持的宗教與信仰從未聽過的人士、城鎮居民、土庫曼人、吉卜賽人、塔忒人、庫德族人、外邦人、喇茲人、遊牧民、趕騾子的、領駱駝的、看門的、調糖漿的、驛站馬夫、鼠摸狗竊和其他類型的泥腿閒漢。因此，秩序和紀律全毀了，法律與傳統也消逝了。」[14]

闊出大人自己是因「充軍童子」而從馬其頓地方的戈里察地區（Goritsa）參軍的，看到新軍兵團退步，深感痛心。他提醒素檀，素檀的部隊並不需要用此等人渣來補充兵員：「波士尼亞和

---

12 譯按：為奴。

13 Selaniki Mustaa, *Tarih-I Selâniki*, ed. Mehmet Ipşirli (Istanul, 1989), p. 471.

14 Koçu Bey, *Risale*, ed. Ali Kemali Aksut (Istanbul, 1939), p. 32; following quotation, p. 45.

阿爾巴尼亞地方，還有一些人……其子息，勇武而剛毅……」。

但是為時已晚。在十六世紀末期的軍事與財政壓力下，急就章又隨隨便便地招兵買馬，開啟了急速轉變的歷程，這個轉變在極短的時間之內徹底轉化了新軍兵團的體質。捨棄「充軍童子」制，接納生而自由的回教徒，使得新軍兵團成為世代相承的組織，個人與團體的獨享權益廣泛並珍若拱璧。兵籍承繼基本上是世襲的，也可以購買，商人與工匠為自己或是子孫在新軍籍冊上買個位子的並不在少數。新軍在名義上仍舊是素檀的奴隸，卻往往才是素檀的主子；新軍在名義上仍舊是軍士，卻已經墮落成類似武裝暴民，隨時都可以在街頭巷尾為了他們的團體權益開打，或者是用來對付宗教性或宮闈之內的陰謀煽動，可是拿來應付沙場上紀律精良的敵軍，實在是沒有什麼用處。

捨棄「充軍童子」制，對宮廷的僕役學校也造成立即與廣泛的影響。皇室的家丁與國家的高級官員，就是從宮廷的僕奴學校揀選出來的。在某些層面上，來自歐洲的俘虜與投誠分子數量減少，這對於自高加索地區進口奴隸倒是件好事。高加索美女一直為中東素檀後宮所欣賞，高加索的男奴也有著一定的分量，尤其是在埃及馬木祿克素檀國最後的階段。然而，他們在鄂圖曼帝國裡面人微言輕，在奴隸圈子和奴隸軍隊當中，出身巴爾幹半島與其他歐洲地區的同行要比他們來得優秀。十六世紀即將完結之時，這個情況開始改變，來自高加索地區的男子如喬治亞人、切爾卡斯人、車臣人（Chechens）與阿巴扎人（Abaza），開始在鄂圖曼帝國的統治菁英當中嶄露頭角。確定是出身高加索奴隸的第一位大宰相，應是哈迪姆麥何密大人（Hadim Mehmed Pasha）。他是喬治亞人，為宮中宦者，在一六二二到一六二三年擔任大宰相職務，將近四個月。在此之後，高加索人愈來愈多，十七世紀和十八世紀時，鄂圖曼帝國的將軍、督撫、大臣當中，有許多是高加索人。

王都裡面的派系衝突有各種形式，合作關係不斷地在改變。然而，這些爭執似乎都在兩端之間拉鋸，一端是大宰相，一端是皇宮禁苑人士。支持大宰相的是官僚體制中的自由身分人士，以及教階集團的大部分；宮裡的人脈就龐大得多，宮中培養的人士無論是奴隸還是自由人，皆遍布帝國行政的整個機制。

基督教歐洲與鄂圖曼回教世界的衝突，經常被拿來和我們今天自由世界與蘇維埃聯邦的對立做比對。這個比對不是沒有道理的。西方世界在這兩個情況之下，都受到一個好勇鬥狠而又持續膨脹的政權與社會的威脅，這個政權和這個社會，受到雙生式的帝國大胃口和使命感驅使，對於持續奮鬥最終必定獲勝有教條式信仰，因而意氣昂揚。可是，這個比對不應太過。在這一場較早期的對立中，崇高的抱負和教條主義兩邊都有，但土耳其方面的寬容性較大。在十五和十六世紀的時候，難民是從西方世界移往東方世界的，而不是像我們今天這樣，從東方流往西方——這用列寧（Lenin）的生動說法，叫做「用腳投票」（voted with their feet）。一四九二年猶太人被逐出西班牙，逃難到土耳其，這是家喻戶曉的，不過這絕不是獨家號外。其他的難民群，如在自己的國家裡受到當權教會迫害的基督教異議分子，還有猶太人，都托庇在鄂圖曼國內。當鄂圖曼朝在歐洲的統治終止，他們統治了幾百年的基督教民族的家還在那裡，自有其語言、文化、宗教，甚至於在某些方面還包括體制，隨時可以完整無缺地重現其分立的民族形態。然而，在土耳其對巴爾幹半島的統治終結之後，以及摩爾人（Moors）在西班牙的統治終結之後仍然留在當地的回教徒，處境就完全不同了。

難民並不是唯一受惠於鄂圖曼王朝統治的歐洲人。占領區的平民也發覺其整體生活在許多方面有所改善。鄂圖曼王朝的帝國政府為衝突和失序的地方帶來統一與安定，這在社會和經濟方面都有重要的後果。征服戰爭進行期間，摧毀了絕大部分的古老世襲土地貴族階層，無主的田莊則分撥給鄂圖曼軍人做封邑。可是在鄂圖曼體系之下的所謂「封邑」，基本上頒授的是徵集收入的權利。這項頒授至少在理論上是及身的或是短期的，封邑持有人一旦停止履行軍事服務，就喪失了所有權。封邑本身並不帶有世襲的權利，也沒有領主裁判權（seigniorial jurisdiction）。在另一方面，農民則往往享有實際上是世代租佃的形式，其擁有權受到鄂圖曼王朝的慣例保障，免於再被細分或是大批集中。因此，相對於早先的基督教統治者時代，此刻的農民在農地上自由度更高。和先前政權以及鄰邦的作法相比較，他們繳交的租稅經過適度的評估，徵集的方式也符合人道。此等安定與繁榮使得他們安於鄂圖曼王朝統治比較乏善可陳的其他層面，鄂圖曼諸省的長治久安大多得力於此，直到民族主義的理念以石破天驚的威態從西方入寇為止。

直到晚近的十九世紀，來到巴爾幹半島的歐洲參訪人士也都稱許巴爾幹農民的安守本分、怡然自足，他們把這個現象與基督教歐洲部分地區的情況相比，讚譽有加。和十五世紀和十六世紀歐洲農民大暴動的時代相比，對照更是鮮明。即使是最受人撻伐的「充軍童子」制，也有正面的意義。通過這條管道，最卑下的鄉巴佬都能夠擢升到政府裡面最高級、最有權勢的職位。許多人便是如此發跡，而且是一人得道、雞犬升天，家人同蒙福蔭——這種社會流動的形式，在當時基督教世界的上流社會是不可能的。

鄂圖曼帝國在許多方面對歐洲造成影響。長期以來，歐洲人懼怕鄂圖曼帝國，視之為可怕的敵人，而這種恐懼，正是使危機長期以來無法去除的原因。對生意人、製造商以及後來的金融業者來說，鄂圖曼帝國是個財富豐厚且日益開放的市場；而對許多其他人來說，鄂圖曼帝國也是個強勁且充滿魅力的國度——這一點上亦與現代的對抗略同。失望者與野心家，都受到鄂圖曼帝國所提供的契機所吸引，其中不少在鄂圖曼帝國奉職，締造了豐功偉業——歐洲人喊這些人為「變節分子」，而回教徒稱他們為「找到正道者」（muhtadī）。受到壓迫的農民也殷切盼望領主的敵人到來。馬丁・路德（Martin Luther）在其一五四一年刊布的〈對於反土耳其祈禱的勸誡〉（Admonition to prayer against the Turk）裡面提出警告：窮苦大眾受到貪婪的王公、地主及城鎮民眾的壓抑，與其在像這樣的基督教徒統治之下生活，他們可能早就巴不得在土耳其人的統治下生活。甚至於維護既有秩序的人士，也對土耳其帝國在鼎盛時期的政治與軍事效率印象深刻。歐洲人討論土耳其威脅的作品中，很多談的是土耳其秩序的優點以及擷英之方。

蘇里曼大帝在匈牙利地方進行塞革德（Szigétvár）圍城之役時，卒於營帳之中，時為一五六六年九月五日到六日晚間。此誠危急存亡之秋。戰事仍在進行，勝負未知，而大位繼承人遠在他方。大宰相決定不發布素檀的死訊。蘇里曼的屍首有部分經過防腐處理，安放在一頂轎輿裡頭，搬運了三個星期。直到消息傳來，新素檀謝利姆二世已經穩當地在伊斯坦堡登基，蘇里曼的死訊才公諸於世。

在轎輿簾後號令諸軍的去世素檀，是個象徵；而耽於美酒、昏憒無能，在土耳其史書中被稱做「酒鬼謝利姆」（Selim the Sot）的新立素檀，則是土耳其政府與帝國國運衰頹的預兆。鄂圖曼軍隊自維也納撤回，鄂圖曼艦隊也自印度洋撤軍。鄂圖曼軍事強勢的壯盛表象，曾經遮蔽了該國國力下衰的真象。而在伊斯坦堡，幹練果決的素檀穆拉德四世（Murad IV, 1623-1640）和後來兩位傑出的大宰相，有效地制止了國內動亂，還在戰場上打了幾場勝仗。這兩位大宰相是阿爾巴尼亞人麥何密・柯普呂（Mehmed Köprülü）與阿合馬・柯普呂（Ahmed Koprulu）父子，兩人在一六五六到一六七八年間為相。一六八三年，土耳其人在新任大宰相、也就是阿合馬・柯普呂的女婿喀拉穆司塔法大人（Karamustafa Pasha）的領導之下，甚至能夠再次出征維也納。

但是，這來得太晚了，鄂圖曼王朝這次戰敗是決定性的、也是最後的一次。鄂圖曼國再次給歐洲帶來困擾，上一次是因為強盛，這次則是因為衰微。這個困擾，後來被稱做「東方問題」（Eastern question）。

第四部——橫剖面

第八章 國 家

按照回教徒的說法，先知穆罕默德在他的阿拉伯家鄉向異教王公發出書函，告知他們自己的行教使命，並且召喚各人皈依回教。會收到這類書函的，有不少君王、總督、主教，不過其中最重要的是列名為「凱撒」與「霍司祿」的，那也就是二分中東的拜占庭皇帝與波斯皇帝。

「凱撒」指的自然是身在君士坦丁堡的皇帝，羅馬諸帝的繼承者，而從君士坦丁皇帝時代開始，他又是一個基督教帝國的主君。這個新生教義對於帝王尊榮本質的理解，由聖智堂（Church of Holy Wisdom）的助祭阿格佩圖（Agapetus）加以宣示——聖智堂在希臘文中叫做「杭吉亞·索菲亞」（Hagia Sophia），它在西方以義大利文名稱「聖索菲亞」（Santa Sophia）聞名於世。在公元五三〇年左右，阿格佩圖有一次向查士丁尼皇帝致詞，他說：

> 閣下，您有著超乎諸般榮耀的尊貴身分，亦將全部榮耀歸於給您如此尊榮的上帝；祂依照天國的形態，將俗世權力的寶杖交給您，此項權力的目的，是要您教導人們堅持公理正義，要您懲治那些悖犯此項公義者的人的咆嗥，在公義法則的王權之下謹守本分，對於子民則做個有為有守的國王。[1]

在崇拜偶像的羅馬，皇帝是國王也是祭司，在某種意義上他還是神明。君王在皈宗基督教之後不再自稱有神性，而信奉基督教的皇帝們也開始認識到帝王職能（imperium）與教士職能（sacerdotium）的分際——雖然這說不上是分立。政治與宗教的劃分，用現代的用語來說則是「施政體系」（State）與「教會」（Church）之間的分野，就是連在福音書裡，也寫得很明白：書中稱基督教的創教人吩咐其信眾「凱撒的物，當歸給凱撒，神的物，當歸給神」（馬太福音第二十二章第二十一節）。為兩者劃下了清楚界線的，很顯然是君士坦丁皇帝。君士坦丁所著的第六篇短文（novella），記錄的是皇帝對君士坦丁堡總主教（Patriarch）的講話，談的主題是主教與其他神職人員的任命事項。皇帝在前言中明說：

> 人類蒙受的最大福蔭乃上帝的贈與，這些贈與由於上天的慈悲而頒給我們——教士集團與

皇室當局。教士集團掌管屬靈的事，皇室當局則統轄人事並勤於政務。不過，這兩者皆出自一個源頭，並且是同樣的源頭，兩方皆使人們的生活璀璨生輝。[2]

稍早的拜占庭主政者，仍舊沿用著「大將軍」（Imperator）、「凱撒」（Caesar）、「奧古斯都」（Augustus）這類的羅馬頭銜。後來的拜占庭皇帝通常由兩個希臘名詞來指稱：「巴希留」（basileus，君主）和「奧圖克拉圖爾」（autokratōr）[3]。帝王為了強調其統治權的本質，皆「奉主耶穌基督之名」（en onomati tou Despotou Iēsou Khristou）[4]頒發詔書。在拜占庭帝國，皇帝通常對教會以及國家都負有終極的責任，他有責任認可教會當局所界定的「正確見解」並付諸實行——「正確見解」的希臘文是orthe doxa，來自柏拉圖（Plato）。

在基督教紀年的頭幾個世紀，身在君士坦丁堡的皇帝們認為自己的使命是普世性的。皇帝既

---

1 Ernest Barker, ed. And tr., *Social and Political Thought in Byzantium from Justinian I to the Last Palaeologos: Passages from Byzantine Writers and Documents* (Oxford, 1957), pp. 54-5.

2 Barker, op. cit., pp. 75-6.

3 譯按：今英語之autocrat，自決的主宰者。

4 譯按：Despotou在此時還沒有發展出後代「專制君主」的意思，古希臘文用法是指lord或master。

然是一個皇權帝國的主君，又是上帝降下的獨一真教的元首，因此，把帝國和平與基督教信仰帶到世界各地便是他們的工作。拜占庭的禮部，給皇帝冠上「世界統治者」（kosmokratōr）、甚至於「古今統治者」（khronokratōr）的名號。在拜占庭這個普世性皇室統治權的各種徽章紋飾之中，金幣是最具有說服力的。這些金幣叫做蘇勒德斯（solidus）或迪納里厄斯（denarius），幾百年來都只奉羅馬帝國「凱撒」之名，或拜占庭帝國「奧圖克拉圖爾」之名鑄造。這些金幣流通全世界，普受公認。

第三世紀的紛爭與亂象使得拜占庭皇帝們統御的王國縮小，軍事與行政組織也受到削弱困乏。君士坦丁皇帝革新國政，嗣君也繼續奉行而面目一新，恢復了帝國政府的力量與效率，使得帝國政府撐過了接下來的危險與敗仗。新政影響到首都和諸省兩方的行政。中央的行政劃分成幾個部門，各由具有專門知識的公務員執掌，處理的事務包括國防與國家安全、法院與外交政策，當然還有財務。拜占庭帝國諸省面積都縮小了，因此數目增加，分隸於四大區（prefecture），四區各由一位地位僅次於顧問元老的高級督察（prefect）統轄。這些督察在財政與軍事方面都有著相當大的權力與高度自主權，不過他們都個別向拜占庭皇帝負責。

全新體系的有效與否，要看軍事組織的成效。新制中有一支直屬皇帝本人的正規軍隊，其機動性強、訓練精良，聽命於皇帝去對付國內的亂黨或是外來的敵人。

外來的敵人中最重要的，自然是波斯王，他是唯一能與帝國當局相峙的。波斯王沙普爾一世在一篇公元二六〇年的銘文裡表揚自己對羅馬戰事的勝利。他自述道：

> 我，主子沙普爾，崇敬馬茲達（Mazda）者，伊朗和非伊朗地方的諸王之王，乃諸神苗裔，伊朗的諸王之王、諸神苗裔、崇敬馬茲達的主子阿達弘爾之子，帕巴克（Papak）之孫……吾乃伊朗地方的主君。[5]

沙普爾對羅馬之戰的確是大獲全勝，不過在接下來的幾個世紀，伊朗國嚴重地削弱，而羅馬國在重組後國勢寖強。

霍司祿一世（Chosroes I, 531-579）又稱做「安努席萬」（Anushirvan），即「偉大的靈魂」，他當朝之世乃是革命性抗爭與革命性轉變的高峰期。在霍司祿父王、也是先君卡法德（Kavadh, 448-496; 499-531）的時候，有一種共產性質的運動興起，領頭的是宗教異議分子馬茲達克（Mazdak），他可能是位摩尼教徒。此運動一度得到國王的保護，可能是用來當武器對付封建諸

---

5 Text and translation in M. Back, *Die Sassanidischen Staatsinschriften*, Acta Iranica 18 (1978), pp. 284-5.

侯。霍司祿則恢復了秩序，天下稍得安寧。在整治了馬茲達克分子之後，霍司祿一世著手重組施政體系、行政機構和軍隊。他在這方面初步取得了一些成果，於是開啟兵強馬壯的時代。

可是，波斯帝國動搖到的是國本。帝國的封建架構受到破壞，代起的是軍事獨裁政體加上永久受薪的軍隊。特權階級仍然享有賦稅豁免，不過他們開始愈來愈依賴國王，生活比以前更繞著宮廷打轉。然而，轉變的歷程尚未走完。古老的獨立自主精神意志頑強，貴族們在霍司祿去世之後，又再度對王權構成威脅。在第六世紀內憂外患之中，甚至連軍事指揮權也成了長期的封賜（fiefs）。亂世中出現了一種由將領們主導的新式軍事封建體制，然而卻來不及加以切實鞏固。

第七世紀早期信奉回教的阿拉伯人入侵伊朗之時，伊朗的中央政府正在解體，治理各省的是世襲的封土邦國親王。回教軍隊先是打敗了王軍，再逐一擊破封土親王，領地併入哈里發的邦國之中。薩珊王朝在最末的一百年有社會和經濟上的危機，同時又有教亂。一連串的祆教異端競相挑戰祭司與皇帝體制，犖犖大者為摩尼教及其各支派。這些運動雖然從來無法造成江山易手，但也減弱了祆教宗教機制的和諧與威信。

這就是回教徒所碰見的薩珊體系，也是阿拔斯哈里發朝部分政治制度所本的模範。其特徵為專制君權由廢立刺弒所左右，由繁複典儀所維持——後者讓阿拉伯征服者看得眼花撩亂。薩珊體系也留下了另一項遺產，那是官府層面的，也是神職層面的。舊制波斯封建諸侯的僅存者，在軍事上已經不夠效率，在武事上甚至是無足輕重。然而貴族世家透過官僚體制，仍然掌有權力和影響力；波斯貴族書吏階層的本領和態度，在回教時代風華再現。

波斯人對於王權（kingship）的理論，基本上是宗教取向的。薩珊王朝和帕提亞王朝十分不同的是，前者引進了一種國家教會，而這個教會再回過頭來聖化了皇權，並且在社會與政治生活中十分活躍。這個教會由職責劃分極為細密的教階組織來經營，大祭司（High Priest）主掌最高威權。他們不只掌管屬靈的事務，也有俗世的威權，有土地，有什一稅收入，有獨享權益。教士集團裡的高階人士，同時也屬於上流社會，因此形成了一種「教袍貴族」（noblesse de robe）。

薩珊王朝治下的波斯，是個顯著的貴族社會，在這個社會裡面，身分地位完全出自於封閉的上層社會。這樣一個社會是有缺憾，但也有其優點，值得注意的是希臘—羅馬世界普遍欠缺的行俠仗義（chivalry）傳統和進退合節（courtesy）的風度。

公元第六世紀的諸般動盪，大大削弱了波斯政權的貴族基礎。回教帶來的民主化進程，進一步把這個基礎完全掏空。

對照拜占庭和波斯這兩個阿拉伯人打敗的邦國，或許有助於我們了解。兩者在地理方面非常相像。兩大帝國的主要基地都在高原之上，而兩個高原上的強勢語言和強勢文化，正是這兩個帝國主體民眾的語言和文化——安那托力亞高原上的強勢語言為希臘語、行基督教文化；伊朗高原上的強勢語言為波斯語、行祆教文化。兩個帝國都控制了接壤的鄰近土地，而居住在那裡的民眾的語言與宗教信仰，都和兩個帝國的強勢代表不同。拜占庭帝國在敘利亞地方的屬民，波斯帝國在伊拉克地區的屬民，基本上都是說亞蘭語的基督教徒。拜占庭人在敘利亞地方還得面對各個教會裡的異議小團體的對抗。這些小團體漸漸發展出各自的教階體制、自我認同和典儀用語。

最驚人的差異是兩國帝都所在的地理位置。君士坦丁堡位於安那托力亞高原的那一端，有高牆屏障，安全無虞。阿拉伯人多少次進攻都打不下君堡，拜占庭帝國則得以重整戰備，再撐上幾個世紀。薩珊王朝的首都是伊拉克地區的泰西封城，位於接近伊朗高原的那一邊。該城在六三七年第一波襲擊中就陷落了，此後波斯大員雖仍帶著自己的部隊，卻沒有一個可供編組與規復的聚合地點。

阿拉伯人在擴張過程當中，碰上兩個很不一樣的皇權國家，即羅馬傳統與波斯傳統。阿拉伯人深受兩者的影響，但影響層面卻不一樣。阿拉伯回教徒入侵者和那些前後吞噬巨型帝國的其他侵略浪潮，也有個重大的分別。入侵西羅馬帝國的日耳曼民族遇上的是一個政權和一個宗教，即羅馬帝國和基督教會，各有其體制、階層和法律。這些侵略者至少在原則上認可了雙方，企圖在羅馬政權和基督教權力體制這個二元架構當中遂己之私。西羅馬帝國的皇帝成了蠻族主子的傀儡，不過蠻族仍然認為這個傀儡把戲還玩得過，於是縱使西羅馬帝國最後無疾而終，新的「神聖羅馬帝國」也已經在時光流逝當中創建於日耳曼地區。侵略波斯與拜占庭帝國的阿拉伯人則作風兩樣，他們甚至連舊秩序的形式都可以不去掉——或許這才是著意之處——便創建起他們自己的治國體制。但是，後來從東方來到、進入、並占領回教諸國的侵略者的作法，就比較接近日耳曼民族在歐洲的作法。突厥人、甚至於皈信回教後的蒙古人，都保留了回教信仰的諸般體制以及哈里發國與素檀國的架構，引為己用。就像拉丁語文在西方世界一樣，阿拉伯文和波斯語文在東方世界，也受到新主君維護，甚至於受到新主君的欣賞。

回教徒和其他人一樣，治事、收稅、作戰。他們做得比其他人多的，是把宗教牽扯到每件事情上去，特別是在基督教徒經驗與回教徒經驗這件事上，更是天差地遠。直到君士坦丁皇帝皈信之時，三百年來基督教徒都是弱勢團體，總是遭到當局的疑忌，也經常受到當局的迫害。在這段時期，他們發展出本身的體制，就是後來的教會。然而回教的創建者穆罕默德，就是他自己的君士坦丁。在他在世之時，回教已成為政治上與宗教上效忠的對象，先知在麥地那的社群也成為一個政治實體（state），先知自為執政，統轄一塊地方，也統轄著一群民眾。關於穆罕默德作為一個主政者時的所作所為的追述，在古蘭經以及最遠古的敘述之中皆奉為珍寶，這些記載，也組成了天涯海角回教信徒歷史自覺的核心部分。

因此，對於先知穆罕默德及其友伴而言，在「上帝」與「凱撒」之間抉擇其一，這個困惑了許多基督教徒卻不曾困惑基督教的陷阱並不存在。在回教徒的勸示與經驗之中並沒有「凱撒」。上帝是邦國之首，穆罕默德為所遣先知，代祂傳行教化、治理眾民。穆罕默德作為一位先知，沒有、也不能有後繼者。然而作為回教政教合一群體的最高執政者，穆罕默德則有一長列的哈里發克紹其裘。

嘗有此說，曰哈里發是邦國與教會的元首，集教宗和皇帝於一身。這種用西方術語和基督教術語所做的描述是誤導的。沒錯，回教世界是沒有像基督教帝國裡那樣的「帝王職能」與「教士職能」的分際，也沒有劃分開來的教士機構，沒有別於元首與教階層級的「教會」。哈里發職位總是被界定為一個宗教職位，而哈里發的至高任務是保衛好先知穆罕默德的遺教，並且切實執行「聖律」。可是，哈里發並不具有教宗的功能甚或是主持聖事的功能，哈里發無論是在培育方面或專業能力上，都和回教教師搭不上關係。哈里發的職責既不是說明信仰，也不是詮釋信仰，而是奉持信仰與保護信仰——也就是，創造環境條件使其臣民能夠在此生過個好回教徒的生活，並且為來世預做準備。要達到這個目的，哈里發得要在回教邦國的疆界之內，好好地維持上帝頒下的「聖律」，並且捍衛邊疆，當情況允許之時再拓展邊疆，待得全世界都在回教光明的照耀之下，則大勢底定。回教史學用阿拉伯語詞「符突合」（futūḥ）指稱早期的征服行動，這個語詞字面上的意思，便是「開端」。

哈里發有好幾個名號，象徵其職務的不同層面與不同理解。神學家與法學家通常稱哈里發為「伊瑪目」，即「領導人」，其原始意義是回教徒祈禱時的帶頭人。哈里發的政治與軍事地位則由amīr al-mumin'īn這個名號指明，這個名號通常翻譯做「忠誠者的統領」，這也是最常用到的名號。「哈里發」（khalīfa）這個名詞是歷史學者常用的，也經常出現在錢幣上面。就理論上來說，以及就先知穆罕默德過世後頭幾百年的實際情況來看，天下只有一個回教社群，由一個政府治理，而哈里發正是其元首。回教世界的主事頭銜和基督教世界的主事頭銜不一樣，在正常的情況之下，不會用作領土或民族指稱。在回教世界的名號中，沒有與英國國王、法國國王、西班牙國王，或其他西方王國的國王同等的稱呼。當十六世紀土耳其國的素檀和伊朗國的沙王大打出手時，雙方則把這些國王名號加在對方的身上以示輕蔑，絕對不會用在自已身上。素檀和沙王在自己的國內，各自是上帝在世間的代表，也是回教徒的統治人。他的對手則是叛教分子、作亂奸民，頂好也不過是個地方上的土王。

在哈里發制度成形的那幾年，早期回教徒思考的關鍵問題為：該誰來做哈里發？此人該如何遴選？其職責為何？其權力的範圍與界限為何？可否罷黜此人？該誰來承繼此人？這些問題都經過密集的討論，有時候，法學家和神學家也不時發生嚴重的齟齬，爭執宗教律法與宗教教旨的原理原則，引用早期哈里發國的實際經驗。什葉派主張，哈里發職位應該是從先知穆罕默德一系世代相傳，所以除了阿里和阿里的兒子哈珊兩人的短暫統治之外，其他所有的哈里發皆為僭奪。比較廣泛受到接納的遜尼回教徒的看法，則認為哈里發乃以推選產生，舉凡先知穆罕默德所屬部落——即古來氏的成員——都有應選資格。遜尼派的法學家根據古代阿拉伯部落選擇新領袖的作法，擬出了一套推選方式。推選團的人數和成員、推選的程序，從來就沒有準確可靠地界定下來。一些法學家認為，所有合資格的推選者都應該一致，但是卻沒有界定資格為何。另一些法學家提出團員的法定人數，五位、三位、兩位，甚至一位不等。到了下一個階段，則是承認所謂的一位推選者可以就是當朝的哈里發，他便可以因此提名其子息作為儲位。

這些教訓與爭論，反映了虔敬的法學家雖然是滿腔不情願，還是接受了政治現實。哈里發制作為一個體制，其演變可以分為四期。第一個時期，是現代史家所稱的耆老時期（patriarchal），遜尼派回教徒稱之為「受到正確指引」的哈里發時代。在這第一個時期的四位哈里發，大致上皆由其前任或是同事選定，沒有一位是根據世襲權利繼承大位的。但是，耆老哈里發時代在弒主與內戰當中結束，因此也實驗了推選式執政。此後，哈里發職位在烏邁耶與阿拔斯兩個相承的朝代，縱使不在理論上也是在實際上成了子孫相承的職位。推選的原則一直也夠堅定，防止了任何關於繼承的固定規則，譬如歐洲君主政體的長子繼承法則的產生與受到認可。在其他方面，政府的體系和格調都愈來愈像那些被回教所征服的古代帝國，而愈來愈不像在麥地那的先知社群。

早期哈里發能行使的權力與先輩後代的專制權力相去甚遠。它受到回教政治倫理以及古代阿拉伯地方反對權威的習性與傳統約束。一位被認為是先回教時期阿拉伯地方詩人的亞碧（ʿAbīd ibn al-Abras），在其詩作中稱其部落為「喇尬」（laqah），這個詞彙按照古代的註釋家和辭書編輯人的解釋，指的是一個從來沒有臣服於君王的部落。亞碧對於族人有自矜的描述，這使得他的意思更為明瞭：

> 他們拒為國王奴僕，從未受人管束；
> 但當戰時需要援助，眾人愉悅應募。[6]

古代的阿拉伯人和〈士師記〉與〈撒母耳記〉中描畫的以色列人一樣，不信任國王和王權體制。阿拉伯人對於周遭各國的君主政體心中了然，而某些阿拉伯人還被導引步上該途。阿拉伯半島南部諸國有國王，北方的邊境公國也有國王，可是這些都在不同程度上處於阿拉伯本土的邊緣地帶。南方的定居王國用的是他種語言，屬於不同的文化。北方的邊境公國雖然都是真材實

---

6 *The Diwans of ʿAbīd b. al-Abraṣ*, etc., ed. And tr. Sir Charles Lyall (Leiden, 1913), pp. 81 (Arabic text), 64 (trans.).

料的阿拉伯公國，但它深受波斯與拜占庭的帝國作風影響，呈現出古代阿拉伯世界中有點異質的元素。即便是在部落之間，人們並不是完全沒聽說過皇室頭銜。現存最早的阿拉伯語銘文是公元三二八年的一篇墓碑碑銘，出土於敘利亞邊境地帶的納摩拉地方（Namāra），銘誌依姆路蓋士（Imru'l-Qays ibn ʿAmra）為「全體阿拉伯人之王（king），頭戴冠冕並降服阿薩德（Asad）與尼察爾（Nizār）及其諸王者」。墓誌銘的結尾，聲稱直到此時都沒有一個國王「做到他所做到的」。[7]這篇墓誌銘裡所銘誌的國王，可能統治著其中一個邊境公國。

先回教時期的阿拉伯半島歷史人所罕聞，並且包裹在種種神話與傳說之中。阿拉伯歷史紀錄保留了一項關於嘗試建立君主政體的記述，那是公元第五世紀末到第六世紀初勃興的短命金達王國（Kinda）。金達王國解體了，阿拉伯半島上的定居民和遊牧民皆普遍敵視君主政體。就連在綠洲小鎮麥加，阿拉伯人也傾向於由彼此徵詢意見的領袖們來領導，而不是由君主來指揮。這種對君主政體之不表信任，普遍反映在古蘭經和傳統誡條之中。阿拉伯語彙「王」（malik）出現時是一個具有神性的描述語，因為如此，便有上天賦予之聖潔性。可是，當「王」這個語彙用在人類身上的時候，它經常有著負面的意涵。故此，舉例來說，「王」在古蘭經中就經常用來指稱法老（Pharaoh），法老王乃不義與橫暴的典型（第十八章第七十節、第七十九節）。在另一段文字中，示巴女王（Queen of Sheba）與所羅門王對話，評論說：「諸王每入一城即大掠之，使城民至貴者淪為至卑賤者，此其作為也。」（第二十八章第三十四節）早期的回教徒非常清楚在他們的時代於拜占庭和波斯實行的帝國君主政體的性質，他們相信先知創立的邦國和先知卒後由其繼任人哈里發治理的邦國，代表了新式、不同的東西。當他們看到人們想要把回教的宗教領導權轉化成新立的帝國，更是憤慨不已。賈希茲（al-Jāhiz）這位第九世紀早期的作者，就在一份肯定阿拔斯家族替代烏邁耶家族的小冊子中，視穆阿維耶為始作俑者：

> 然後穆阿維耶就掌握了大權，自為單一的統治者，自外於其他的徵詢顧問與回教徒的社群，包括「輔士」（Helpers，指麥地那人）與「遷士」（Migrants，指麥加人）。時在他們稱做「團圓年」（the year of reunion）的那一年。但是那並不是個團圓年，倒是個分裂、武力、壓制、暴行之年，從這一年開始，伊瑪目國變成了像霍司祿的王國，而哈里發國變成了像凱撒的專政。[8][9]

---

7 *Répertoire chronologique d'épigraphie arabe*, vol. 1 (Cairo, 1931), no. 1.

8 *Al-Jāhiz, Rasail*, ed. A. M. Hārūn (Cairo, 1964-5), vol. 2, pp. 10-1.

9 譯按：「霍司祿」和「凱撒」在此皆作廣義解。

賈氏把這些轉變都歸給穆阿維耶，是有點稍欠思量。不過，他很準確地勾勒出烏邁耶時代末期正在進行的轉變歷程，而且諷刺的是，圓滿完成這個轉變歷程的，是賈希茲汲汲為其立場辯護的阿拔斯系哈里發們。

文中提到的「徵詢顧問」（counselors）——字面上意為「樞拉」（shūrā）的成員——別有意義，並會令人想起回教前期的傳統，還有先回教時代的傳統。稱做「雪赫」（英文做sheikh，阿拉伯文做shaykh，意為「長老」）或是「賽夷」（sayyid，意為主人）的領袖們。在先回教時代的阿拉伯部落，其在位任期要看他能夠維持多久「那些繫上及解開」的人依其自由意志給與的同意而定，也就是說，那些年高或德劭的部落成員可以指派領袖，也可以解除其職務。領袖的作用就像是同輩中的首要成員，糾紛的仲裁人。只有在戰時，領袖才得到實際的統帥權，也只有在戰時，允許領袖行使實際的統帥權。無論是在平時或是戰時，領袖在履行其職責之際，皆應按照本部歷代相沿的習俗斷事。

選擇一位新的部落領袖，並不拘於繼承法則，即使是在實際運作時，往往只在一個家族的成員中挑選。部落的領袖，通常是從一個人們視為高貴的特別家族中選出。這個家庭往往是既高貴、又神聖的，而雪赫家族的後人，可能也享有世代監護本鄉祭祀場所或是一件神聖物件的權利。領袖的選擇是及身的，配合個人的資望——也就是激發忠誠與維持忠誠的本領。部落領袖用來維繫自身地位的是德望，未必是威權。隨著回教信仰的確立，原先就已存在的反君主政體、反世襲王朝的觀感，又受到回教信仰中呈現的反貴族情緒增強。這種反貴族情緒表現在信眾平等友愛，以及把宗教情操或是個人操守放在第一位。推選繼承這項要旨，雖歷經哈里發國實際存在時期的諸多演變，仍舊在遜尼理論與法律哲學當中珍若拱璧，而推選這個虛擬的理念，由於逐漸採取統治者提名自己的繼承人這種形式，故得在後世的哈里發朝代一直保留下去。

早期的回教徒明明白白地把哈里發制度看作是同類型領導權的擴大版與擴充版，像是一種超雪赫的體制。領導權不再是為一個部落，而是為聯合起來組成回教政治社群的所有部落，回教信仰和回教律法在這個政治社群裡面逐漸地增補、容納、改編、替代了原有的部族習俗。在戰事不斷擴大、打個不停的時代，舊制中原已存在的領袖統帥功能，則顯出了新的重要性。

部落領袖的職責之一，是主持本部顯貴的集會或會議，這種會議叫做「馬只里斯」（majlis），有時候也稱做「甲瑪阿」（jamāʿa）。「馬只里斯」的原始文義，是人們兀坐的地方，而「甲瑪阿」的原始文義，是聚會或集合。古代阿拉伯地方的「馬只里斯」，似乎是一種寡頭的會議運作，領袖在會中用顯貴人士協助施行賞罰、制訂政治決策、接待外賓、聆聽詩文，並主持關於時下熱門話題之討論。這種作法在早期哈里發時代仍然保持下來，當時它在禮節和儀式方面都有更精確的規範。當哈里發帝國的幅員不斷增廣，哈里發帝國的政治生態日趨複雜，舊式的「馬只里斯」便不敷時用。哈里發穆阿維耶為了提名自己的兒子雅系德作為儲君，需要各方支持，於是派出使節（wafd）去爭取有影響力的阿拉伯部落領袖，也接見報使。他這麼做，是爭取讓雅系德繼任的保證，但是這些支持的分量，並沒有大到可以讓雅系德免打那場確登大寶的內戰。以徵詢的形式選出繼任人最模範的例子，是為人津津樂道的「樞拉」推舉團，那是烏默爾在臨死榻上所指派的。這個程序雖然被奉為經典，卻從來沒有重演過。

古蘭經中有兩段經文經常被徵引來說明統治者負有廣咨眾議（consultation）的義務，分別是第三章第一百五十三節與第四十二章第三十六節。回教文人拿廣咨眾議與個人專斷獨裁的統治相比，稱許前者，譴責後者。有相當豐富的史料支持廣咨眾議一事——有語錄學家記錄的先知教訓與作為，有註釋家對於古蘭經裡關於廣咨眾議的詳盡說明，還有眾多以阿拉伯文、波斯文與突厥文寫作、主理法律與書記事務的後代記事者也支持此說。一般來說，回教教師力言應徵求教師的意見，而官員也很堅持應該徵求官員的意見。但是，人們在推崇集思廣益、譴責專斷統治的時候，並沒有大力推動前者，也沒有禁制後者。世態的趨勢，是邁向領導者或其代理人有更多而非更少的個人權勢。

政府性格的越發集權和得勢革命分子的日生失望，生動地呈現在一則幾位古典時代的作者都引述過的文字中。他們所引述的，是支持阿拔斯家族的蘇得甫（Ṣudayf）不滿意烏邁耶朝覆亡與阿拔斯系登上哈里發大位這兩件事所造成的轉變：「我們的戰利品天生是大家分享的，如今成了財主大富的外快。我們的高層決策原是集思廣益的，如今成了專斷獨裁。我們的繼承方式原是由社群公選，如今竟以代代相傳。」[10]

即使是在再專制的主政者底下，某些類型的公眾集會仍然相循不廢。各朝的哈里發都有公眾座談，不同社會階層的代表們可以在這種座談會中面見統治者，或者是代表他的高級官員，也可以提出陳情。尋覓賞識者的詩人與學者也可能獲准參加，從而平步青雲。這些程序令把關者——管家或是其他人士——具有影響力，有時候還握有權力。「勤政廳」（dīvān-humayun）到了鄂圖曼時代已演變成制度。至遲在十五世紀早期，素檀就已經定期地主持重臣集議。在素檀去世而新王未至之間，「勤政廳」可以事急從權，由重臣們自行召開。素檀不親自主持會議，似乎是從麥何密二世開始的，他把這個職責交給了大宰相。一則鄂圖曼史家敘述的軼事中稱，職責轉移的緣故，是某日一位有苦況申訴的平民來到「勤政廳」，對著滿堂達官貴人說：「你們當中哪個是素檀？我要告狀。」素檀怒其無禮，大宰相就在旁建議，說要是素檀不親身來到勤政廳上，則可以免除此等尷尬。換個方式，素檀仍可以透過格子窗門（grille）或是一道屏幕，觀察議事的過程。[11]

---

10 Ibn Qutayba, op. cit., vol. 2, p. 115.

11 Mustafa Nuri Pasha, *Netaic ül-vukuat* (Istanbul, AH 1327), vol. 1, p. 59.

無論這則軼事的真相為何，素檀不再到場一事，受到麥何密二世頒布的程序法則所確認。程序法則清楚寫明素檀坐在屏幕的後方。這種方式一直延續到蘇里曼大帝的時代，蘇里曼大帝連在這個形式下的勤政廳會議都不出席了。在十六世紀之時，「勤政廳」固定每週開會四次，破曉開議，處理大大小小的政事。上午一般專供公眾座談，特別是聽取陳情與申訴，並由「勤政廳」中的相關成員，或由大宰相本人做出裁決。到了大概晌午時分，陳情大眾和外界人士都退下了，勤政廳諸公便進用午餐，然後再繼續討論還沒處理完的事務。當時的描述說明了這個集議組織純粹是博採眾議，取決大權在大宰相以及上位的素檀。大宰相在處理特殊問題的時候，會向相關的勤政廳成員詢問資訊並請教可行的建議，不過他所諮詢的對象並非勤政廳全體成員。行軍事務會問新軍的管帶（aga）[12]，海事會問「喀浦丹」大臣（kapudan pasha），法律事務相詢大法官，餘此類推。

鄂圖曼朝的集議組織更為精緻與制度化，在某些方面反映出鄂圖曼時期的資訊取得比較全面，品質也較佳；同時也反映了局勢的變化。先是突厥人，再是蒙古人，這些草原民族來到中東地區之後，我們才開始在回教歷史上看到把顧問會議定期化與恆久化的事例。據稱統治波斯的蒙古君王循例召開王公顯貴大會，會議由宰相來主持。這個會議在波斯文中叫做「大聚會」（dīvān-I buzurg），可能是遵照蒙古部族會議「庫利爾台」（kurultay）的模式而來。統治波斯地方的後蒙古時期統治者，依舊召開這種會議，波斯史料與外間史料都證實了這種會議運作如常。在埃及的馬木祿克王朝，似乎也有某種高級官員的層峰會議，不過到了馬木祿克王朝後期，提到這種會議的史料就極為罕見了。

在鄂圖曼帝國之內，除了有既定成員資格、固定聚會次數、規定議事程序的「勤政廳」以外，尚有另一種集會叫做「集議庭」（meshveret，諮詢），此詞的阿拉伯語語根與「樞拉」同源。這個稱呼不會用來稱呼勤政廳，指的是因特殊情況由素檀或是大宰相召開的軍事重臣與其他顯貴的集會與聚議，商討特定的問題。在十五世紀巴爾幹戰爭期間，史料就經常提到這種「集議庭」。「集議庭」在十六世紀和十七世紀都有召開，到了十八世紀末期危機重重之時，召開非常頻仍。一項鄂圖曼時代早期的歷史敘述甚至把鄂圖曼王朝立國也歸因於一次「集議庭」。根據這個版本，袞袞諸公（bey）[13]在一次集議庭上會聚一堂，推選領導人：「經過冗長的討論之後，他們選中了鄂斯曼公爺，請他擔任他們的首領。他接受了。」[14]這則故事可能是也可能不是鄂圖曼

12 譯按：這是一個突厥、蒙古語族的共通語詞，原義為「兄長」、「大哥」，衍生為「老大」、「帶頭人」，在草原民族西來之後，也廣泛使用於中東近東地區，如 Aga Khan 者。

13 譯按：應轉借自突厥語 beg，為部落長老、首領或德高望重者，不可與有官職的 pasha 混為一談。

14 Lûtfi Pasha, *Tevarih-i Âl-i ʿOsman* (Istanbul, AH 1341), p. 21; Yazicioglu Ali, *Selcukname*, as cited in Agah Sirri Levend, *Türk Dilinde Gelişme ve Sadeleşme Safhalan* (Ankara, 1949), p. 34.

邦國誕生的真實紀錄。不過，即使這是一則傳說，早期的鄂圖曼記事者擷選了這麼一則傳說而在王朝正史中奉若珍寶，這個事件本身就有著一定的意義。

阿拔斯哈里發國的專制權力一方面在上升，巴格達城哈里發的個人權力也一方面在消滅。從第十世紀以降，昔日為整個回教世界一致公認的「忠誠者的統領」，發覺自己在各省、首都，最後甚至於宮殿之內都逐漸喪失了指揮實權。

這種歷程從遼闊的回教帝國的偏遠省分展開，終至於蔓延全境，只有首都的近畿範圍不受波及。哈里發用一種權力分散的方式，一度保持著中央政府掌管地方的領導地位，即把政事、財務、交通交給不同的長官主理，三者皆向巴格達直接負責。各省總督總領軍事，並且負責維持邊境與城內的秩序。理財官員負責收集稅金和貢賦，在支付了地方開銷之後，將所得淨值轉送巴格達的財政部門。郵驛官員負責維護帝國的傳驛服務，定期向身在巴格達的郵驛情報主管繳交大事匯報。要是其中一位官員——通常是總督——凌駕了其他兩位，並且成功地把督轄地區轉變成自治的、甚至於世襲的公國，中央的控制就會減弱，往往也就無能為力了。

到了第十世紀，整個原先的回教帝國幾乎都成了這種世襲公國，他們都在名義上承認巴格達的哈里發，在星期五的祈禱中或有時候在錢幣上也提到哈里發的名字，不過除此之外的一應緊要事項，他們都是獨立自主的。當法蒂瑪系崛起，自稱哈里發，並因而挑戰了阿拔斯氏在整個回教世界的領袖地位時，就連那個虛無縹渺的宗屬關係也不存在了。法蒂瑪朝結束之後，對巴格達哈里發的宗屬關係再度恢復，不過，它勉力維持的一丁點重要性，又在一二五八年蒙古人摧毀阿拔斯哈里發國殘餘部分時喪失了大半。埃及的馬木祿克素檀們也一度維持了一系列的影子哈里發，可是他們也在一五一七年鄂圖曼人的征服之下壽終正寢。

實際上當家的不再是哈里發，而是名為「額米爾」的軍事指揮官，自第十世紀早期以降，又稱做「眾額米爾的額米爾」（Amīr al-Umarā'）[15]。這個名號的形式頗堪玩味，很顯然是先回教時期伊朗用語的回響。在先回教時期，伊朗的總指揮官叫做「諸帥之帥」，最高祭司叫做「眾祭司的祭司」，而皇帝自己叫做「諸王之王」（shahanshah）。到了第十世紀中期，統治者甚至用「王」（malik）的名號來描述自己，出現在銘文與錢幣之上。首先採用「王」號的，是一些當時新近崛起的伊朗王朝。接著這些伊朗王朝使用王號的有塞爾柱人、薩拉丁的後人，以及一些小型的王朝。使用這個名號，很顯然並不表示他們認為自己與哈里發或是後來的素檀平行。在這裡，「王」是用來正面表示一個處於不在本地的更高帝國領導人的鬆懈羈縻之下的本土主權實體。在這方面，它的用法大致相等於當時歐洲諸君在神聖羅馬帝國皇帝的虛名高位之下，使用王號的方式。

15 譯按：amir一詞意義繁複，基本意義指武將或武官兼文職者，又延伸為有權有勢者，甚至於異姓諸侯。本書他處依文意譯做「統帥」、「領袖」、「主政者」、「大臣」、「親貴」，僅在此處音譯做「額米爾」。

阿拉伯語的詞彙資源豐富，在它所能提供的眾多選擇裡面挑中這個王室名號的原因，並不難猜測。開始使用這個名號的人，其執政場所是伊朗文化盛行的地方，古代伊朗的君主政體傳統在那裡仍舊十分活躍。伊朗風格的朝儀甚至伊朗式的頭銜，透過有伊朗背景的高級官員的影響力，以及專論朝儀典制的古伊朗文章譯本，強烈地影響到阿拔斯哈里發們自己的朝廷。那麼，這些影響在崛起於真正伊朗地方的新立公國的都城裡，更是強烈。對於回教主政者來說，舊式的伊朗「沙王」（shah）名號始終是隔著一層而且異教味道太重，未便採納，可是這個名號的阿拉伯語同義詞「馬力」（malik）[16]則但用不妨。「眾馬力之馬力」（malik al-mulūk，諸王之王）這個名號出現稍遲，很明顯就是古代波斯「諸王之王」的翻版。一則早期的宗教誡條尤其指摘過這個稱號，根據這個誡條，先知穆罕默德說過：沒有人能稱自己為「諸王之王」，因為只有上帝當得如斯描述。然而步野王朝、艾尤卜王朝與後來王朝的統治者，都採用了這個名號。這裡的意思相當清楚：如果主宰各省的是「王」，那麼主宰都城的就是「諸王之王」了。

就這樣，一個從地方到中央的帝國領導新體系開始出現，這個新體系與哈里發的領導地位相關，不過它奪走了哈里發在政軍事務上大多數的主控權。這個歷程於十一世紀中葉畢竟全功，此時塞爾柱突厥人在幾乎整個西南亞建立了主控權，又創建了後來所謂的「大素檀國」（Great Sultanate）。

「素檀」在阿拉伯語中是一個抽象的名詞，意指威權與統治，從很古老的時候就用來指稱政府，更廣泛的用法，則是指權威人士。在一個君與國往往是同義語的社會裡面，「素檀」可以用來指執政者，同時又指政權的功能，非正式的也用來稱呼朝臣、督撫，甚至於哈里發們，法蒂瑪系與阿拔斯系的哈里發皆然。到了第十世紀，「素檀」成了自主君王的泛稱，和那些由長官任命和解除職務者做一區別——後者已經是愈來愈少見的了。但是，這個用法仍然不是正式的。「素檀」在十一世紀時才頭一遭成為官式的名稱，那是由於塞爾柱人拿它作為其領袖在位的名號。在塞爾柱的用語中，這個語詞有新的意義，也具象化了新的身分，「素檀」不比全回教世界的政治至高領導人差，它還與哈里發的宗教至尊地位平行，至少是平起平坐。塞爾柱人對於「素檀」地位的看法，清楚地表現在塞爾柱素檀山加爾在公元一一三三年寫給哈里發的書信當中：

> 我們從世界的主人那裡，接下了……世界王權，我們因權益與世代相承的關係接掌之，從忠誠者的統領的列祖列宗處接下了棒了……我們有準則，也有信約。[17]

16 譯按：「王」。

17 ʿAbbās Iqbāl, *Vezārat dar ʿahd-I Salāṭīn-i Buzurg-I Saljūqī* (Tehran, 1959), pp. 302ff.

換言之，領導權乃屬於塞爾柱家族，由上帝授與，再由哈里發以宗教領導者的身分正式認可之。素檀制與哈里發制一樣，都是天下獨步而且是普世導向的。誠如天下只有一個哈里發作為回教世界的宗教領袖，天下也只能有一個素檀來維持回教帝國的秩序、安定與國政。這種對哈里發職權與素檀職權的劃分定見是如此的根深抵固，因此在塞爾柱朝衰微之際，有一位哈里發企圖行使一些獨立的政治權力，就受到素檀及其發言人抗議，認為這是侵害到素檀的專門職權。他們說，哈里發理應去忙自己作為「伊瑪目」的職責，也就是在祈禱時帶頭，那可是天底下最上等、最光榮的任務，也保障了治理天下的人；他應當把政務留給素檀們，政務原是交給素檀們去做的。[18]

研究安邦定國的良策與政治行為的回教徒，都十分明瞭這種二元領導的產生。這種警覺，自然是在有實際政務經驗者的作品中看得最明白。不過，就連在神學家和法學家的作品中也能窺見一二。兩組人士都沒有用古時那些信奉基督教的羅馬人對「帝王職能」與「教士職能」的分際來看待這種二分法（dichotomy），也算不上是現代對宗教與世俗之間的那種劃分。素檀職位不比哈里發職位低，人們把它想成是一個宗教性的機構，由「聖律」維持，也維持著「聖律」。施政體系與回教教師之間的關係，在塞爾柱眾素檀及其後繼者的時代親近得多，在哈里發的時代則從未如此親近。哈里發及其追隨者無論如何都不能被視作為教士。在中古回教徒、尤其是波斯文人的眼中，真正的分際是在兩種領導權一個是先知性的而另一個是君主式的，然而兩者都是宗教性質的。先知穆罕默德為上帝所遣，其任務在創制與樹立上帝的律法。先知穆罕默德所建立的政治實體是具有神性的。可是，人類的政治實體就非要有君王來統治不可。這個君王經由政治與軍事的手段來取得、維持、行使其領導權。這個領導權使他可以發號施令，並且在不牴觸上帝律法的前提之下，可以在上帝律法的範圍之外，自行懲治不法分子。每個時代要派一位先知，實在沒有必要，況且在穆罕默德之後便沒有先知，也不會再有先知到來；可是，君王總歸是要有的，因為沒有君王，就會陷入混亂失序的狀態。

人們皆透徹了解宗教道統與政治穩定之間的關係，這個關係也經常表露出來。這個關係由一段權威意見（dictum）一語道破。回教文人經常引用這段話，有時候當它是古老波斯智慧的吉光片羽，有時候甚至認為它是先知穆罕默德的名言：「回教（或宗教）和政府是孿生兄弟，少了一個，另一個也長不好。回教是基礎，而政府是衛士。凡無基礎者皆崩垮，凡無衛士者皆喪生。」素檀會選出一位哈里發，自己任命他作哈里發，再向他宣誓效忠，視之為回教社群的領袖與遜尼團結原則的具體形象。兩種職務之間的分別，或許可以藉白芝皓（Walter Bagehot）的用語來描

18 Ibn al-Rāwandi, *Rāhat-us-Ṣudūr*, ed. Muḥammad Iqbāl (Leiden, 1921), p. 334.

述，那就是政府的「名望」（dignified）部分與「效率」（efficient）部分的區別——用白芝皓的話來說，那是「激起民眾的愛戴並保存之」與「實際運作與統治之」之間的分別。白芝皓談的是英國的憲政體制以及君主政體和議會之間的關係，不過，他的分法用在中古回教世界的情況實若合符節。哈里發代表了威信，而素檀代表了權力。素檀令哈里發有權力，哈里發再回頭來給素檀威信。哈里發當朝而不治事，素檀則既當朝、又治事。

塞爾柱素檀國有好一陣子被當作是獨一無二的普世性遜尼體制來維護與崇敬。塞爾柱素檀國分崩離析之後，「素檀」這個名號就用得更廣泛、更普遍，逐漸成為一個普通不過的遜尼稱號，只要是自稱為一國之君，也不承認其他的宗主，就可以叫做「素檀」。十六世紀初期，中東地區有三個大國，土耳其和埃及兩個，都在素檀們治下，而第三個是伊朗，則由沙王統治。當一五一七年鄂圖曼王朝攻滅埃及之後，末代的阿拔斯系影子哈里發，從開羅被送往伊斯坦堡；數年之後他再以平民百姓的身分回到埃及。在此之後，也就沒有哈里發了，鄂圖曼王朝的素檀們以及在別處仿效他們的小主們，都在自己國內作大王，每一位素檀，都是他自己的哈里發。「哈里發」這個專有名詞，於是成了素檀們一長串尊號中的一個。這時的用法與這個名號舊日的顯赫，已經沒有什麼關聯，一直要到十八世紀末期，才在非常不同的環境底下重獲新生命。

從很早的時候開始，哈里發的政府和素檀的政府底下，都是由一個日益擴大、日趨繁複的官僚機制支持的。早期哈里發留傳至今的文件，揭示了至少在省政方面，仍舊按照和征服之前相差不遠的方式運作。伊拉克與伊朗地方的波斯舊有官僚、敘利亞和埃及地方信基督教的舊有官僚，都仍然待在官位上，像往常一樣記錄建檔、徵收賦稅。根本的不同處，則是如今他們把所得淨值上繳給新的阿拉伯政府。政府施政之阿拉伯化與規範化，創建一個中央的、帝國式的行政體系，應大多是後代烏邁耶朝哈里發們的傑作。阿拉伯史書把中央註冊署的創制，歸功於哈里發烏默爾。建立「註冊署」的基本目的是理財——登錄進帳、編製受薪人名冊，確保俸祿發放快捷確當。據稱，烏邁耶朝哈里發烏默爾二世曾企圖延緩官僚體制的壯大。一位早期辦理行政的史家記載，有一天，哈里發的機要書記向哈里發請求多發些莎草紙（papyrus）：

> 烏默爾回答說：「把筆削尖一點、少寫一點，這樣，理解也快些。」另一位官員上書請發莎草紙，抱怨自己只有一點點紙。哈里發回覆說：「切細汝筆、精簡汝言，視紙量多寡為文……」[19][20]

---

19 Al-Jahshiyārī, *Kitāb al-Wuzarāʾ waʾl-Kuttāb*, ed. Muṣṭafā al-Saqqā, Ibrāhīm al-Abyārī, ʿAbd al-Ḥafīẓ Shalabī (Cairo, 1938), p. 53.

20 譯按：書寫阿拉伯文所用的特殊筆頭取植物莖幹製成，成片狀，故能切削。

這些政策充其量也只能延緩官僚體制茁壯，當紙張代替了莎草紙，官僚體系便快速增殖。今存詳細的檔案紀錄只能推溯到鄂圖曼時代，不過，編年記事、官家文獻、為數相當可觀的現存公文書牘，都為稍早的情況提供了足夠的資訊。這些資料為這些官僚體系的運作方式，提供了頗為清晰的概念。

當時的行政就像現代的政府一樣，分由各部主理。在阿拔斯朝的時代，這些部門叫做「署」（dīwān），各有專職。其中最重要的兩個部門，是政務署（chancery）與財務署（finance）。政務署處理往來文書，財務署處理評估歲入與徵集稅收。其他的重要部門有主管軍方事宜的、公共工程的、國內安全的、皇室私田的、皇室奴與解放奴（freed men）的、郵驛情報的、宗教基金會的、慈善事業的等等。這些部門在不同時代、不同的政權底下，組織不盡相同。大致上以文書、金錢、武力三大主題分類統攝。另有監察的官署，其職責是控制其他的官署。有一個「訪察民隱」的官署，其作用有如陳情法庭，就好像是中古英格蘭的大法官法庭（court of chancery），處理的是「聖律」所照顧不到的事項。

在哈里發或是後來的素檀底下，整個政府機制的領袖是宰相（vizier，阿拉伯語做 wazīr）。這個語詞意指「受託重責大任者」，可能源自阿拉伯語，也可能是從一些早期的波斯用語派生出來，或是受到早期波斯用語的影響。這個職務應該是阿拔斯朝的發明，是他們從薩珊用詞那裡轉借或模仿而來的其中一例。宰相在哈里發之下，是整個行政體系的領袖，也是政務與財務方面的領袖。除了早期皆在同一個東伊朗的高貴家族中任命宰相，[21]其後宰相皆出自書吏階級，循官僚層級擢升。總領行政事務的宰相，通常是在各署的署長中選任。這個職位根本上是文職，宰相極少——要是曾經有過的話——參與軍事行動。

軍事統帥地位提高，導致宰相的重要性下降。步野王朝讓他們自己的宰相兼任國務卿和財相，這位宰相又同時是位武官，和他的主子一樣。宰相制度在素檀治國時代以全新面貌再度出現，並且有了新的重要性。素檀們出身行伍，往往大字不識一個，對於賴以治國的阿拉伯語文和波斯語文都一竅不通。這讓宰相的職位有耳目一新的生命力。然而，這個職位和塞爾柱素檀國同歸終結。在繼起諸君時代，官僚體系和其他所有事物一樣，都握在武官的手裡。在埃及馬木祿克王朝，官僚體系的領袖職位是「達瓦達爾」（dawādār），字義為「裝墨水的」，是個高級的武職。在「達瓦達爾」的指導之下，出現了一個大型而重要的官僚體系，這個官僚體系負責在馬木祿克王朝的素檀手下主持各項政務，對於延長馬木祿克王朝的國祚，作用甚大。

鄂圖曼王朝的素檀們，在朝中軍事指揮官中任命了好幾位宰相，而諸宰相的領袖在歐洲習知

21 譯按：指鮑馬克家族，見第四章。

為「大宰相」（grand vizier），他在民政、軍事，甚至於司法事務方面權傾朝野。鄂圖曼王朝大宰相的薪水，與他的權力和責任相當。在蘇里曼大帝朝中擔任大宰相的陸特匹大人，記下大宰相在他的時代的年收入高達兩百五十萬個阿斯帕幣上下，「感謝上帝，這在鄂圖曼國內是筆夠用的報酬。」[22]陸特匹大人告訴我們，當他擔任大宰相的時候，他在飲食與服裝方面要花費一百五十萬，又為公益捐出了五十萬，剩下的五十萬則留在個人帳房裡。伊朗地方的薩非王朝沙王，也聘用了一位地位與職務相當於土耳其大宰相的主事官員。

政府施政有很大的部分關係到財務，也就是說，關係到收入與開銷。鄂圖曼時代有大量中央和地方的檔案，尤其是從十六世紀開始的檔案保存至今，我們可以用這些資料重建鄂圖曼財務體系的詳盡景況。更早的回教帝國絕無疑義也是有檔案的，可是並沒有流傳下來，因此歷史學者缺乏可以和鄂圖曼時代的中東地區，甚或中古西方世界相比擬的那種巨細靡遺、逐日記載的史事材料。可是，文獻還是有的，有些是在小型的檔案匯集，其他的則是因緣際會地被保留下來，數量相當龐大。全賴這些文書，還有在歷史文獻、地理文獻、司法文獻，以及最重要的官府文獻當中提供的大量資訊，歷史學者才能夠比較仔細地觀察中古回教世界財務體制的運作方式。

在阿拔斯時代早期，財務和其他的行政事務一樣，由宰相負直接責任。在阿拔斯時代後期，出現了比較專業的負責人，專責處理財政事務，不插手其他事項。這位仁兄在波斯政權與突厥政權底下被稱做「掌籍人」（defterdār），字義為掌管登錄資料的人，亦可大致譯為理財官員。

回教律法的法制原理和大多數回教徒政府的實際施政一樣，需要同時備有兩個互不統屬的國庫，一個是一般的國庫，一個是「特殊」（khāṣṣa）的國庫，兩者都在理財官員的職責範圍之內。兩者的分際有時候不清不楚，有資料指出後者有時候被挪用來平衡前者的赤字。一般國庫的兩大任務，是維持駐京部隊和支付朝廷所需。馬門哈里發時代的一段文字提到一天的開銷達六千個第納金幣。

因此，一般國庫照料的，是給付執政者作為最高軍事與政治領袖時的一應開銷，而特殊國庫的職責，則基本上是關係執政者作為回教社群的宗教元首的一應開銷。而特殊國庫必須抵付的有前往麥加朝聖的費用，聖戰所需之邊界堡障的維修費用，眾「卡迪」（qādīs）[23]的薪資，以及其他負責奉持與執行「聖律」之神職人員的薪資，郵驛體系的維護費用，還有其他的開支，諸如俘虜的贖金，接待使節的開銷，分發給詩人以及其他合宜的受益人的賞賜等等。

原則上來說，國家的歲收乃出自回教諸稅，這指的是那些在「聖律」裡指明的稅項。這些稅

22 Lûtfi Pasha, *Asafname*, pp. 14-5.

23 譯按：回教法官。

項，包括了地稅（kharāj）、非回教徒應納的人頭稅（jizya），以及回教徒繳交的什一稅（zakāt或ʿushr）。在這些稅項底下徵集的所得皆歸一般國庫。在這些稅項以外加收各式捐稅、路稅，和一種叫做「姆庫肆」的集合捐（mucūs）[24]的情況，愈來愈常見。這些額外的捐稅讓法學家扼腕不已，甚至加以撻伐，但是回教徒主政者仍然普遍徵收。特殊國庫的收入來源，包括了哈里發的私人產業與私人所得，副以罰金、充公項目與欠缺繼承者而上繳的田產（escheat）。

賦稅同時以現金與實物兩項來評估和徵收。在伊拉克和伊朗這些薩珊帝國舊有的領地，以及薩珊勢力向東延伸所及的中亞與印度西北地區，通貨的單位乃是狄爾含（dirham）銀幣。在原先屬於拜占庭的領土，也就是地中海東岸和埃及，還有阿拉伯半島的西部與西南部，通貨的單位則是第納金幣。第納幣與狄爾含幣的兌換比率，根據黃金與白銀的價格自然浮動。在理論上，一個第納幣可換十個狄爾含幣。然而官方的會計數字顯示，兌換比率浮動相當的大，狄爾含幣有時候會掉到要二十個或以上才能兌一個第納幣。

史料中保存了好幾份王都收到的歲入淨值清單，那是扣除了省方與地方必須開銷之後的所得淨值。這些清單，最早的是哈迪哈里發（al-Hādī, 785-786）當政時期。另一份的時代較晚，出自哈倫·拉施德當政時期（Hārūn al-Rashīd, 786-809）。從其他一些後世哈里發時代的表單中，可以看到延續性、也可以看到轉變。數字顯示，鄰近的東方省分歲入四億個狄爾含，而西方省分歲入則是五百萬個第納左右。

除了現金收入之外，現存的清單也統計了以實物評估、徵收的賦稅。譬如從信地地方（Sind）[25]送來的，就包括有三頭大象、四千條腰纏、一千隻草鞋、四百蒙特（maunds）[26]重的沉香木。庫米斯地方（Qūmis）的歲貢包括有兩千個銀錠、四萬個石榴；法爾斯省來的是十五萬車（ratl）[27]石榴和榲桲（quinces）、三萬瓶玫瑰露、一萬五千車蜜餞。從伊斯法罕來的有蜂蜜與蟲蠟各兩萬車，從昔吉斯坦（Sijistān）來的有三百匹格子布料和兩萬車的糖；從亞美尼亞來的有二十張刺繡毯子、五十八車雜色衣裳和兩萬車的鹹魚——鹹魚分兩大類，每種一萬車。至於長期以來習慣於羅馬與拜占庭的收稅方法的敘利亞和埃及地區，上繳實物的數量較少。一般而言，徵收的實物看來主要是些食品，再來是衣著以及其他織物。活體徵收則有馬匹、騾子、獵鷹和奴隸。

後代的清單呈現出歲入減少的情況。實物徵收逐漸被淘汰掉，取而代之的是以錢支付。後者也縮減了，部分是因為經濟上發生改變，也是因為各省的長官、軍事指揮官、稅收撲買者上下其

24 譯按：特指國內商稅，涵蓋製造、行銷、出售等行為。
25 譯按：今印度西部地區，早期回教帝國東境。
26 譯按：印度重量單位，約重三十七點四公斤。
27 譯按：阿拉伯語，運輸用的大車。

手，截取的稅負與日俱增。穆克塔遞爾（al-Muqtadir）在位時期一份公元九一八到九一九年的歲入略表，提到了各省的收入淨值總額為一千四百五十萬一千九百零四個第納，其中一百七十六萬八千個第納的收入，乃來自國有土地。這個清單應是列舉了所有實際進帳的收入，甚至還包括了早期記載中沒有特別列明的充公物資與過路稅捐。

在阿拔斯哈里發朝走向下坡、行政體系瓦解之後，歲入數字的記載就沒那麼頻仍、也沒那麼可靠了。接著要到鄂圖曼王朝的時代、而且是在鄂圖曼王朝的領地之上，才有全盤的財政資料。一六六九至七〇年財政年度所編列的預算，可以拿來作為範例。計算單位是阿斯帕幣（asper，即土耳其的「阿可徹」幣〔akçe〕[28]）。阿斯帕幣原先是小小的銀幣，大致等值於一個標準的狄爾含幣，後來用作會計計算的單位，而在現錢兌換中的對率有升有降。根據這一年的年度預算，鄂圖曼國的歲入總額為六億一千兩百五十二萬八千九百六十個阿斯帕幣，包括有地稅、人頭稅、各式各樣的路稅收費與抽成、欠缺繼承者而上繳的田產、撲買地區的歲入。同年的開支為六億三千七百二十萬六千三百四十八個阿斯帕幣，其中三億九千八百三十九萬兩千六百零二個阿斯帕幣，支付了軍費和軍需用品；一億八千零二十萬八千四百零三個阿斯帕幣，用在皇室宮苑；五百零三萬兩千五百一十二個阿斯帕幣，用在素檀的家丁以及中央政府的官員身上，剩下的四千四百五十七萬兩千八百三十一個阿斯帕幣為雜項開支。和早期的清單相同的是，它依稅項和地區分列。和早期清單所不同的是，這些表單並沒有把實物賦調列為稅收的一部分。不過，單子上仍然是有極為詳盡的明細，記下送到御膳房的食品的種類和數量等等，還有送到皇家作坊那些「在現金支付以外的」原料建材。

回教徒對於治國機制（state）的態度，有個矛盾的地方。一方面，按照宗教教義，治國機制是上天授命的體制，維持天下秩序、達成上帝目的都要靠它。然而另一方面，治國機制又普遍被看做是邪惡的東西，參與國政的就會為之玷污，只要是沾上它，就會帶來危險。根據一則話語——據說是先知穆罕默德所說，但很可疑——政府和天堂是不可能結合為一的。易言之，政府的工作無所逃容地要觸及不善與罪惡。這種看法，有時候還會加在那些為政府工作的人身上。人們引述說，第九世紀時在巴格達的一位宰相曾謂：「治國基本上就是耍把戲。耍得好、耍得下去，就成了治平之策。」[29]另一則故事說到「滿朔」哈里發的朝廷在討論快活的真義。人們問哈里發本人，他會怎樣去定義一位真正快活的人。哈里發回答說：「我不認識他，他不認識我。」這話的意思很清楚：越是不需要處理朝政的人，理應就會快活許多。相同的二元論也可以在政府牧民

---

28 譯按：「阿斯帕」為歐洲人對於阿可徹幣的稱呼。

29 Hilāl al-Ṣābi', *Kitāb al-Wuzarā'*, ed. H. F. Amedroz (Leiden-Beirut, 1904), p. 64.

的形象中看到，在這方面，回教與其他宗教有著共通的看法。在正面，許多宗教文獻都把哈里發或素檀們描畫成臣民的牧者，臣民是他的羊群，而牧者當為羊群向上帝負責。牧民形象的反面，表現在被認為出自阿穆爾（Amr ibn al-ʿĀṣ）之口的評論當中。阿穆爾是占領埃及地區的阿拉伯征服者。當鄂斯曼哈里發提出留他擔任埃及地方的軍事總督、而讓另一位先生出掌該地稅收時，阿穆爾拒絕了。他說：「這就像在他榨奶的時候，要我去抓牢母牛的雙角一樣。」[30]

中古回教徒對於政府的性質與目的，有著不同的看法。一位第九世紀早期的阿拉伯作者編輯的《慧語集錦》（belles-lettres）裡有一些治術箴規，為此提供了廣角的光譜：

回教把四件事情交給政府：公理正義、征戰所得、週五禱告、聖戰。

回教、政府和人民，好比是帳蓬、支柱、牽索和繩釘。帳蓬是回教，支柱是政府，牽索和繩釘是人民。缺一不成事。

霍司祿說：「別待在缺乏這五樣東西的國家裡：有力的統治、公正的法官、固定的市場、有頭腦的醫師，和流動的河水。」

烏默爾．本．赫帖說：「唯溫和而不軟弱、堅強而不嚴峻者能治人。」[31]

或許，最能生動代表回教治術理想境界的話，是一位姓名不詳的國王在談到臣民時所謂的：

「我把不帶怨恨的敬重、不帶親狎的愛戴，種在他們的心底。」

30 Al-Balādhurī, *futūḥ al-Buldān*, ed. M. J. de Goeje (Leiden, 1866), vol. 1, p. 263.

31 Ibn Qutayba, op. cit., vol. 1, pp. 2,6,9,10.

第九章　經　濟

過往對現代以前的中東經濟史和社會史的探索並不多，造成了人們對這些方面所知貧乏，了解也不深。這個研究領域的歷史研究比起其他領域，尤其是中古歐洲歷史的研究要來得落後，主要原因是文獻記載的問題。中古的西歐諸國演化成為現代的歐洲諸國，其檔案往往由於實際的需要而保留下來直到今天。這些舊檔案對於歷史研究者來說，都成為珍貴的資料。而中古的中東諸國除開鄂圖曼帝國一例之外，都是因為內部起事與外力入侵而覆滅摧毀的。於是，前朝檔案對於當下政權不再有用，遂被冷落忽視、支離分散，以至於喪失無存。

在二十世紀西方的影響與行政措施廣布於世之前，唯有鄂圖曼帝國從中古末期延續到二十世紀早期，在政治和行政方面都沒有驟然間斷。因此，鄂圖曼帝國的紀錄，幾近於完整無缺。檔案在從只為實際需要而保留的時代，轉到為了歷史研究而保留的新時代，其間有個危險的過渡階段，而鄂圖曼時代的檔案與許多歐洲國家或歐洲公國的檔案一樣，熬過了那個階段。對於這些檔案的研究工作，已經照亮了鄂圖曼時代的中東歷史，甚至還將過往幾個世紀歷史中的隱晦不明之處，亦加以澄清。鄂圖曼帝國的檔案浩如煙海、難度又高，足以令人灰心喪志。因此，中東歷史研究，特別是中東的社會史與經濟史研究，若要能夠達到在其他比較幸運的研究領域中已視作平常的那個高標準，仍然是有待努力。

不過，根據已經可以取得的資訊，已足以為中東經濟與中東社會的演進，勾勒出一個暫時性的綱要。這個社經綱要，也有助於釐清其所支撐的政治架構的變遷。

自古以來，農業便一直是經濟活動中壓倒性的重要形式，而在中東的大部分地區，至今依然是如此。大多數的居民以務農維生，國家也一直因農民的勞動而抽得大部分的國稅，直到晚近為止。

傳統上，中東地區的農業有兩種類型。第一種、也是比較重要的一種，是大河流域的農業類型：尼羅河流域、兩河流域，以及中亞的兩條河流，烏滸水與藥殺水者是也。在中東地區的其他一些地方，農業仰賴雨水灌溉，譬如敘利亞谷地、敘利亞巴勒斯坦海濱，以及伊朗部分地區，還有今日土耳其的大部分地區。這種類型的農業比較艱難，收成比大河流域類型的為少。中東地區這種類型的農業品質低落、技術拙劣，甚至比起世界其他地區的雨水農業——好比西歐與中國的

——都來得粗糙。

中東地區在整體上來說，有一個特殊的地理現象，那就是缺少森林，連帶地也缺少木材。在聖經所記述的年代，耶路撒冷的聖殿建材，是黎巴嫩雪松（cedars of Lebanon）。可是早在回教世界的中古時期，中東地區已經要從非洲、印度、東南亞進口木材。印度和東南亞地方的熱帶硬材喬木（tropical hardwoods），尤其是價值非凡的建材。

最重要的農作物，自然是五穀雜糧。最早的穀類作物似乎是大麥、小米，與一種原始種的小麥。到了中古時代早期，小麥就成為作物的大宗，到今天仍是如此。稻米不知在何時自印度傳入，其種植面廣，從印度經伊朗、伊拉克，一直到敘利亞和埃及。在第七世紀阿拉伯進行征服行動時，有紀錄記載征服軍在伊拉克地區看到稻米；而且從早期的文獻看來，稻米對他們來說是前所未見的新鮮玩意。

一位參加了巴斯拉地區征服戰的阿拉伯記事者，說了個令人嘖嘖稱奇的故事：

> 阿拉伯軍在沼澤地帶驚動了一些波斯警哨，哨兵驚走，留下了兩個籃筐，一個裝了椰棗（dates），另一個裝的，後來他們才知道那是稻穀。阿拉伯軍的指揮官向部下說：「把棗子吃了，但別碰這個什麼東西。這鐵定是敵人為你們準備的毒物。」他們於是吃了棗子，沒碰

另一個籃筐。可是，就當他們在吃的時候，有一匹馬甩脫了綁束，吃起稻穀來。於是他們馬上要宰了那匹馬，以便在馬肉還未染毒之前把牠吃掉。但是馬主請他們別忙動手，說他會一路照料牠。次日清晨，他們發現那匹馬還是精神健旺，於是他們就在稻穀之下燃起一把火，把稻穀燒掉。他們的指揮官說：「對稻米宣讀真主安拉之名，然後進食。」他們吃了稻米之後，發現那是一種極好吃的食物。[1]

稻米的種植與食用，在阿拉伯人的統治之下繼續向西方推展。文獻也提到了其他穀物，特別是高粱。其他的食用作物，包括有豆科植物——菜豆、豌豆、小扁豆、鷹嘴豆之類。豆科植物一直是中東許多地區的主要出產，尤其是在埃及。

含油植物自然也是十分重要的，食物、照明、各種化妝盥洗用品——特別是肥皂——都用到油。首要的含油植物是橄欖，其在中東部分地區與北非地區都是主要的作物。種類繁多的油籽，也能榨出油來。有一種在阿拉伯系回教徒統治期間從遙遠的東方西傳的作物是糖，也就是指蔗糖（sugar cane）。在波斯地區，「糖」有兩個名稱：sheker與qand。這兩個名稱，都存在現代的英語裡。希臘羅馬世界對於「糖」所知不多，就是用上，也是作為醫療用途。當食物和飲料需要甜味，則調以蜂蜜。種植糖蔗與加以精製的技術，在回教世界的中古時期傳播到埃及和北非，於是

「糖」就成為回教中東向基督教歐洲出口的一項主要貨品。種植糖蔗與確保糖蔗種植的大型種植園制度（plantation），從北非帶往回教徒統治下的西班牙，再從那裡帶往大西洋諸島嶼，最後，帶到了「新世界」。

中東許多地區都種植了香料，香料亦從南亞與東南亞大量進口。香料在中東地區對於西方世界出口的貨品中也是大宗，直到西歐的海權列強先是打開了、繼而主導了直接通往亞洲、不經中東的海路為止。在現代的冷藏技術還未發明以前，食物在炎熱的天候之下，很快就會腐敗。為了保存，食物——尤其是肉類——都用各種方法鹽醃或酸漬起來，因此需要很多的香料和調味品使之可口。

飼料作物在十分仰賴動物作為運輸工具與食用的社會中，是很基本的；而產業作物為衣著輕便地區所需，寒冷天候下最常見的衣著原料羊毛與皮革，在這種地方往往不合用。產業作物中尤為重要者有三。從遠古開始，中東地區就種植「苧麻」，特別是在埃及，可見於用來包紮木乃伊的裹屍織品。「棉」是一項從遙遠東方引進的作物，似乎是來自東亞。而中東最早關於棉的記載是在波斯地區，再從那裡，緩緩地向西移動。「桑」是蠶的食糧，從第六世紀開始就在中東種

1 Ibn al-Faqīh, *Mukhtaṣar Kitāb al-Buldān*, ed. M. J. de Goeje (Leiden, 1885), pp. 187-8.

植。波斯的絲物和敘利亞的絲物，尤其是受人珍賞。各式各樣的染料作物與香芬植物完竟全功，使穿著得體的人士光鮮眩目。

另一項最為重要的產業作物是紙莎草，那是一種生長在尼羅河岸邊的蘆葦屬植物。紙莎草在羊皮紙和紙張來到之前，一直是東地中海世界主要的文房材料。

蔬果也廣受種植。稍早時期最重要的果類為葡萄、無花果和椰棗。葡萄不只是當水果食用，也用來釀酒，似乎在回教時代之前，栽植得較為廣泛。椰棗是綠洲與半沙漠地帶的主要作物。其他在中東地區栽植的水果，大多來自東方，從波斯或是遠東地區傳來，例如桃和杏。菜蔬如菠菜、紫茄（即茄子）、朝鮮薊，其在西方世界的稱呼，仍然沿用傳入時的波斯語或阿拉伯語名稱。

柑橘屬的種植歷史，過程離奇而混沌不明。在今天絕大部分的中東語言中，柑橘叫做「珀土稿」（Portugal），在阿拉伯語中稱為bortaqal，在土耳其語中稱做portakal，相類的詞彙甚至東達阿富汗地區。印度和中國長期以來為人所知的甜柑，是在十六世紀之初由葡萄牙商人引介到中東來的，這是事實。然而，在回教傳入甜柑前很久很久，柑橘果子就存在於波斯帝國裡面，波斯史料與塔木德史料（Talmud）[2]都提到過一種食用的柑桔，叫做「土倫治」（turunj，希伯來語作ethrōg，阿拉伯語作utrūja）。以上史料，還提到一種小顆、帶苦味的果子，花朵很美，用作裝飾、化妝，有時候用來下廚，主要是提味和用在雪葩裡面（shebet）。[3]這種果子，在波斯語中稱做「納朗格」（nārang），在阿拉伯語中稱做「內蘭治」（nāranj），而在葡萄牙以及西方世界其他地方，就用這個名詞的變易形式，來稱呼那種可以食用的甜柑果子。第九世紀的阿拉伯詩人伊本·阿穆塔茲（Ibn al-Mʿutazz），就提到過這種果子，並以年輕女郎的腮幫子類比。這位詩人也提到了檸檬，檸檬可能就是在這個時候從印度傳來的。種植檸檬和萊姆，很快就傳遍了中東，並且傳入歐洲，這兩種果子在歐洲仍然沿用其原來波斯—印度系的名稱。這兩種果子絕無疑義地，是由回教徒商隊的生意人從遠東帶到中東來，再由十字軍軍士以及其商業夥伴帶往歐洲。

把前所未聞的美洲植物介紹到中東來，的確是葡萄牙人和其他西歐人士的功勞，諸如菸草、玉米、馬鈴薯與番茄。一六三五年前後，土耳其籍史家易卜來欣·佩徹維（Ibrahim Pechevi）記述得十分詳盡：

---

2 譯按：猶太教經籍，包括猶太教律法彙編《密西拏》（*Mishna*）及對《密西拏》的評註《革馬拉》（*Gemara*）。在此指猶太教經疏。

3 譯按：阿拉伯語、波斯語和後來的鄂圖曼土耳其語皆有此字，一種甜味果汁飲料。與現代美國的雪葩甜點不同。

惡臭難聞、令人作嘔的菸草煙霧，是一〇〇九年〔公元一六〇〇—一六〇一年〕由異教徒英國人帶來的。他們出售菸草，作為治療濕症的藥物。一些……追求歡愉的人與享樂主義者……於是上癮，很快地，就是連那些不是歡愉追求者，也開始使用它。甚至於許多偉大的回教教師與豪門勢家，也墮入了菸癮之中。[4]

還有兩種不是中東土產的植物，它們在現代對於這個地區的經濟生活有著重大的意義——在社會生活方面的意義可能更大。一位中古早期的阿拉伯旅行家，向讀者描述神祕中國大地上的奇風異俗。他說了一則詭異的故事：

國王對於賣鹽的收入，還有一種他們配著熱水飲用的草木植物的收入，有獨占的權益。這種草藥，在每個城鎮都有得賣，價格高昂，名叫「塞赫」（sakh）。其葉多於梗，氣味芬芳，可是又有點苦。水燒開了，就澆上去……國庫的總進帳，即來自人頭稅、鹽與這種草藥（herb）。[5]

沒多久之後，另一位作者，也就是著名的畢倫尼（al-Bīrūnī），他在十一世紀初期的作品中，較為全面地描述了中國與西藏地方的種茶和用茶，並且提供了相關資訊。喝茶應該是在十三世紀時，由蒙古征服者引介到伊朗地方來的。然而，喝茶之風並沒有廣泛流布，也沒有證據顯示這個習慣再往西傳。喝茶在伊朗地方普遍風行起來，是十九世紀早期當喝茶從俄羅斯地方再度傳入時才發生的。普遍栽植茶樹，也要到二十世紀才開始。當時伊朗和土耳其兩地的執政者，都鼓勵種茶，無疑是為了減少國家對於咖啡的倚賴——這項作物他們種不來。種茶業一直以來不是那麼重要，主要是供應本地消費，過剩的則作小量外銷。「馬格雷布」（Maghreb）[6]西部，是個主要的喝茶地區，該地第一次提到茶葉，是在一七〇〇年左右。引進與銷售茶葉的，是法國和英國的商人，他們從東方運來茶葉，並且視西北非為本身歐洲市場之有利延伸。與薄荷葉摻合同泡，茶遂成為摩洛哥的全國飲品。

在這整片土地之上，還有一項更重要的飲料，那就是咖啡。根據大多數的證據，咖啡乃源出於衣索比亞，可能得名自衣索比亞的省分「卡法」（Kaffa），野生的咖啡植物，至今仍在該地生長。咖啡在十四或十五世紀之時，從卡法地方傳到葉門。一位埃及的記事者說，「本〔十六〕世

---

4 Peçevi, op. cit., vol. 1, p. 363.

5 *Akhbār al-Sīn wa'l-Hind*, ed. J. Sauvaget (Paris, 1948), p. 18.

6 譯按：為阿拉伯語，指「日落之處」，泛指西方，即地中海南岸、西岸之回教世界。

紀之初，有消息傳到埃及及我們這裡，說有一種叫做「嘎華」（qahwa）的飲品，在葉門流行，蘇非教派的教首（shaykhs）以及其他人士，在做敬拜功夫的時候，用它來支持不睡……」作者接著說明，咖啡是由一位前往衣索比亞的旅人帶回的，那位旅人發覺咖啡在衣索比亞應用得非常普遍：

他從亞丁城（Aden）回來就感到不適，想起〔「嘎華」〕，他喝了，也好多了。他發現它有驅走疲勞與倦怠的特性，為人體帶來某種活潑與朝氣。結果，當他成為一位蘇非修士時，他與在亞丁城的同修，都開始採用這種飲料……然後，全體民眾上自士人下至黎民，都以他的榜樣飲用它，希望在讀書以及其他工作、工藝方面有所幫助。於是，它就繼續傳開去了。[7]

咖啡的確是傳開了。到一五一一年的時候，麥加聖城裡已經看到飲用咖啡。這個風尚再從那裡向西帶到埃及、敘利亞，與鄂圖曼國腹地，向東則帶到了伊朗，這毫無疑問地，是拜往來的朝聖人士與商賈所賜。此後，咖啡一直是這些地方的主要飲料，直到十九世紀早期為止。咖啡和茶不一樣，西方世界有直接的管道，可以從印度和中國取得尚佳、廉宜與大量的茶葉，而咖啡則是中東地區的壟斷物資，且有好一段時間都是如此。

歐洲人最早談到咖啡、喝咖啡的人與咖啡屋的文獻，都語帶嫌惡。梵蒂岡駐伊斯坦堡的使節摩羅辛尼（Gianfrancesco Morosini），在一五八五年一篇記述裡面評論他所到過的一間咖啡屋：

> 這些人全都挺卑下的，打扮俗氣，沒什麼進取心，就這麼樣，成天發呆殺時間。所以，他們就是一直閒坐在那兒，要找點樂子，就在公眾場所、在商店裡、在街頭巷尾，猛喝一種黑色的液體，滾燙到他們所能容忍的程度，那是從一種他們叫做「咖啡」（Cavee）的種籽裡榨出來的。

英國的喬治·山帝士（George Sandys）於一六一〇年走訪土耳其，更是鄙夷之。「他們坐在那裡頭〔他們的咖啡屋裡〕閒聊竟日，啜飲一種叫做『科芙法』（Coffa）的飲品……受得了多燙就多燙；黑如煤灰，嘗起來，也不能說不像……」然而，歐洲人也接納了咖啡的風味與咖啡屋的

---

7 Cited from Ralph S. Hattox, *Coffee and Coffeehouses: the Origins of a Social Beverage in the Medieval Near East* (Seattle, Wash., 1985), pp. 14-5.

風味，而主要出產於葉門的咖啡，也很快地成為中東外銷歐洲清單上的重要項目。埃及的商人正面臨曾經利潤豐厚的香料貿易不斷流失，於是，「咖啡」就成了一項很好的代替品，遑論其歐洲市場正在成長。歐洲的第一所咖啡屋，於第二次土耳其軍圍城之後在維也納開業。經營者是一位亞美尼亞人，有專利權。他在土耳其軍防線後方為奧地利政府做情報，其後便提出這個獨家專利作為報酬。

茶和咖啡何以在中東地區如此風行，茶館和咖啡屋何以成為重要的社交中心，是很好了解的。回教不同於基督教和猶太教，它禁絕酒精飲料。一般來說，這個禁令離全面有效還差得遠，詩文之中充斥了處處飲酒以至於酩酊大醉的證明。不過，飲酒得要私下進行，或者至少也應合宜地隱藏一下——在私人住宅的高牆之後，或廁身於回教國家裡面那些非回教徒的臣民之間，後者並不受此項禁制影響。基督教的修院與執事（acolyte）、祆教的祭司（mage），在古典時期的阿拉伯與波斯詩詞裡面，都成了酒館與酒館老闆的象徵。可是，這些縱情美酒者就算是受到容忍，他們仍需謹慎言行。在中古回教徒的城鎮生活中，並沒有類似西方世界的酒館或同等的場所，茶館和咖啡屋，於是填補了這項空虛。沒多久，就有抗議傳出，指咖啡屋成了造謠生事、鼓動煽惑的場所，更糟的是賭博的場所。

中東地區的耕作技術原始，也一直處於初級的階段。在某些地區，簡陋的木製無輪古董耕犁，從古代用到現代。在使用時，通常沒加推土板（mould-board），套在公牛或騾子身上，有時候套的是水牛，但是通常不會套在馬的身上。在肥沃的大河流域地區，不用花太大功夫就可以五穀豐登，有時候一年還能收上兩、三作，因此，當地缺少像對於居住在天候惡劣、土地難耕地區民眾的那種誘因，促使人們從事技術發明。

缺乏技術研發或許還有另一個原因，那就是在這些社會裡面，缺少兩種特殊的歐洲現象：先是修院，後來是受過教育的農人。修院裡有受過教育和全心投入的人們，致力於培育作物；而後者，譬如說英國鄉間紳士的那種類型，他們先上了大學，再來經營和管理自己的農場，用受過訓練的頭腦來解決農業問題，這是無與倫比的。中東地區受過教育的紳士除了極少的例外，從不在耕作上傷腦筋，而農夫是沒受過教育的。因此，中東地區普遍上欠缺產生技術改良所必備的條件，即學術訓練、工技手法，以及真正從事農耕者的互動。

古典回教時代對於農業技術的貢獻雖然很小——灌溉工程除外——回教中東的農人和商人，卻大大地豐富了作物的類別與品種，尤其是糧食作物。在回教時代以前的帝國時期，東亞和南亞的某些出產就已經開始向西移進了。起源自東亞的作物，在古代的波斯地區與伊拉克地方皆有種植，其存在見諸中古時期的波斯與塔木德作品。這些作物要是在迤西地方出現，就是昂貴的稀奇奢侈品了。譬如說桃子，它在古羅馬世界就是這麼叫了，今名 peach 來自羅馬語詞 persicum malum，意為「波斯蘋果」。回教的征服行動，史無前例地創建了一個西起歐洲、東至印度與中國邊界的單一政治經濟單位。中亞的回教徒軍士與回教徒旅人，從波斯灣泛海至印度及其東的回教徒水手與回教徒商人，肯定都在發現與傳布這些新作物方面扮演著重要的角色。在回教時代從伊朗西傳至肥沃月彎與北非和歐洲的作物，有稻米、高粱、糖蔗、棉花、西瓜、紫茄、朝鮮薊、橘子、香蕉，以及各式各樣的糧食作物、飼料作物與纖維作物，香料與化妝用品，以及用作醫療與打扮用途的其他植物。中古時期的回教徒旅行者所描述的作物，品種繁多令人驚訝，每種作物還各有亞種。一件寫成於公元一四〇〇年左右的北非海濱記載，提到了六十五種紫葡萄、三十六種梨、二十八種無花果和十六種杏。

中東人真正顯示出其高超本事處，是灌溉工程，即組織與維護一組由堤壩、水塘、運河構成的精緻體系，以儲存和導引大河的洪水。這當然不只是農民的工作，同時也是技術專家與行政官員的工作。一些歷史研究者認為，大河流域社會的中央集權灌溉工程，是現代官僚政府與控制經濟的核心起點。

收成時通常用鐮刀收割，以免損失穀粒，莊稼再用臼、杵以手工研碎，或以由奴隸或馱負動物推拉的磨子碾碎。這種作法在中東某些地區依然可見。

在埃及不需要施肥，因為尼羅河有沖積沉澱，每年都會為土壤補充肥料。在其他大部分有需要的地方，並沒有這類的沖積土，於是往往造成土壤嚴重貧化。在伊拉克地區，地利枯竭的歷程，又由河流帶下來的鹽沉積物加強。在秩序安定的太平日子裡，會清理這些鹽沉積物，而在亂世，就任由它堆積。一般來說，農人應是採取兩年輪作制，種一年地，隔年休耕，除非是在水量充裕的河谷地帶。

侵蝕一直以來都是個問題，在遠古世代就已經是如此。到了中古時期以及現代，它又發生了。每當社會秩序停擺，遊牧民就走出沙漠、進入農耕地區，結果便是沙漠地區以侵占農耕面積的方式延伸開來。

這可能有幾種方式。要沙漠留在原來的地方，就要做防禦措施。當社會秩序停擺，屏障也隨之停擺，沙漠於是前進侵占非沙漠的土地。還有一項較為顯見的破壞因子，那就是山羊。山羊不像綿羊，綿羊啃噬青草，而山羊是連根拔起，表土往往便因此移動或是弄鬆了，風一吹，表土就此散去。山羊還吃樹皮，樹因沒了樹皮而枯死，於是，平原就再度開放給大風，表土也被颳走。由於這些原因以及其他的因素，中東各地都有面積遼廣的土壤侵蝕現象。職是之故，當我們把現代的耕作面積與那些考古材料所反映的早期農耕面積拿來比較，差異是非常駭人的。伊本·郝頓（Ibn Khaldūn）在十四世紀時的作品，描述了甚至早在他的時代，北非就「到處是廢墟與殘破」，而在昔日，這裡曾是「一個生機蓬勃的文明，誠如建築與雕像的遺蹟、城鎮村莊的廢墟所見證」。[8]

財政史料以及其他史料，指出在羅馬時代末期以降，農產品的數量以及從農產品數量取得的稅收，整體向下滑落。這個過程在阿拉伯人入侵的時候，看來已經高度發展了。在短時間的休養生息之後，這個現象在後來的回教中古時期，又再持續。這項衰微有許多的徵兆。考古材料諸如中東與北非許多地方廢棄的水井與農場、破敗的梯田、無人的村莊，與提到生產量降低、從而導致稅收減少的文學與公文書史料互相印證。與這個轉變同時進行的還有人口減少，以及人口從鄉間逃往城鎮。後者通常是由於賦稅的重擔、放債人的抽取以及類似的麻煩所造成的。

政府、上流社會，在某方面來說甚至於包括宗教界，對於種地的評價不高，的的確確是農產品產量全面下跌的重要因素。回教誕生在一個商站市鎮，而回教的先知出身於富商豪門。在他過世之後，其部眾打下了一個大帝國，他們經由各省駐防城鎮所組成的網絡來統治帝國並取得利益，因此這些駐防城鎮很快就成為回教文化與回教學術的中心，而鄉村地區則一直忠於古老的先回教時代信仰。等到後來連農民也皈信了回教，並且為回教所同化之後，古老的韌性仍在。當印度與巴爾幹半島上都創立了新的回教徒帝國，同樣的模式於是重演，回教徒的城鎮居民，治理著非回教徒的農民。被認為是先知穆罕默德傳下的訓示，其中多處稱揚商業，但很少對農業表示敬意。「聖律」（shari'a）本著同樣的精神，它關切的基本上是城鎮居民的生活和城鎮居民的問題，「聖律」細細地檢視、討論、規範了這些事項。它對於農民的切身問題罕有關切，除了繳稅一事。當國家主導經濟的趨勢增強，農地也被沒什麼農業知識、對於領地長遠的繁榮昌盛也沒多大興趣的武官所控制時，情形自然是每下愈況了。

中東地區大部分是半乾旱（semi-arid）的土地，用作農耕過於貧瘠，甚至連放牧大牛也不成，可是，這足以供養綿羊和山羊。綿羊和山羊除了供給肉食、羊毛和毛皮之外，也提供了中東飲食中不可或缺的成分：酸酪（yoghurt）與乾酪（cheese）。遊牧放養的文化，在中東地區已經存在了上千年，它與最初的初始農業，共同展開了文明。駱駝的遊牧文化，也可以追本溯源到先史時代，它一直都是貝都因的經濟民生與生活方式的重心，在平時與戰時，也提供了主要的交通工具。在古代的阿拉伯半島上，馬匹的數量不多，不過馬匹備受推崇，各有專名與家系傳承。在回教興起之後，阿拉伯牧人取波斯馬種、拜占庭馬種以及後來的柏柏馬種，得以大量地增殖馬群，使得草原牧地能地盡其用。馬和小型馬（pony）[9]對歐亞草原上的遊牧民族來說，有著根本

---

8 Ibn Khaldun, *Al-Muqaddima*, ed. E. Quatremère (Paris, 1858), vol. I, p. 272.

9 譯按：指前腿肩高一百四十二公分以下的馬，高於此限者為horse。

的重要性。養來食用或是工作乃至當寵物豢養的農莊動物很少。在其他文明的養殖業中很重要的豬，由於是回教與猶太教共同的禁忌，被排除在考慮之外。一些歷史研究者甚至還提出，當回教徒征服者去到了西班牙、巴爾幹半島以及中國西部，「豬」訂下了回教擴張的地理極限。雖然回教徒在這些地區統治了幾百年，回教徒的信念並沒有在這些養豬、吃豬肉的民族之中扎根。人們飼養家禽，食其肉、取其卵。在雞蛋方面，埃及的家禽業者（或許其他的地方也是）構思了一個新法子，歐洲人第一次看到這個作法時，當場為之瞠目結舌。法國旅行者尚·德文諾（Jean de Thevenot）於一六五五年走訪埃及，他觀察到：

> 我在開羅看到這些超乎人們想像的事情中，頭一個是用人工方法孵小雞；要是一開始便說小雞不用母雞坐在蛋上就孵了出來，人們會認為那是天方夜譚；再要說小雞是用蒲式耳杯（bushel）[10]量著賣的，人們會認為那更是荒誕無稽。只不過這兩者都是真實的，而且為了達到這兩個目的，他們把雞蛋放在用暖火加熱的烤爐裡，模擬自然的溫熱，渾若天成，於是小雞成形，在爐裡孵出……他們用非常柔和的熱力溫暖牠們，只用烤爐[11]的熱灰、駱駝糞便或是類似的東西的溫度。他們把熱灰或糞便放在每個烤爐的開口處，每日更換；把新鮮的糞便，放在同一個地方……許多人認為，這除了在埃及，其他地方也辦不到，因為溫熱氣候

的關係；不過，佛羅倫斯的大公爵就找了一個做這行的人去，他在那裡也像在埃及一樣，為他們孵出雞來。在波蘭，（我聽說）也做成了同樣的事。[12]

誠如德文諾所記，這個也稱做「孵化」（incubation）的方法傳入了歐洲，後來大行其道。

在西歐地區，農業和牲畜飼養業關係密切，事實上往往操在同一位業者手中。而在中東，農民與遊牧民自古以來就是分立，而且是對立的。農業和牲畜飼養業分開來經營，而且經常針鋒相對。農民可能為了身邊的家務需要，畜有幾頭動物，不過，飼養動物，無論是運輸動物抑是食用動物，始終是遊牧民的工作。勞作分工導致頻仍的利益衝突，對兩方都有傷害。兩者之間的衝突，在我們手邊所有的最古老中東歷史記事之一的卷首就出現了。那是該隱（Cain）與亞伯（Abel）的故事。兄弟倆，其中一位帶了烤熟的動物犧牲來獻祭，他是畜牧的；另一位帶了大地

---

10 譯按：英國容量單位，來源自公元以前不列顛島上的本土度量制度，今日定制為三十六點三七公升。此處為引申意，即蒲式耳制的量杯。

11 譯按：原書此處做Oxen，文意不通，當為Oven之誤。

12 Jean de Thevenot, *Relation d'un voyage fait au Levant* (Paris, 1665), as trans. In A. Lovell, *The Travels of Monsieur de Thevenot into the Levant* (London, 1687), pt. 1, p. 144.

結下的果子，他是種地的。摩西五書中的上帝（The Pentateuchal God），[13]對牧民青睞有加，祂接受了烤肉祭品，不接受大地諸果，於是，農民該隱就把牧民亞伯害死了。而在中東歷史之中，更常見的卻是恰恰相反，倒楣的是農民，受到打家劫舍的遊牧民搶掠。中東地區所有的耕地，都離遊牧民居住的沙漠不遠，只要是定居當局建立的防禦工事有鬆懈的跡象，他們隨時就來撿便宜。而在這片文明地區的北界與南界之外，即在歐亞草原地帶與阿拉伯沙漠地帶，有些遊牧民建立的公國，他們都等著要晉升為帝國。

農業和牲畜飼養業兩者都為工業提供了原料，特別是中古時期的主要工業——紡織業。外銷歐洲織品的重要性，見於許多織品的名稱源出自中東——來自地名的，有平紋細布（muslin，來自摩蘇爾城〔Mosul〕）、錦緞（damask，來自大馬士革城〔Damascus〕），或是來自織造術語，如紗羅（gauze，源自qazz）、馬海毛呢（mohair，語出mukhayyar）、塔夫綢（taffeta，波斯語tāftah）。織造與出口的織品，包括有掛毯、軟墊以及其他陳設品。農民生產苧麻、棉花，牧民提供羊毛、毛皮。另一項重要的原料木材，由於供貨短缺，結果價格高昂，大多由外地進口。

礦石當然是十分重要的。礦石包括了可以採集的石塊、黏土等等，以及可以開採的金屬。在史前時代，中東地區就已經在開採黃金、白銀以及純銅。[14]青銅在公元前第三個千年的時候，就在美索不達米亞東部地區做成了；而在埃及則在公元前第二個千年的時候做成。錫是從大老遠的

「產錫列嶼」進口的，指的是康瓦耳（Cornwall），[15]而鐵則來自北方的幾個地點：亞美尼亞、外高加索（Transcaucasia），以及今日土耳其國的東部地區。中東的礦藏，許多在遠古時代就已經耗竭了，眾回教徒國家愈來愈倚賴從邊省或是其他地區進口礦產。

剩下的礦藏，主要蘊藏在中東的邊緣地區，如亞美尼亞、伊朗、上埃及和蘇丹，中東心臟地帶肥沃月彎和埃及的礦藏數量很少。黃金、白銀，得要從他處帶來。找尋這些金屬的努力，以及運送這些金屬的路線，往往對歷史發展有重大的影響。回教世界黃金蘊藏量最豐富的礦場之一，在非洲的埃及與蘇丹邊境地帶，特別是亞斯文鎮（Aswān）以南的奧拉奇地方（Allāqī）。回教勢力推進到撒哈拉沙漠以南的主要原動力之一，無疑便是為了尋求黃金和奴隸。許多地方都出產白銀，主要是在原屬薩珊王朝的領地上。

工業技術仍然停留在初級階段。能量的唯一來源是人類與動物的體能，另有少數例外。人們發明了一些小型自動機並使用這些裝置，不過主要是作為玩具。除此之外，僅有的機械裝置是磨坊（mill）和拋石彈機（missile launcher）。很早就有記載提到用風力或水力推動的磨坊，直到今

13 譯按：即聖經舊約開卷的頭五書。
14 譯按：即非合金的黃銅，青銅為合金銅。
15 譯按：英格蘭東南角，其錫礦與銅礦，經古希臘商人進口至地中海世界。

天仍在使用。不過，甚至和中古早期的西方世界相比，中東磨坊的數目極少，只是用來灌溉和碾穀，不用作工業生產。其他的機械裝置，有戰事中應用的彈射器（catapult）與類似的器械，把盛滿燃燒液體的鍋盆使勁地向敵方陸上城市或是海上船隻投擲過去。在火槍與砲手於中古時代末期自歐洲引入之前，這些機械裝置的操作原理，是拉張力、扭轉力，或者用最複雜的話來說，是應用平衡的原理，亦即重力與反重力。應用這些力學原理，就可能用更大的力量把更大的彈射物拋到更遠的地方，這是以前的方法所辦不到的。其他的戰爭武器如劍、匕、盾、甲、砲（指拋石機〔mangonels〕與弩砲〔ballistas〕之類的東西），在工業生產中十分重要，也是國際貿易中一項重要的交易物品。

在開發能量方面缺乏進展的一個顯而易見的原因，是沒有適當的原料——這裡指的是任何可以和西歐的薪、炭、煤相提並論的材料，或是各地的河川、瀑布提供的水力。原油自然是有的，可是抽取原油的祕訣以及應用原油的祕方，都存在於遙不可及的未來。在上古與中古時代，原油只由於自然滲出才能取得。祆教時代的波斯，用原油保持神殿的聖焰長明。而在拜占庭帝國與回教帝國，原油主要是用來製造爆破性的合成物，作為戰爭的武器。

在「衣」之下，就數「住」是民生必需的了。許多工業因此發展起來，提供建築、布置與美化公私房屋的材料。城鎮居民日用所需包括有湯鍋、煎鍋與其他的廚房用具，肥皂、香精、油膏

（unguents），當然還有文房用品：墨水、羊皮紙、莎草紙，以及後來的紙張。

「運輸」在其他的文明當中，是刺激工業生產的重要動力，但它在回教土地上，並沒有那麼重要。或許是由於木料與金屬短缺，罕見使用有輪子的交通工具，為輪車而鋪設的道路亦少。古往今來都有記載提到輪子大車、描述輪子大車、甚至於圖繪輪子大車，不過，紀錄中也明白看到人們視輪車為不尋常的東西。十四世紀伊本．拔禿塔（Ibn Baṭṭuta）從家鄉摩洛哥橫越中東行至中亞，他看到草原上的突厥民族所用的輪子大車，認為值得大書特書。到了晚近的十八世紀，法國旅行家伏耳尼（Volney）觀察到：

> 不可不提的，是整個敘利亞都看不到貨車或大車（wagon or cart），[16]這或許是因為他們怕不幸被官家逮著，一轉眼間就損失慘重。[17]

運輸一般是靠馱獸或水運。在公元前第二個千年就家畜化的駱駝，可以馱載重達一千兩百磅

16 譯按：前者運重型貨物，需由牲畜拖拉，後者載運輕便物品，可靠人力推挽。

17 Volney, *Voyage en Égypte* (Paris, 1825), vol. II, p. 254.

的貨物日行兩百英里，行走十七天滴水不進。駱駝同時是到處適用的。在巴爾幹半島的潮濕天候下，從安那托力亞和敘利亞牽來搬運鄂圖曼軍需補給與軍械的駱駝，整批得病、倒斃，阻慢了鄂圖曼軍推進。不過，在中東地方的乾燥氣候下，這些四腳動物的確要比任何車輛和道路系統來得經濟。而低姿態的騾子或毛驢，在短途運送貨物和人員上，也綽綽有餘。然而水路運輸則是另一碼子事。人們從很早的時候就大規模地造船，航行地中海、東方海域，以及內陸水道使用。研究羅馬歷史的學者計算過，如果以大車載運大麥在羅馬帝國裡走七十五英里，其成本高於由海路運送等量物資從地中海的一端到另一端。在回教時代，也應是如此。

常見的製造方式是家庭手工業，尤其是織品的製造。工匠也許是在自己的家裡和家人一道工作，也或者是在作坊裡工作。製造貨品基本上是為了滿足社群、家庭與本地的需要，而不是為了國際貿易，只有幾項商品達到那個層次，其中最重要的是地毯。有時候，產業機構會擴大到相當規模。例如，中古埃及的文獻指出，麻布工人以日薪制受雇於企業家。在糖的加工業中也可以看到類似的安排，這是另一項重要的埃及工業。國家也多方插手工業，有時候是國家透過資助提供獎勵；有時候統治者甚至還投資金錢；而有的時候，則是國營產業專利來插手。

此中最重要的一項，是生產「邸瑞茲」（tirāz）。這個語詞在古典阿拉伯語中指的是一種花緞或是繡品，穿戴「邸瑞茲」與頒賜「邸瑞茲」，都是皇室的特權，只有統治者和統治者願意賜下榮寵象徵的人士穿它。「邸瑞茲」於是成了一個虛銜與裝扮的制度。[18]由於本項織品的特殊地位，早年製造「邸瑞茲」都由國家嚴格控制，是為專利。「邸瑞茲」織造局為國營，主管為政府雇員，後來它才放鬆把關擴散開來。同樣地，戰爭產品有時候也是由國家掌握，譬如打造戰船和製造某些種類的武器。

三不五時政府也插手經濟生活，平抑物價。這個作法可以回溯到遠古時代，特別是在羅馬皇帝戴克里先在位時期，戴克里先似乎是頭一位試圖大舉制定價格的人。雖然有一條據說出自先知穆罕默德的「聖訓」（hadīth）說，「只有上帝可以訂定價錢」——這可是句動人的自由放任經濟（laissez-faire economics）宣示——信回教的主政者仍然不斷設法訂出中古經濟學者所謂的「物當所值」的價格（a fair price）。這些政策幾乎都失敗了。有些主政者跳過了制定價格，直接進行商業壟斷。特別是在埃及的馬木祿克王朝末期，政府衙門似乎是這麼推理的：如果他們能因為抽取胡椒商稅，一年賺到這麼多錢，那麼，他們把胡椒貿易整個兒弄過來，就可以賺到更多錢，而且，與其得到只能從胡椒商人那裡抽取的好處，整個兒包攬下來，則可以取得胡椒生意全部的利潤。特別是埃及的馬木祿克素檀貝爾士備（Bārsbāy, 1422-1438），這位主政者把這個國家的壟斷

---

18 譯按：有如清代的黃馬褂。

政策推到了極致。此措施造成的轉口貿易大亂，實為葡萄牙人出海繞行非洲的主要動機之一。

在工業方面，就像其他事務一樣，在回教時期的一個主要發展，是和諧地調融了不同地區的傳統與工技，混合了東地中海世界與伊朗世界的古代文明，在伊斯蘭陶器上，做出新式的美感。十三世紀蒙古人大舉入侵，東亞和西亞首度混一，中東地區尤其是波斯地區，由是也嘗到了遠東地區的品味和格調。

追尋貴重金屬與開採貴重金屬，雙雙鼓勵、並有助於廣大行銷體系與廣大交換網絡的發展。同時使用兩種通貨，即原屬拜占庭國領地所用的金幣，與原屬薩珊朝領地所用的銀幣，導致實質產生「複本位經濟」（bimetallist economy）以及貨幣兌換體系。由於必須在廣大地區進行大規模的貿易，兌換業者於是產生，幾乎每一個主要的商業中心都有這個階層的人士辦理業務，終至發展出一套分工細密的、結構複雜的錢莊體系（banking）。

中古回教世界的環境，獨一無二地適合發展長程、大型的商業活動。起自摩洛哥、橫越北非、來到中東、遠至印度與中國的邊界、甚至於更遠的地方，這片古文明散布的廣大地區，破天荒地統合在一個單一的政治與文化體系之下，一度甚至處於單一的中史政府之下。從回教世界的這一端到那一端，人們都能聽懂阿拉伯語，至少作為國際和地區之間的交流媒介，而且是一種含蓄、豐富而細緻的溝通媒介。

古蘭經說：「上帝准許貿易、禁放高利貸……那些（受到勸化之後仍然）復反的人永居火獄……」（第二章第二百七十五節）。古蘭經強烈表示禁止高利貸情事，誡條與註解兩者亦加以強調，其中一條甚至還記下：放一次高利貸要比通姦三十三次還要下流。回教徒一直謹守這個禁令，時至今日，這條禁令仍使得虔敬的信徒不容易接受銀行業務與投資事宜。絕大多數的神學家和法學家，皆詮釋這道禁令不只適用於過分的利息，還適用於任何形式的利息。這個原則要是很嚴格地執行，將會扼殺信用貸款的發展，連帶也扼殺了大規模商業活動的發展。商人和法學家，在這件事上就像處理別的事項一樣，設計了許多程序——專業術語叫做「合法的舉措」（hila sharʿiyya）。人們靠著這些程序，一方面能正面尊敬禁止放債的法律，同時又能夠經營信用、投資、合夥，甚至於錢莊業務。

回教徒的基本義務之一是赴麥加朝聖（「哈只」（hajj）），每位回教徒在有生之年至少要走上一遭，這對於發展遠程的貿易有著極大的貢獻。每年舉行的「哈只」把為數眾多、來自回教世界各個角落的回教徒聚集在一起，在相同的聖地分享相同的典禮和儀式，的確有助於創造與維繫彼此的認同感。

回教世界地方上的風土民情往往是活潑生猛的，但是幾乎打從一開始，城鎮文明當中就有著相當程度的一致性——在價值觀念、衡量標準、社會風俗方面。這在中古時代的基督教世界無可並駕齊驅。拉施德丁（Rashīd-al-Dīn Hamadanī）說：「法蘭克人（the Franks）[19]講二十五種語言，大家都聽不懂對方的話。」[20]這在回教徒來說，是個理所當然的評價。他們習慣了回教世界裡語言一致的現象，兩、三種主要的語言不只像西歐的拉丁語般作為窄小的教士階層的溝通媒介，也是廣泛交流的實際工具，全面補充方言土語之不足——無涉於下三濫的語詞。回教世界的個體移動、社會流動與思想交流的程度，在古代與中古時期都無與倫比，並且發展出無遠弗屆的水陸交通網路。

水陸兩種旅行方式，都要冒性命危險，一則受盜賊土匪威脅，一則受到海盜威脅。兩種旅程皆緩慢、艱難。雖然走海路或河川會便宜許多，但兩種旅程皆所費不貲。由於以上種種原因，遠程貿易主要局限於特定商品，這些商品賣價要夠高，以符合此等大事業要承受的風險。

因此，在較現代的商業中十分重要的商品：糧食產品，在早期的重要性極其有限。糧食的價格普遍低廉，必須成批運送，所以這划不來。費用太高，利潤太少，風險太大。因此為了日常消費的糧食生產，幾乎完全是土產自銷。遠程貿易基本上涉及三種貨品，由於它們罕有、高價，故值得行船跑馬出遠門的風險和艱困。這些商品基本上包括必需的礦產、奴隸和奢侈品。

糧食作物通常可以在本地種植，仰賴進口減到最低。黃金、白銀和生鐵則無法種植，無論其價格為何，都得要進口。

大規模且遠程的人口貿易，主要是回教時期發展而成的，歷史的弔詭是，這種人口貿易竟是由於回教立法的人性化影響而產生的。在古代的眾多帝國、甚至於早期基督教時代，奴隸人口大多是在當地募集。奴隸需求常從幾個方式來填補：罪犯與負債者為奴、「收養」為父母所遺棄的小孩子為奴，亦有鬻子女為奴或賣身為奴者。在回教的征服事業完成，回教律法逐漸付諸實行之後，這些蓄奴的方式就都終止了。按照回教法學家研究出來、並受到回教徒主政者普遍遵守的法理原則，人類的本然狀況原是自由的。在回教徒邦國以自由民身分出生的臣民，無論信的是回教還是其他任何一種認可的宗教，都不能由於負債或是刑事犯罪受人奴役，武裝叛亂則不在此列。被父母親遺棄的小孩子，必須先假設他們是自由身分，除非有證據證明他們是奴隸身分。奴隸父母所生下的小孩子，則生而為奴，一直為奴，除非他們被解放，也直到他們被解放為止。自由身的個人，只能在一種情況之下被奴役，即這些人乃進行聖戰時俘獲的異教徒。在這種情況之下，他們和他們的家人都是合法的戰利品，成為征服者的財產。在回教帝國內部靠奴隸父母自然增殖的奴隸人口，從來就不夠中東社會的貪婪需求塞牙縫，因此，新近變成奴隸的異教徒就從帝國邊

19 譯按：泛指歐洲人民。

20 Karl Jahn, *Die Frankengeschichte des Rašīd al-Dīn* (facsimile edition with German translation) (Vienna, 1977) fol. 415 v. (Persian text), p. 54 (German translation).

界以外源源不絕地輸入。奴隸的賣價不錯，年輕女奴尤其是高，因此雖然這項商品有損傷的可能，這門生意仍然做得過。年輕的男奴要是去了勢，價格便大幅攀升，以供應皇宮內苑、富有人家以及一些宗教地點，用做使喚的閹人。回教的法律禁止殘害肢體，因此這些閹人都是在進入回教疆界之前就在邊境上「加工」完成的。

奴隸主要來自三處：歐洲、歐亞草原和非洲。偶爾，也有人提到從更遠的地方來的奴隸，如印度、中國及其他地方，不過這些奴隸很少，並非常態。從中古到現代，奴隸的固定來源是以下三個主要族群。中歐和東歐的斯拉夫民族是回屬西班牙與北非奴隸人口的大宗，事實上，英語的「奴隸」（slave）一字便源自於其種族名號。在中古時期，這些斯拉夫奴隸主要是由西歐的奴隸商人和中間人供銷。鄂圖曼人進軍東歐來到巴爾幹半島，就可以不經中間人而在來源地直接取得這些斯拉夫奴隸。西歐奴隸另一個較小宗但不能說不重要的供應來源，是柏柏海盜的活動。柏柏海盜在十七世紀的時候，把侵擾範圍從地中海岸邊擴展出去，航向大西洋的濱海地區以及大洋航路。一六二七年，柏柏海盜侵襲冰島，載走兩百四十二名俘虜，帶到阿爾及耳（Algiers）的奴隸市場出售。一六三一年六月二十日，柏柏海盜侵襲愛爾蘭的巴爾的摩（Baltimore）漁村。這時一份報告送交倫敦，開列巴爾的摩地方的百姓連妻子、子女、僕役一起為侵襲者「帶走」的，總共是一百零七人，此外還有四十七名「從其他地方俘獲的」。有一位名叫「丹神父」（Father Dan）

的法國神父，是當時的目擊者。他描述這些被俘民眾來到目的地：

> 看到他們在阿爾及耳市於大庭廣眾之前出售，真是令人鼻酸的景象，那時他們分離夫妻、拆散父子；然後，我說啊！他們在這邊賣丈夫、那邊賣妻子，從她手臂彎裡搶下一個女孩兒，母親從此再也沒有希望能看到她。[21]

在同一個時期，東歐的韃靼統治者侵襲俄羅斯、波蘭及烏克蘭地方的鄉村，每年都帶走了數千年輕奴隸，即所謂的「草原上的收成」。年輕奴隸用船載到伊斯坦堡，再在鄂圖曼帝國境內的城裡出售。這種運送沿續到十八世紀末葉，當一七八三年俄羅斯兼併了克里米亞半島才戛然而止。

第二個主要的奴隸族群，是歐亞草原上的突厥人。他們從回教時代早期就因俘虜或買賣的方式成為奴隸，俘虜或買賣的地點，是從黑海以北以至於中國和蒙古邊界這片地帶。這些奴隸是中

---

21 Pierre Dan, *Histoire de Barbarie et de ses Corsaires* (Paris, 1637), p. 277. The captives are listed in the *Calendar of the State Papers relating to Ireland of the reign of Charles 1, 1625-1632, preserved in the Public Record Office*, ed. R. P. Mahaffy (London, 1900), pp. 621-2.

古時期東方回教世界的白種奴隸主體，特別用做軍事用途。隨著突厥草原的回教化，便不能再做如此募集，人們轉而在高加索地區找到了新的來源，大批進口男的女的喬治亞奴隸和切爾卡斯奴隸，在鄂圖曼國內與波斯國內，充任各樣的服侍工作。當俄國人在十九世紀的頭二十五年占領了高加索地帶，這個奴隸供應來源實質上也被阻絕了。

第三個奴隸貿易，也是為時最長久的奴隸貿易，乃是從非洲撒哈拉沙漠以南地區帶來的黑種奴隸。黑奴偶見於羅馬時代，尤其是在埃及，遠古以來便眾人皆知。不過，普遍上來說，在當時他們不是常態，而是例外。回教徒軍隊進入非洲大陸才開始大批進口黑奴。奴隸來自三條主要路線：從東非經海路而來的，係渡紅海與波斯灣來到阿拉伯半島、伊朗以及其後方地區；來自蘇丹的，則是經商隊路線順尼羅河流域而下，來到埃及；從西非來的，則向北穿過撒哈拉沙漠，來到地中海沿岸所有地區，從摩洛哥以至於埃及。這個奴隸供應地亦一度因為歐洲人在熱帶非洲建立了殖民統治而阻絕。這些黑奴用途多多，務農、生產、做買賣以及操持家中雜務。雖然在農務上會看到黑奴——譬如在伊拉克地區的疏濬計畫；在礦場上會看到黑奴——尤其是努比亞（Nubia）和撒哈拉沙漠的鹽礦和金礦；在某些形式的製造業也會看到黑奴，不過回教世界的中古經濟不像上古世界的經濟，它不是以奴工為基礎的。

最後是奢侈品交易，商品量少貨輕，價昂利高。

這些貨品之中，最重要的是織品，尤其是昂貴的織品，諸如絲織物與絲製錦緞。在羅馬帝國後期、拜占庭帝國、波斯帝國，以及回教時代早期，「絲」在政治與商業上皆有相當的重要性。進口「絲」以及產絲，往往是皇室的壟斷事業。由於象徵榮耀的絲袍也不時會賜給蠻族親貴，於是絲品貿易也可以說具有一些外交上的意義。從東方世界進口絲物，曾經是途經地區的政治、軍事歷史的主要脈絡。

另一項主要的商品是「薰香」（incense），與其他香芬精一道從阿拉伯半島南部以及其東諸地帶入。「薰香」是件極為重要的商品，因為希臘羅馬世界的神殿和後來的基督教教堂都普遍使用薰香。一些現代的歷史學者，甚至把它比作古代世界的油生意——油幫助輪子轉動順暢。但是此語的比喻性，甚於其翔實性。

回教的典儀和崇拜中都用不到薰香，於是當這個新信仰來到與散播開來的時候，薰香在回教世界裡就沒有那麼重要了——雖然這項商品在信奉基督教的歐洲需求不斷。在薰香貿易沒落之後，比它更為重要的是香料貿易，至為緊要的是胡椒，來自於馬拉巴海岸（Malabar）。[22]胡椒與其他香料及調味品，在回教徒的地方以及其外地區，市場潛力雄厚，而那些買賣這些商品的商賈

---

[22] 譯按：在印度。

群，富有並且受到尊敬。

貴重的礦石，也有著貨輕、價高的好處。其他的一些貨品諸如象牙、罕見木材、珍貴木材，甚至於稀有動物，也有同樣的好處。羅馬帝國時代進口相當多稀有的動物，充作馬戲鬥獸之用。

在中古時代盛期，回教中東的商業活動在各方面都領先了歐洲的商業活動——豐富多樣、規模宏大、組織周詳、提供的貨品樣式較多、購買貨品的資金亦較多、貿易關係的網絡廣泛而複雜。到了中古時代結束之時，這些角色卻對調了。中東的貿易並不如人們一度所想的那樣，因地理大發現的航程與葡萄牙人來到亞洲而終止。現在人們都知道，在達伽瑪（Vasco da Gama）抵達印度之後，中東的貿易仍舊繼續了一百多年。中東貿易的式微，也不是越洋的地理大發現所造成的。越洋地理大發現的經濟作用是中東地區起變化的結果，而不是起變化的原因。葡萄牙人這個小小西歐地方的小小民族，能夠在東方世界建立起海上與商業地位，更一度建立起主宰地位，這是很值得注意的；更值得注意的是強大的中東列國，即馬木祿克王朝治下的埃及、鄂圖曼王朝治下的土耳其、薩非王朝治下的伊朗，都沒有能力集合經濟力量與葡萄牙人競爭，或是集合水師力量來打敗他們。地理大發現肯定加快了中東貿易式微，可是它們並不曾造成中東貿易的式微。歷史學者必須要往其他方向尋找事件的原因。

經濟式微不僅止發生在回教領土之上。在拜占庭國僅存的領地，也能看到類似的歷程，甚至於地中海的歐洲世界，特別是義大利，也有幅度較小的沒落。義大利曾經是盛極一方的商業城邦，如今在西北歐洲的經濟起飛之下，黯然失色。經濟式微也不能簡單純然地歸因於回教的宗教態度，或是「聖律」的執行。後兩者的存在並沒有妨礙到早期商業的繁榮昌盛；而這兩者的不存在，也沒有挽救拜占庭與義大利的厄運。

有一些物質因素，一目了然。礦藏與貴重金屬枯竭或是為外人所掠奪，使得回教諸國銀根短缺，而此時其歐洲競爭對手正在美洲找到黃金白銀的新利源。黑死病以及其他的自然災害，同時影響到基督教世界與回教世界，可是，回教土地還遭到破壞性極強的侵略，尤其是那些東方蒙古人的侵略，以及蹂躪北非的希勞氏貝都因部民的侵略。

或許長期來看，比外患入侵的破壞還要嚴重的，是國內的政局變化與軍事貴族把持國政。這些軍事貴族對商業不甚關心，對生產也興趣缺缺。連地中海的海上貿易，也為義大利諸邦接管了；後者不用征服也不施壓力，只是簡單地在經商手法上更為主動積極、更加重視效率。中東的農業與工業除了極少數的物產像是蔗糖與後來的咖啡，再也無法提供可供出口的商品盈餘，中東的貿易商賈，益發得仰賴歐洲與遙遠東方的轉回貿易。因此，這項轉口貿易在此時此刻的轉向，打擊遠較以往可能的要沉重許多。此際，西歐在科技、財政和商業方面的進展，使得西方商人擁有工具、資源和技術去主宰中東各個市場。而這些商人之所以能順利地打進中東市場，又有賴於鄂圖曼帝國做到的整合與安定。鄂圖曼王朝的陸軍統治了陸地，鄂圖曼王朝的艦隊一度主宰了海洋，然而歐洲商人卻是靜靜地、和平地進占了各方市場。

第十章 菁 英

回教文明和歷史上我們所知的每個文明一樣，有一些或多或少享有獨家權益的族群以及此外的芸芸眾生。這個區別是存在的，人們也都承認有這個差異。這兩種人在古典阿拉伯語中，通常用「赫司薩」（khāṣṣa）和「艾瑪」（ʿāmma）兩個名詞來指稱，意思是「特殊」和「一般」。回教原則上相信人人平等，認為一位信徒之於另外一位信徒，並不會因為個人的出身、家系、種族、民族屬性或社會地位而比較優越。古典式的回教和它的姊妹宗教一樣，假定男人和女人、自由人和奴隸、信眾與異教徒根本上是不相等的，古典回教並且按照「聖律」的法則來落實後者的低等地位。在這些既定的、人們也都知道的不平等事項之外，回教的律法與教義並不認為信眾還有什麼差別。只有虔誠的心和善良的行為能夠得到表彰，因為虔敬與善行比財富、權力、出身顯赫等更為高尚。

可是實際上那些有幸擁有財富、權力甚或是學問的人，總是希望把這些有價值的東西傳給子孫，所以就形成了一個導向世襲特權階級的趨勢，這在每個人類社會裡都是勢所難免之事。鄂圖曼王朝之前，很少有政權能長命到建立起與維持著一個固若金湯的貴族階級；中古回教時代的大多數政權若不是因國內起事而被推翻，就是因外來征服而覆滅——後者發生得比較頻繁。取而代之的統治者及其族人、親信、支持者，也就恰恰好地組成了一個有財有勢的新生貴族階級。征服行動為那些與征服者屬同個種族的人士帶來了明顯的好處，不過，這種獨享權益為時短暫，除了兩個例外。這兩個例外是阿拉伯人和突厥人，前者創建了回教政權並一度治理之，後者從中古末葉到現代，幾乎壟斷了執政地位與軍事指揮權。兩者又同在時光流逝中以不同的方式消磨掉他們本來的種族身分。阿拉伯人融入了已經阿拉伯化的本土大眾之中，而突厥人則融入了鄂圖曼帝國民族多元的治國與行政菁英之中。

「聖律」的學者們只有在一段文字中討論到社會階級，這個討論與「卡發阿」（kafāʾa）的原則相關。「卡發阿」可以粗略地翻譯做婚姻關係中的出身與社會地位相等。[1]此原則並非認可任一形式的貴族特權，它並沒有禁止門戶不登對的嫁娶行為。法學家們對於是什麼事項造成了「不平等」，也是眾說紛紜莫衷一是。這個法則的目的在於保障尊貴族的榮耀，方法是只要這些家族想，它們就可以阻止不合適的聯姻。「卡發阿」原則可以由女子的父親或是其他的法定監護人提出，讓她不能在未經同意的情況下私訂終身，要是婚事在未徵得同意前就已訂下，或是這項同意是騙來的，只要該名女子還沒有孩子也沒有懷孕，長輩就可以援用這個原則來取消婚約。提出這個原則可以禁止一名女子嫁給社會地位比她低的男子，因為這會讓她的家庭臉上無光。至於男子娶進地位較低的女子則無所謂，因為女人在法學家的眼裡反正就是低人一等，所以這類婚姻不會對社會造成破壞或損傷。

關於怎樣來界定相等的身分地位，法學家們的意見則相當分歧。對於一些法學家來說，這個法則只與宗教有關，其作用是保障虔誠的女子，以免她情非所願地嫁給一個不虔誠的男人。至於其他層面，「回教眾民彼此平等，與上帝的啟示一致」，[2]這是大法學家馬力·本·艾納斯（Mālik ibn Anas）說的。但是，另一個學派的法學家或許是受到了先回教時代的波斯層級觀念與層級作風的影響，認為「卡發阿」所關係的，是宗教虔誠與個人性格以外的其他事項。這些事項包括有系譜血胤、專門職業和財政狀況，至於後來改宗的非回教徒生下的子女或是孫輩，以及蒙受解放的奴隸生下的子女或是孫輩，則還要考慮其家族成為回教徒或被解放的開始日期。

---

1 譯按：即「門當戶對」。

2 Mālik ibn Anas, *Al-Mudawwana al-Kubrā* (Cairo, AH 1323), vol. 4, pp. 13-4; idem, *Al-Muwaṭṭa* (Cairo, AH 1310), 3, pp. 57, 262.

很明白地，「赫司薩」和「艾瑪」的區別，不僅僅是經濟狀況這麼簡單，因為那只是指擁有物資者與不擁有物資者之間的區別。在回教的文學作品中，貧窮潦倒的書生和暴發富有的大爺這個主題，就像在其他文化的作品中一般尋常。不過，同樣明顯的是，代代窮困和成為「赫司薩」的一員是無法相容的；出身、來源、地位的根本不同，也和「赫司薩」的身分無法相容——雖然這些事項，在界定時都各有其分量。有個「赫司薩」父親、又在「赫司薩」家庭成長，至少就造成了一個假定的「赫司薩」身分。而社會區分通常要比造成這個區分的經濟與政治現實來得持久，這本是古今、各地皆然。當真實的權力與財富一去不復返，社會優越感的情懷依舊存在。「職業」顯然是個重點，中古的回教徒文人也的確花了很多精神去把不同的商貿、工藝和專業分門別類，分別指明它們在社會秩序中的位置。

「教育程度」也可以是個決定性的因素。回教社會奉其經典為神聖，尊崇寫經的語文，並且敬佩那些能夠優雅地使用這種語文的人，於是教育程度在這個社會裡，就更具有特殊的意義。先是一種，然後是兩種，最後是三種，阿拉伯語、波斯語和突厥語這三種語文，界定了回教中東主要地區的文化認同，為三種文化的士人階級帶來文化與道德修養方面高度的一致性。「一般」民眾用的是五花八門的土語方言，而「赫司薩」族群由於有共同的書寫語文、共同的古典與經書傳統，以及從前兩者導出的一套共通的莊重和諧——即舉止和禮數的規範——而整齊一致。在稍早的時期，特別是阿拔斯系的巴格達政權和法蒂瑪系的開羅政權時期，要成為菁英的一分子，不必非得信從那個強勢的信仰。所以，我們可聽到信基督教、信猶太教的詩人、科學家和學者，這些人與信回教的同事在同一個圈子裡活動，他們不只是同事，也還是朋友、夥伴、學生、老師。後來人們的態度轉趨嚴苛，這至少部分是肇因於國內海外的宗教糾紛——這時非回教徒的社群雖然仍舊享有回教律法列明的寬容措施，但他們已經逐漸從主體的回教社群分離、孤立出來。到了中古末期和現代初期，非信奉回教的醫師與其他專家們雖仍舊被雇用，而且往往職位甚高，可是，不同宗教的社會民眾之間，甚至於不同宗教的知識分子之間的溝通，已經大幅減少了。

從早期流傳至今的著作與文書史料，幾乎全出自「赫司薩」人士之手，故此，關於過去的紀錄以及根據這些紀錄撰成的現代史著，大體上反映的應該是「赫司薩」人士的利益、活動與關懷。只有到了近幾年，才有學者開始探討與特權無緣的老百姓的生活，諸如農民、工匠與城市貧民的生活。雖然有些很有意思的文獻也從中古時代保留到今天，可是關於這個主題的探討，主要還是局限於鄂圖曼王朝時期，因為只有這個時期才有詳盡的檔案紀錄保存下來。

用來研究回教歷史的文字史料，譬如書籍、信函以及其他文獻，絕大部分是來自官僚胥吏和宗教人士這兩個主要的社會族群。官僚體系可以追溯到亙古時代，而且可能還是發源於中東的。其所以產生，是為了回應某些實際上的需要，特別是在大河流域的社會裡組織與維護灌溉系統一事。在公元前第四個千年的下半葉時，埃及古王國時代的法老們就已經抽乾了濕地、擴大灌溉系統、興建城鎮，並且進行與外界的貿易，從海路和陸路將埃及所需要的木材與礦產運進國內。發展政府官署與行政體系，興建宮殿與神廟，都需要某些記載和記錄的方法。為了應合這個新需要，專門的書寫「奧祕」應運而生，文員（clerks）與書吏（scribes）這個新生的社會階級，以及各種記錄、積累和傳遞知識的革命性可能也一併產生。官僚體系在埃及茁壯起來，經歷了朝代更迭，甚至於文明轉換，包括了法老、希臘化時代的君主、羅馬人、信奉基督教的拜占庭人、阿拉伯人以及各式各樣的回教繼任者。在伊拉克和伊朗地區也可以看到類似的進程，那裡的官僚體系傳統可以推溯到巴比倫諸君與古波斯諸王。傳至薩珊王朝時代，其後在信奉回教的哈里發們和素檀們治下依然存在。中東官僚的典範是書吏以斯拉（Erza），其技能與職責，在希伯來聖經當中以他命名的篇章裡面有所描述。

所有這些官僚體系，都有著一些持續不變的特性。其中最重要與最持久的，或許是這種形式的政府是以文字來傳承的，也是以書面來運作的。信函與記載是行政上不可或缺的部分，而書寫文字與使用暗碼（ciphering），則是在那裡工作的人必須擁有的技能。古典時期的回教作品相當多是書吏們寫給書吏們看的，此中反映了他們的風貌特質，也反映了他們的專業興趣與專業關懷。此類作品所描畫的官僚體系，在職責上分工細密、班次上層級有序。每位官員都有一份工作要做，而這個工作是由高層授權給他的。官員的職責有明確的界定，而其權力也有限制。體制內有個或可稱為「環環相連的指揮紐帶」（a chain of command）的東西，這也是晉升的階梯。每個人都知道下一步大概是些什麼，也知道想要達到他所垂涎的晉升，需要做些什麼。這種層級制度也牽涉到監督與控制，所以「能否倚重」（accountability）這個重要的原則，便成為考量的因素。

吸收官僚的方式以及支薪的方式，也是官僚體系的獨家特性。特別的地方是，書吏們乃是受薪的雇員。他所收到的薪俸並非來自繼承財產，也不是因為擁有或控制某一些可以產生進帳的有價事物，亦非純粹因為其身分地位而得到給與。書吏們不擁有、也不控有其收入的來源，也不是任何形式的贈與的受惠人。他因工作而受薪。組織較佳、成效愈彰的官府會以現金支薪，而在財政困難的時候，主政者有時候會以頒授權利的方式來支付官員薪俸——這個措施，肯定導致了行政體系的崩壞。

一千年來，中東的官僚體系經歷了政府、宗教、文化甚至於文字與語文的諸般易手，但仍顯示出十分強韌的持久性和沿續性。在基督教興起與回教興起之間的幾百年內，中東西半部地區的行政系統是希臘化式的，而東半部地區的行政系統是波斯式的。在伊拉克地區以西那些由羅馬人和後來的拜占庭人治理的土地上，行政事務是以希臘文而不是拉丁文進行，看來，也維持著希臘化君主政體的作風。歷史研究者感到慶幸的是，埃及的特殊環境令大量的行政文獻得以保存至今。這個特殊的環境，指的是行政上的中央集權、局勢的穩定性和沿續性以外，還包括天候乾燥。這些行政文獻的詳盡程度為他處所無，使得歷史學者可以追循埃及的行政體系在羅馬時代、拜占庭時代、回教時代的進程，觀察這個官僚制度是如何地運作、又是如何地轉變。敘利亞地區缺乏可以和埃及地區相提並論的文獻史料，不過，就我們所能得到的文字史料，也足以確認以下的假設，即敘利亞和埃及的情形差不多。在敘利亞地區，也有一個從羅馬人換到拜占庭人的官僚體系，用希臘文來進行政府的日常業務，用希臘文來登錄事項、整理往來文書。如果不能說「大多數」、至少也有「許多」雇員是希臘化的當地人而非希臘人。及至回教征服時代，這些雇員絕大多數是基督教徒。

氣候不佳和政治上的不連貫，使得波斯帝國無法留下可與埃及等量齊觀的文獻。不過，希伯來聖經與希臘作家這些外界的證言，都描繪出在古波斯皇帝手下，有一個忙碌而專業的政務單位。而後期的回教徒史料，則提到當時有一個精密的造籍作法，是關於金融與其他財政事務的。將書卷裝訂成冊籍的形式，以供謄抄記錄並保留下來以便日後尋檢的作法，可能真的是起源於波斯國的行政體系。羅馬帝國和拜占庭的行政單位常用的莎草紙，無法裝訂成巨冊，於是這些莎草紙登錄清單與著作，通常是捲起來保存的。羊皮紙和犢皮紙（vellum）[3]比較方便也比較耐用，在基督教時代早期就已經廣泛釘成書冊，這些書冊的形制也開始與今物彷佛。波斯帝國也用羊皮紙和犢皮紙來做登記簿子，這些登記簿子一直保存到阿拉伯人的時代，而新當家的宗主也經常參閱這些簿子。紙張傳入更使得保留紀錄在回教土地之上成為家常便飯。

或許，關於官僚體系長存不斷這個特性最讓人瞠目結舌的例子，為第七世紀阿拉伯回教徒征服行動之後的形勢。波斯帝國不復存在，阿拉伯人也從拜占庭人那裡用蠻力奪下大片土地，歸併在新立的阿拉伯回教帝國之中。然而，雖是發生了這些變化，埃及的莎草紙文書紀錄表明，至少在政府的日常公事方面，並沒有絲毫改變。埃及那些信奉基督教的官員，還是根據同樣的規定在收同樣的稅，寫下同樣的行政文書，甚至還在這些文書上用舊式的埃及基督教紀年來標注日期，與他們先前所做的完全一模一樣。該轉送收入的最終目的地是換了，但其他的一切則一仍故常。文獻顯示，官僚體系的真正轉變是緩慢的，歷時上百年。一直要到相當晚近，才出現用雙語寫成的莎草紙文書，也就是並用希臘文和阿拉伯文的文書。接著，物換星移，阿拉伯文獻與希臘文文獻的數量此長彼消，到了十八世紀晚期，希臘文文獻完全消失，只看得到阿拉伯文的莎草紙文書。從著作史料上來看，敘利亞和伊拉克地區還有東方的情況，應該相去不遠：阿拉伯語文在這些地區取代了舊式的波斯文字和語言。

3 譯按：用小牛或小羊皮製成的書寫紙。

就算是發生了這樣的轉變，也不表示原來的官僚都被解雇、換上新人。阿拉伯人來到之後，有很長的一段時間，原先的官宦世家仍舊保有其手藝的奧妙，尤其是記事方面的祕密方法。阿拉伯人的史書中有許多故事提到阿拉伯人以征服者的姿態來到之後，曾經費盡心思想要接收官府，然而總是不能如願。因為除了會計人員之外，沒人看得懂那些帳本，而除了承辦特定業務的書吏之外，誰也無法處理那些來往文件。這些故事也提到，這使得阿拉伯人不得不做出讓步。雖然阿拉伯人在帝國裡面是無人能挑戰的政治宗主和軍事宗主，他們仍然得讓前朝的書吏留任原職。阿拉伯人多方努力，終於在回教紀年的第二個世紀令手下的員工使用阿拉伯文，於是帝國各省之間的差異就有了一定的一致性。但是即便是如此，也不意味著原先的官宦世家就此出局——這只意味著，他們連阿拉伯文也學會了。許多人在接納這個新語文的同時，也接納了回教，然而就整體上來說，埃及的虔誠回教徒晚至公元十三和十四世紀，仍在苦苦抗議。他們說，科普人——基督教徒是也——仍在把持行政和徵集賦稅，而一位老實的回教徒卻無法在本國有個公平的待遇。

這個官僚傳統的超強韌性，一方面是大型官宦世家或是書吏世家形成的原因，另一方面也是這些世家所造成的後果。傳統的史書大多聚焦於名字充斥史冊的哈里發和素檀、軍事統帥和各省總督、偉大政治人物和軍事人才。不過，至少還有一些別人也受到同樣的重視，他們的名字很少為記事者所提及，只能艱難地從文獻中鉤沉——要是能找得到的話。他們是各個部門的首長、政務單位的負責人、理財官員、評定稅額與徵集稅金的吏員及其手下諸司執事。他們一代復一代、世紀復世紀地運轉政府的業務，往往因此建立了代代相承的傳統，這在實質上使得他們成為官僚顯貴或是官僚貴族。一位第八世紀早期的官員致書手下群僚，自傲地談到他們在維持國家與社會二事上的角色：

> 上帝……把你們這些書吏放在最卓異的位置上面，是有文化和有操守的人員，是有知識和有洞察力的人員。由於你們的工作，優越的哈里發國秩序井然，政務公正運作。上帝透過向你們的諮詢，使政府的作為符合民心，國家於是昌盛。國王沒了你們就無法治國，除了你們之外，他也找不出其他的賢能之士。所以，你們是諸王的耳朵，有了你們，他們才聽得到；是諸王的眼睛，有了你們，他們才看得到；是諸王的舌頭，有了你們，他們才能說話；是諸王的雙手，有了你們，他們才做得來。[4]

---

4 Abd al-Ḥamīd, *Risāla ilā l-kuttāb*, in Aḥmad Zakī Ṣafwat, *Jamharat Rasāʾil al-ʿArab* (Cairo, 1356/1937), ii, p. 534; English translation in B. Lewis, ed. And trans., *Islam from the Prophet Muhammad to the Capture of Contantinople* (New York, 1974), vol. 1, p. 186.

官僚的自然願望和其他擁有權力地位的人一樣，想要把自己的諸般好處傳給子孫。這在教育層面造成重大的後果。各個回教徒所建立的帝國，似乎並沒有發展出以公開考試的辦法來招攬人才的制度。用考試舉才的制度就像印刷術和火藥一樣，是華人的發明，它一直沒有來到回教世界，後來才從西方世界引進。在此之前的人才進用，是以見習制度（apprenticeship）來進行的。官僚在適當的時機引薦自己的兒子或姪甥之屬，或是其他受其庇蔭的人士入官，後者從低下的職務做起，一開始不支薪，逐漸再踏上晉升的階梯。這個作法沿續到現代，因此，「保庇」（patronage）與提名、任命以至於推薦的權力，一直都是中東地區一項有力的政治武器。中東和其他地方一樣，主公與食客的關係（patron-client）是整個社會裡面最重要也最有效的關係之一。

官府和其他活動形式不同的地方是，光靠「關愛」與庇蔭是不足夠的。見習者還是需要有專業的技能，以及使他能學會這門技能的一定程度的教育。因此，「為官」與「教育」便就產生了重要的社會連結，其連結雖然沒有像中古基督教歐洲的「學」「官」連結那樣緊密，也不能說不重要，而這個連結的重要性在中古時代後期更是與日俱增。

中古回教世界有兩個不同的識字與受教育階級，於是發展出兩套不同類型的文藝和學問。其中一類叫做「阿大補」（adab），包括了詩歌、歷史、「慧語集錦」，以及各式各樣談到一個有文化的人應該知道和懂得欣賞的事物的著作。另一類叫做「悠霖」（ʿilm），字面上的意思是「知識」。這是回教教師的園地，內容基本上是宗教學科：古蘭經與經疏經解、先知的誡條、先知及其友伴的生涯與懿風範行，以及從這些學科演化出來的姊妹學科：神學與法學。

日久年深，拜占庭與波斯的行政方式都逐漸地做出修正、求得適應、產生交融，而且阿拉伯化與回教化了。新的時代隨著來自草原的侵略展開，先是突厥人，再是蒙古人，他們在中東的回教世界建立了主控權。回教世界此時正為宗教衝突所撕裂——遜尼分子與什葉分子互相衝突，阿拔斯系與法蒂瑪系互相衝突，而在以上的四個團體當中，又各有溫和派與激進派的衝突。在這個時期，官僚體系的訓練方式、風貌特質與一般觀感，都發生了可以覺察得到的轉變。官僚教育與養成訓練中非常強調回教，尤其是回教的律法和行事風格。於是，官僚就愈來愈像是回教教師階級所提供的宗教教育底下的產物了。

人稱書吏（阿拉伯語做「卡提卜」（kātib））的那些官僚，在回教社會之中形成了一個人數多、權勢大、自覺性高的族群。他們別有特殊的服飾，那是一種叫做「迭爾瑞艾」（darrāʿa）的斗蓬；他們自有其高級長官，即宰相，他是在哈里發或素檀一人之下的行政體系首長。在政府軍事化之前，宰相總是走在所有達官貴人的前面，而在典禮當中為其前導的，則是其官職的象徵——墨水罐。

嘗有此說，曰回教沒有祭司人員。這點就神學來說的確是對的，回教並沒有教職任命、沒有教士職司，也沒有非得受到教職任命的教士才能夠進行的聖事。原則上，只要有必需的知識，任何人都可以帶領做祈禱、在清真寺裡講道，或是主持婚喪之禮。原則上，上帝和信眾之間並沒有教士中介。由於沒有教士集團，原則上也不可能會有教士的層級制度、沒有高層低層的神職人員、沒有主教或是樞機主教、沒有宗教會議或是教士集會。有些人會奉獻終身追求虔敬，可是人們也認為這些人應該透過另外的一些途徑自謀生計，有個光榮的工作，好比手藝或是經商之類的。在這方面，回教徒的立場和基督教徒的立場是很不一樣的，回教徒的立場比較接近猶太人的立場。猶太人在聖殿被夷平、祭司被解散之後，就不接受新的教士集團，他們還認為，猶太教的教師（rabbis）不過是教育人士和研究法律的人。《司鐸的倫理》（*The Ethics of the Fathers*）是一部猶太教教師的作品，可能完成於公元第三世紀，其中有一句膾炙人口的名言，提醒那些學習與教授「託拉」（Torah）的人們：「別把它當成一個用來發光的皇冠，或是一個用來鋤掘的鍬子。」[5]回教徒的著作裡，也可以讀到同類的金言。

現實的情況，自然是不大一樣，猶太教教師和回教教師兩者，久而久之都喪失其業餘的身分。法律的涵蓋面愈發廣泛、更形複雜，就需要全職的專家來主持與裁決；而當整體的宗教著作從以經典為核心增廣到包括各層面的評註、詮釋和系統時，又需要有全職的專業人士來研究。此時仍然是沒有教職任命，不過猶太教和基督教都發展出檢定的制度，在上完規定的研讀課程之後，學生可由其導師或導師們發給證書，證明他在宗教學科方面是位學有所成的學者專家。由於神學家和讀神學的學生都要吃飯，於是就得設計一些制度來供應這些物質上的需求。「回教沒有祭司階級」這仍然是個事實，不過，如果把一個專業的、其程度為學院所認可的宗教人員稱做教士，似乎也沒什麼不妥。他們和書吏一樣，有自己特殊的裝束，其中最重要的是「頭巾」（turban）。「頭巾」成為了他們的標誌和身分特權，也一直是他們的標誌和特權。

回教教師分布的階層甚廣，從村莊裡或鄰近清真寺的卑微執事，到重要的法律顯貴諸如「卡迪」（qāḍī）和「穆夫提」（muftī）。回教在原則上只有一種法律，那就是上帝所啟示的律法，這以下還會談到。於是乎，法律就躋身為宗教學科之一，專業詮釋法律的人士，是回教教師階級的一部分。其中包括了「卡迪」，那是主政者指派以執掌「聖律」的司法官；「穆夫提」則是司法顧問，當法律發生歧義時便召之以提供衡量的尺度和意見；還有「穆合塔西卜」（muḥtasib），他們是政府指派以監督市場與道德的官吏，其工作由古蘭經裡一再重複的訓諭所界定，即全體回教徒都有責任「善善惡惡」（第三章第一百零四節、第一百一十節，第二十二章第四十一節等）。直到十九世紀，回教世界都沒有辯護律師，回教徒的法律體系，也從未聽說過這項職業及其職能。

5 譯按：「託拉」為猶太教經典，內含經文、教義與律法。這句話係提醒人們研習高等知識非為自炫或攻擊他人。

在回教歷史的前幾個世紀，政府與回教教師之間的關係疏遠，有時候還會互相猜忌。對於極為虔敬的信徒來說，治國機制是個必要之惡，不過好人也不會參與此事。擔任公職乃是自貶身價，在某種意義上來說還是十惡不赦，因為國庫的收入是強取而來，所以凡是領公家薪水的，不免都在助紂為虐。後來，在虔誠教徒與飽學之士的傳記裡面，就出現了一個老套公式：書中所描述的英雄得到國家授與公職，卻拒絕領受。這個授與，造就了其聲望美名；而拒絕，成就了其正直形象。「卡迪」自然是政府任命的，於是他們後來就成了被回教民間傳奇與普羅宗教取笑怒罵的人物。「穆夫提」由於自主性高，於是也受到較高的推崇。「穆夫提」的身分是由之前的「穆夫提」們經某種形式的選舉而授與的，其收入則來自諮詢費用或是「宗教基金」（pious foundations）。一般來說，回教教師及其單位十分仰賴「宗教基金」來維持他們的生活。「宗教基金」的阿拉伯名稱叫做「瓦克甫」（waqf），是一種為了虔敬目的所做出的永久讓渡式的捐贈。

政府和回教教師之間演變出一種非官式、脈絡也不清楚的權力分立，在這個權力區分當中，政權通常把所有關於「聖律」的事項都讓給了回教教師，作為他們的獨家權能。這項承認再加上教師們和政府保持疏離，遂為回教教師造就了無比的清望，那些沒有擔任公共職務的回教教師，尤其是聲望崇高。在回教裡面，「聖律」制定了大多數的社會與個人關係，因此主理「聖律」的專家，在社會上便成為與諸事相關且影響力強的人物。人民大眾在許多事項，尤其是嫁娶、離異與繼承事項上，都要靠他們指引，甚或是做出決定。

宗教人士與治國人士之間的這種關係——或者我們該說是缺乏關係——導致實際上的各種困難。回教教師研發出自己一套關於政治權力與義務的學說，而回教帝國的主政者則認為這套學說裡面大部分的事項，在施政時都是難以實行的。主政者經常感到自己必須要得到回教教師的支持，但是在他們得到這項支持的時候，回教教師有時又會提出條件，要求主政者落實一個根據已經被聖化的神話式過去所建構出來的理想制度。對於遜尼派的回教教師來說，這個理想的制度，指的是四位合法的哈里發們創下的先例，再加上烏邁耶朝哈里發烏默爾二世的治國措施。而對於什葉派的回教教師來說，只有先知穆罕默德與哈里發阿里創下的先例是有效的，其他那些所謂「合法的」哈里發們，壓根就不是「合法的」。

回教教師在政治生活中的隱退，自然從來就不曾是全面絕然的。兩者之間，逐漸建立了一種「言和」（truce）或是一種「共容的生活模式」（modus vivendi）。主政者在原則上承認「聖律」，不會公開牴觸其規定，尤其是在典禮和社會道德事項方面；主政者也會不時諮詢回教教師的意見，將他們提升到權威的位置。回教教師則在另一方面盡量不過度涉入公眾職權。當一位教師接下掌權的職位時，他必定是勉為其難的，並且會遭到比他還要虔誠的人側目相視。

這種政教關係的結果，使回教教師開始分成兩個圈子。其中一個圈子裡都是極為虔敬的人士，同修和百姓把他們當作正道的監督保衛者，正直而堅定，富貴不能移。另一個圈子或可稱做順從的、或是務實的圈子，包括那些接受公共職務的回教教師，他們由於接受公職，相對失去了大部分原有的清望。比較不自我警醒也比較不審慎的回教教師出任公職，而那些比較有良心並且虔誠的回教教師逃避公職，這種情況同時戕害了政府與宗教。大眾所同情的顯然是那些逃避公職的人，論道文集中提到眾多可資取法的作為，而這些作為都要求全面絕然地杯葛公職。

在十二和十三世紀的時候，上述情形發生了重大的變化。這個時期是宗教爭鬥的主要時期，其情勢一度看來似將危及回教信仰與回教社群的根本生存。這時，回教同時受到內外敵人的攻擊，有來自西方的、有來自東方的、也有來自內部的。大難臨頭，階級於是開始消融，回教社會裡面原先分立甚或是相抗的派系，如今也愈走愈近。文武公僕開始益發關心宗教，而宗教階級對於政府，也不那麼地充滿敵意了。

把政府和宗教以及兩方人士逐漸拉近的一個重要因素是「馬德拉薩」（madrasa），那是某種意義的神學院或是學校，回教徒高等教育的主要中心。早期關於初等教育和中等教育的指導，是在清真寺裡進行的，或者是和清真寺有關。到了公元第九世紀和第十世紀，甚至出現了研究高等學問的中心。這些中心附屬於某些清真寺，基本上是研究宗教學科的，但研究的不盡然全是宗教學科。這些中心，有的是主政者捐贈的，也有私人捐建的。其中一些較大的中心還設有圖書室，供學生和學者使用。另外還有一些半公眾式的圖書室，其中蒐羅了非宗教課題的書籍，諸如數學、醫藥、化學、哲學與音樂等。第九世紀早期，阿拔斯朝哈里發馬門在巴格達城創建了著名的「智慧之舍」（house of wisdom），這是眾多高等學府的第一所。「智慧之舍」可能仿自波斯地方的古老學院「功德沙普爾」（Gondeshapur），那是一所研究希臘化學科的中心，尤精於醫藥學。「功德沙普爾」的創辦人是聶斯托留派（Nestorian，編按：即隋唐時期的景教）的基督教徒們，他們由於拜占庭進行宗教迫害而來到這裡，托庇於薩珊王朝的統治之下。而「功德沙普爾」本身，又可能是模仿位於亞歷山卓港或安提阿城的舊式希臘人學校而創建的。

地道的「馬德拉薩」可以推溯至十一世紀，當時出現了第一所「馬德拉薩」，此後其他的「馬德拉薩」大批設立，回教世界各地亦紛然景從。有的時候，「馬德拉薩」附屬在清真寺內，而有的時候，「馬德拉薩」則獨立存在，並且為了教授和學生方便，附設有小小的崇拜場所——小禮拜室之類的。後來，「馬德拉薩」愈來愈像是一所有組織的學校，有讀書綱要和研讀的日程表，有接受定期支給的常設學院，並且為了照料學生，設有專款和提供設備。「馬德拉薩」和在中古歐洲興起的主教座堂學校（cathedral schools）一樣，關切的基本上是宗教和律法方面的指導。這兩個項目對於回教來說是不同的東西，但是整體而言又是二而一的。不過，後來的「馬德拉薩」開始成為普及教育的主角，和西方世界的學校和大學一樣。

當政府的公務員對宗教表示出一種全新的、深刻的渴求，專業的宗教人士也就愈來愈願意出任公職。在鄂圖曼帝國時代，回教的宗教人士是為政府機關的一部分。這個現象之所以產生，部分無疑是受到基督教的神職系統啟發，那是鄂圖曼人在占領地區接觸到的。「卡迪」和「穆夫提」皆由政府任命，派到一個地區去，在那裡享有司法裁量的權力——把這樣的地區稱做「主教轄區」（diocese），似也無不可。到了這般地步，宗教人士也就成了帝國政府裡與官僚體系和軍事體制並存的第三個分支，有自己的層級制度，領頭的是「伊斯蘭教長」（sheikh al-Islam），如果說首都的大「穆夫提」是鄂圖曼帝國的「首席主教」（primate），這種說法也不至於有太大的扭曲。

當回教教師向政府漸行漸近，他們便在所難免地和民眾愈離愈遠，於是也就失去了大部分他們先前所具有的影響力。在一般的回教徒大眾心目中，蘇非派的教首取代了回教教師的位置，他們所代表的是一種很不一樣的宗教襟懷。蘇非信眾在中古時代末期便開始組織團契，每一個團契都走上不同的神祕途徑。這些團契的帶頭人和團契成員大時候被稱為「苦行修士」（dervishes），他們彌補了傳統回教所缺少的部分。「苦行修士」的聚會以及儀式，提供了精神滋養和情感交流，而在某些時刻還提供了凝聚的力量，有助於爭取人們的福祉。

中古的回教徒作者，往往把社會分為兩個主要的族群：提刀的人（men of sword）和握筆的人（men of pen）——顯然，這裡指的是「推動社會運轉的人士」。「提刀的人」很明白地就是武人，而「握筆的人」同時包括有官僚和宗教人士。可是，還有一些靠頭腦或文字技巧維生的其他人，放在這兩個族群裡面都不太適當。譬如說醫師，就在歷史作品和傳記文學裡面是個重要的人物。有時候，他們是君王的醫藥顧問；有時候，他們在回教世界裡十分興旺的眾多醫院中做出成績而揚名立萬；有時候，盛名來自他們主持的研究和撰著的書籍。中古回教醫藥的理論與實務，主要來自希臘化時期的材料，回教徒再多所增益，於是，回教世界在中古時代盛期的醫藥知識與實務，遠遠超過歐洲所能知者。

然而到了近代，回教醫學卻遠遠落後。回教徒翻譯的歐洲醫學論文極少。十五、十六世紀的時候，就有些歐洲的難民跑到回教地方去行醫。他們大多是猶太人。而在十七、十八世紀時，則有一些鄂圖曼國內的基督教徒，到歐洲去研習醫藥，回國後在家鄉行醫。不過要到十九世紀，才有些生氣勃勃的主政者，派遣留學生到歐洲的醫學院去念書，並且在國內開辦新式的醫藥學校，聘用外籍教師。如此，才把醫藥行為從中古時代以來一直沒有多大改變的舊式「希臘化—回教」傳統醫學中拯救出來。

「握筆的人」當中另一個重要的族群是詩人——較精確地說，是「舌燦蓮花的人」（men of the spoken word）。就算是勢力再小的當權者，都會供養至少一名詩人來歌唱頌揚自己的詩篇，這詩篇要能朗朗上口，一面世就能天下風聞。勢力較大的主政者則會養上一群的宮廷詩人，作為一種宣傳機關。有詩才的頌揚者，也經常和民間財主有生意上的來往，慶生、祝婚，還有在其他場合上助興。在一個沒有大眾傳播媒體的時代，詩歌和詩人填補了一個重要的功能，那就是發布消息和投射出討好的形象。

若是說詩人妥貼地照顧了主政者當世的形象，那麼該對主政者向後世投射出的形象負責的，則是寫歷史的人。在中古時期，歷史作者不同於詩人，他們既不是自由的文字工作者，也不是宮廷的雇員；大多數的歷史作者不是屬於官僚階級，就是屬於宗教階級。可能也就是因為如此，他們才能在哈里發手下保持高水準的獨立自主以及表達意見的自由。後來相沿成俗的是，主政者任命宮廷詩人，也任命宮廷史臣，在鄂圖曼帝國之內，這個慣例便形式化為「帝國史官」（Imperial Historiographer）這個高位顯職。史官是由素檀派任的，坐上這個職位者的基本責任，是繼續前任史官的工作，編修帝國的歷史。這個編制維持了好幾百年，一直保存到鄂圖曼帝國末年，末代的「帝國史官」，也就成了「鄂圖曼歷史學會」（Ottoman Historical Society）的首任會長。

當然，握筆的人還包括其他的專業人士，譬如星象學家和天文學家、藝術家和書法家、建築師和工程師，但他們大多在後來的世紀以各種方式附屬於雇用他們的主理機關。到了鄂圖曼王朝的時代，建築和工程專業幾乎全與軍事掛鉤。

在中東，就像是在世界的其他角落一樣，統治者畜養武力，有時候是用來驅逐外來的侵略者，但更常是用來維持國內的秩序、捍衛政府的威信。

在羅馬人統治時期，保障中東邊防與治安的是羅馬軍團，另以在當地募集的輔助軍力補充。兵員十分的少。就連在敘利亞地區、鄰接波斯的邊境，以及保安至為嚴密的東方諸省，羅馬帝國在太平日子的駐軍，都從來不多過四個軍團，這和羅馬帝國在歐洲那些與日耳曼人鄰界地方所駐的八個軍團相比，有明顯的落差。在戰爭時期，駐軍數目自然上揚，軍團也可能由於特別的需要而移防或開赴增援。公元五八年到六六年進行的亞美尼亞戰爭以及公元六六年到七〇年的猶太人叛亂，都造成了很大的異動；可以注意的是，第十軍團「腓坦昔斯」（Fretensis）從此便從敘利亞換防到耶路撒冷，羅馬帝國在該地新成立的猶大省，便由「腓坦昔斯」擔任常駐軍隊。

羅馬軍團只招收羅馬公民，不過，隨著公民權逐漸延伸到省民身上，許多省民也具有參軍資格。史料指出，小亞細亞和地中海東岸地區的情況和羅馬帝國的其他角落一樣，在地方上招募成軍的軍團可以駐紮在地方，不過不能夠是本鄉。軍團得到輔助軍隊協助執行任務，尤其是在巡查保安方面。其中一些輔助軍隊，簡直就是把受到羅馬庇蔭的土王軍隊加以羅馬化，而其他的輔助軍隊，則是羅馬人自己組成、自行募集的，包括有諸如「駱駝騎隊」（Alae Dromedariorum）和弓騎兵隊這些特種部隊。來自沙漠邊境的阿拉伯部落民在這些特種部隊中任職，使他們直接學得有關作戰技術與作戰方法的知識與經驗，等到回教征服時代來臨，就派上了用場。保安工作通常是交給輔助小隊，其稱呼留存了下來，成為阿拉伯文專有名詞「逑爾它」（shurta），指的是哈里發國以及後代回教政權的巡警部隊。

波斯帝國有著驚人的武力，是羅馬的強敵。不過羅馬人對波斯國那些由封建領主提供的農民步兵，評價並不高，然而招收好戰的邊境民族所組成的乘騎雇傭兵以及輔助部隊，就另當別論了。軍隊的核心由貴族組成。當時最讓人畏懼的軍事武力之一，是波斯的重裝騎兵，也就是配有長矛弓箭的全副盔甲的騎兵。著名的帕提亞弓騎兵，以「打了就跑」（hit-and-rum）的戰術聞名羅馬全境，也讓羅馬人心生畏懼。波斯軍中另一項主要的發明是馬鐙，這大大增強了穿戴盔甲的馬上矛手其武力和穿刺力。可以這麼說，馬鐙使這些矛手成為中古早期戰事當中的作戰坦克。

在霍司祿一世在位期間（531-579），波斯帝國尚在經歷重大的變化，尤其是在軍事組織方面。這時，波斯軍事中的封建成分減少、專業性增強。軍士有糧餉，配給裝備，得接受長期辛苦的訓練，紀律嚴明。波斯軍中原有一位集國防部長與總司令職責於一身、必要時還是和平談判員的單一最高領袖「大元帥」（Eranspahbadh），而如今指揮軍隊的，是層層相屬的將軍、軍事督掾和政府官員。霍司祿的軍隊佳績屢呈，在國內平定了內亂，又綏靖了邊疆，他們還把衣索比亞人趕出葉門，了結了嚈噠胡人（Hephthalite Huns），並且在對拜占庭的戰爭中侵略敘利亞，大掠安提阿城。然而，他們卻抵擋不住阿拉伯回教徒的進襲。

想要成立一支從成年男子主體分立出來的專業軍隊的這個念頭，在先回教時代的阿拉伯半島，就像與之相關的君主政體觀念一樣，是既詭異、又惹人嫌的。阿拉伯半島北疆有些小王，其子民有時候會參加拜占庭或是波斯的輔助軍隊；而其南方那些比較複雜世故的定居邦國，也很可能有著形式不同的專業武裝兵員。不過在阿拉伯半島的北部和中部的大部分地區，軍隊仍只是把部落武裝起來，進行抄掠或是打仗。

最古老的回教徒歷史記載，描述了驚天動地的變化。先知穆罕默德及其繼任人所統轄的不只是一個部落；他們所統領的是一個政教合一的社群，社群裡面有來自各方的民眾，而這些民眾在參加社群之前所效忠的對象，有時候是互相敵對的。戰事無時或歇，先是對付崇拜偶像的古來氏族人，再來是先知卒後的征服戰爭。後者特別是戰火不息、戰地遼闊，這不免導致專精化與專業化加強。阿拉伯史料反映出，人們開始警覺到阿拉伯半島的中部和北部，出現了一種新的、前所未有的區分，把軍事人員和非軍事人員分別開來，再細分前者為長期的專精業者和短期的業餘兵員或是輔助兵員。按照回教法學家在後期創制出來的原則，「聖戰」的責任於防守的時候，落在每一位體力能勝任的男性回教徒身上，而在進攻的時候，則落在整個社群身上。後面這一說所反映的無疑就是征服戰爭時期的狀況，當時每個部落都受到召喚，要提供定額的作戰人員，而通常光是志願應募的，就能補滿大半的定額。

那些長期以來作為回教徒軍隊核心的，也未必是全職的專業軍士。當不打仗的時候，他們可以做些別的職業，事情也往往就是如此。只有少數例外才離開家庭，住到軍營裡面去。不過，打仗是他們的主要職業，也是維持生計的主要來源。支持這種謀生方式的物資，由征服戰爭得來的戰利品充沛供應。

阿拉伯軍隊都住在營地，這些營地後來都成了駐軍市鎮，譬如伊拉克地方的巴斯拉城和庫法城，埃及的富斯泰城、突尼西亞的魁拉萬城，波斯的共木城等。這個現象在敘利亞有部分例外——敘利亞地區在烏邁耶朝哈里發的治理之下，已經成為回教帝國的都會省分。在那兒，阿拉伯軍士住在軍區裡面，每個軍區由一個兵團主持，也維持著一個兵團。軍區從北到南，依次是荷姆斯（Ḥimṣ）、[6]大馬士革、約旦、巴勒斯坦，皆按照昔日拜占庭的地方區劃建立。敘利亞地區的阿拉伯軍曾用來進行與拜占庭鄰界處的定期軍事行動，也用來進行大規模的遠征行動，諸如進攻君士坦丁堡。他們高度專業、經驗豐富、固定的薪餉也比其他軍士為多，於是有了常設軍的性質——這是一支以敘利亞為基地的烏邁耶朝哈里發們的常備軍。至於住在伊拉克和埃及的阿拉伯軍事住民，就沒有可資相擬的組織存在，在那兒，軍士們又回到了部落團練的身分，有著部落民的看法，嫌惡固定的軍役。

阿拔斯朝沿用同樣的制度，所不同的，是呼羅珊地方徵調來的常備軍取代了敘利亞的常備軍。呼羅珊這個東伊朗省分，是阿拔斯家族的發跡地，長期以來也是其軍事支持的主要倚仗。這帶來了一個十分重要的改變。哈里發國的軍隊最初絕大多數是阿拉伯人，哈里發國也沒想過招收敘利亞或是埃及的本地人，而敘利亞和埃及的本地人在羅馬人和拜占庭人統治之下，反正也老早失去了充任武職的意願或是欲望。而在東邊的前伊朗省分的情況就很不一樣。伊朗人不像西鄰一般，只是從一個帝國主子換到另一個帝國主子。伊朗人對於自身的帝國榮光與自身的武事傳統都有著新近的記憶，所以當伊朗人一旦皈信全新的回教信仰，很自然地，他們就會覺得自己在回教政府與回教軍隊之中，都該起個主要的作用。北非前羅馬省分的柏柏人，如今歸由阿拉伯人統治，這些剽悍的柏柏民眾也有同樣的想法，只是方式有點不一樣。

阿拉伯的作戰領袖很早就把自己的「馬瓦里」（mawālī）帶入軍中。「馬瓦里」是附屬於阿拉伯部落做食客的非阿拉伯系的回教徒。他們原來在軍隊裡面職位低下、薪餉菲薄，可是他們的角色日形重要，尤其是在邊界之上。這些好戰的邊境民族對於回教武力的推進貢獻甚巨。占領西班牙的阿拉伯回教軍隊，主要就是由北非的柏柏人組成。而北伊朗和中亞的民族把他們的新信仰帶

6 譯按：今名為Homs，故有此譯名。

到回教帝國的版圖以外，傳給了未皈信的本族人，也做了不少貢獻。

可是，這些軍隊就算是在他們最光輝的早期勝利時代，也都還是些邊境居民、輔助軍隊，而不是帝國軍的一部分，他們都離開帝國首都遠遠地。阿拔斯系的呼羅珊軍隊開拔至伊拉克地區，標誌著一個重大變化。這些呼羅珊人原則上是阿拉伯人，可是他們已經在呼羅珊住了好幾代，與伊朗婦女通婚，也習慣了許多伊朗的生活方式。沒多久，呼羅珊軍也容納了出身伊朗東部的真正伊朗人。

阿拔斯朝逐漸廢掉自動發給名列入伍名冊的阿拉伯人的軍事津貼。從第十世紀開始，就只有真正服役的人才能領薪水。部隊有兩種，全職的專業軍士吃皇糧，志願參軍只打一場仗的，領的則是戰利品。

阿拔斯系哈里發們的呼羅珊衛隊，維持的時日也沒比烏邁耶前朝的敘利亞常備軍長久。在阿拔斯朝統治了約一個世紀之後，呼羅珊衛隊就被取代了，代替它的是一種招募基礎截然不同的新軍種。此事塑造了以下千餘年回教國家軍事的未來，也連帶地塑造了以下千餘年回教邦國的政治未來。

把奴隸武裝起來或者是用蠻族做輔助軍隊，都不是新鮮事。曾幾何時，古代雅典就用武裝的西徐亞人（Scythian）奴隸兵團來維持治安，他們是雅典城的財產（property）。有一些羅馬貴人有武裝的奴隸貼身護衛，這些奴隸保鑣通常出自蠻族。在從帝國邊界附近或是邊界之外的「勇武種族」（martial races）那裡招募軍士這件事上，回教帝國的主政者在做的，正是羅馬人、波斯人和中國人早就從事的作法，也是西方的幾個帝國在幾百年後將會做的事情。然而回教諸國的軍事歷史自有其標新立異之處：奴隸士兵組成了奴隸軍隊，由奴隸將軍來指揮，最後——這真是普天之下最大的弔詭——為奴隸國王和奴隸王朝工作。

保羅．瑞考特（Paul Rycaut）對於這個制度的理路，有很好的觀察與說明。瑞考特是位英國人，在十七世紀中葉到過土耳其。[7]他寫道，西方親王的手下，是由於其「家族、世系和條件」（Family, Lineage, and Condition）而受培養長大的，相對地：

> 〔土耳其人〕……喜歡被自己人服侍，諸如那些他養大的、教大的，而服侍他的，必須要把這些他所賜與的部分包括在內。他以智慧美德修冶其心，以食物滋養其身體，直到他們長大成人，便回饋他的照料與花費；他便受到這些人的服侍，提拔之而無所嫉妒，毀傷之而沒有危險。

7 Paul Rycaut, *The History of the Present State of the Ottoman Empire*, 4th ed . (London, 1675), p. 45.

至於為帝國的高官顯職所儲備的年輕人……必須是好比……因作戰帶進來的，或是從遠地進貢來的……這項策略很明顯，因為在他種的原則與習俗教育之下，〔他們〕會痛恨自己的父母；又或者是從大老遠來的，找不到熟人，於是因學入官，這樣，他們除了其大老闆（Great Master）之外，就再也找不到對他們有利的關係人或倚靠人，而他們所受的教導，是忠於大老闆，也必須強制他們忠於大老闆。

很清楚地，這個體制是設計來解決一個對每一位專制君主都不斷重演的問題——怎樣能找到既可靠又可以信賴的軍事忠僕和民事忠僕，但又不會因此在國內搞出一個有權勢又能凝聚民心的東西，這可能會箝制自己的權勢，甚至於終止自己的權勢。其他的統治者在其他的時地，都為這個問題找到不同的解答。回教徒主政者在早年取得的答案，是成立長久的專業軍隊，軍士得是外地人，而且在童年時被俘、遭到奴役，對於所受的訓練與所組成的軍隊以外，沒有任何忠誠效死之心者。因為來自偏遠省分，或是邊界以外的外地人，對本地民眾或降民並沒有親近感也沒有親緣關係，因此，兩方根本就搭不上話。他們離開了家，在文化上又與自己的家庭和背景隔絕，於是就沒有互相探問的堂兄表弟或是鄉親父老。而代換每一代奴隸軍士的是從遠方重新帶來的奴隸，都不是他們的子孫，因此這些奴隸軍士就沒辦法形成一個新的軍事階級——新的軍事階級可能會變成為一個貴族階級，從而挑戰到專制君主的當家權力。

這個制度並非盡善盡美。有時候，奴隸們自組同文同種的小圈子，而有的部隊甚至是基於奴隸來源地或原屬部落編組的。有時候，尤其是在鄂圖曼帝國當中，奴隸和家裡以及來源地一直保持著聯繫，要是他們躋身掌權的職位或是有利可圖的地位，就會把親朋戚友援引進來雨露均霑。奴隸軍士和其他人一樣，汲汲於為子孫未雨綢繆，雖然讓子孫出任軍職幾乎是辦不到的，他們總還是能在宗教工作或是官僚工作裡面，為子孫安插一個位子。事實上，一些中古後期的書吏名門或宗教大族，就是循這個途徑產生的。

不過，大體而言這個制度的成效出奇地好。這個制度組織了一支勁旅，使中東的回教世界得以擊敗十字軍，把他們趕出去，又約制了更危險的蒙古人，使他們不再推進。奴隸部隊只有在一件事上面，一直讓編組和擁有他們的君王感到失望。原則上，奴隸軍士只對主君效忠，但是在實際情況之下，他們效忠的卻是部隊以及指揮部隊的軍官。沒多久，出身奴隸的軍事指揮官就成了各省的真正主宰，甚至還是首都的主宰；哈里發如今沒了權力，在首都對他們唯命是從。到了最後，奴隸指揮官他們自己就成了君王，有時候還創建了大多是為時短暫的專屬王朝。有時候，就像是在中古後期的埃及，甚至連素檀政權的成立，也是按募集奴隸及奴隸繼承的原則來進行的。

早在回教時代初期，就有史料提到奴隸軍士，不過這些都是個人，大半是解放奴，可以說是由其主人或是原先的主人所募集。一般認為，是阿拔斯朝的穆塔辛姆哈里發開始組織奴隸部隊的，他在位的時間是公元八三三到八四二年。組成其奴隸部隊的，是在回教世界東疆以外的草原地帶抓來的突厥奴隸，從小就訓練來擔任武職。在驚人的短暫時間之內，幾乎所有回教主政者的戰鬥部隊和駐防軍都換上了奴隸，這些奴隸主要是突厥人。在回教世界的極西之地，即北非和西班牙地方，只要是有可能取得，也有募自歐洲的斯拉夫奴隸。偶爾，也招募黑奴擔任武事，尤其是在摩洛哥和埃及，不過，絕大多數的奴隸軍士仍然是突厥人。等到突厥人自己也回教化了之後，在法理上就不能這麼做了，於是突厥系的主政者就改從住在高加索山區和巴爾幹地方的非回教徒民族當中募集奴兵。

戰爭方法的改變，尤其是火器的傳入，終究使得舊式的奴隸軍隊成為過氣明星。最後的一支奴隸大軍即鄂圖曼王朝的新軍，一直維持到十九世紀早期，然而在十七世紀之初，就已經停止募集奴隸。即便是如此，舊日的習俗並沒有完全消失。十九世紀時，埃及的統治者就大量應用黑種軍奴。一八六三年，埃及的主政者派出一支埃及遠征軍去墨西哥，幫忙友人法皇拿破崙三世（Napoleon III），這支遠征軍的成員，就大半是從尼羅河上游地帶俘獲的黑種奴隸。

無論是採用哪一種經濟界定，財富以及隨之而來的權力的主要來源，都是土地和做生意。各方統治菁英無論是文臣、武將、宗教人士甚至於皇室成員，都至少在其中一項投注了部分資本，甚至對兩項都做了投資。

回教的教導在一開始就對經商觀感良好。最早的規定文句出自古蘭經本身，可以注意的是它肯定貿易行為和禁放高利貸。其餘的段落所關切的是誠實交易的正當性，談到的事務有使用公平的度量衡器物、還債時至為合宜的償付、切實遵守契約，諸如此類（古蘭經第二章第一百九十四節，第二百七十五節以降，第二百八十二節以降；第四章第三十三節；第六章第一百五十三節；第四十二章第九至第十一節）。古蘭經肯定經商是一種生活方式，這個肯定又得到許多讚揚誠實商人的話語加以確認。人們認為這些話語是出自先知穆罕默德以及幾位「先知友伴」之口。

有些話語更進一步為誠實商人買賣奢侈品提出抗辯。這些奢侈品有絲物與織錦、珠寶和男女奴隸。根據一項誡條，先知穆罕默德曾說：「當上帝把財富交給一個人，上帝就想在這個人身上看到它。」更讓人驚訝的是一部早期的什葉派著作中講到的故事，這故事是關於伊瑪目賈發．薩迪閣（Jaʿfar al-Ṣādiq）的。故事中說，這位伊瑪目有一次受到徒弟的譴責，說他穿著華麗的服裝，而其祖宗穿的卻是粗布衣裳。故事引述這位伊瑪目的回答是，他的祖宗生活在聖潔的時代，而自己生活在富有的時代，配合時代來穿戴服飾，是合宜的。[8]

這些作者身分十分可疑的誡條，清楚地表現出人們試著把過奢侈生活和買賣奢侈品合理化，以回應回教著作中經常呈現的那種制欲的限制。穆罕默德．舍班尼（Muḥammad al-Shaybānī, d. 804）提出，討生活不單是受到允許的，更是回教徒的義務。他說，人的根本責任是服事上帝，不過若要適當地做到這一點，這個人得要在衣食起居方面都有足夠的飽暖。他只能靠工作和賺錢才能達到。[9]這位作者更指出，人不需要把自己限制在只維持基本生存，因為購買和使用奢侈品也是可以的。舍班尼和幾位後代的作者所說的重點，是當上帝看到經由貿易或靠手藝賺來的錢，會比看到為政府擔任文武職務而掙來的錢更為喜悅。古典時代偉大的阿拉伯作家之一賈希茲（al-Jāḥiẓ, d. 869），其言更甚。他在一篇題為「讚揚商賈，撻伐官員」的文章中，強調商人們穩當、尊貴、獨立，而那些為主政者工作的人則搖擺不定、人格掃地、阿諛奉承，兩者互相對映。他為商人的淨心虔誠與知識豐富護航，斥責誹謗商人者。他提出，上帝在選擇一個商人社群作為其最終先知啟示的目的地這件事上，就表示了祂認可經商是一種生活方式。賈沙理（al-Ghazālī, d. 1111）是中古時期一位主要的回教神學家，他也在著作中描畫出理想商人的形象，並且為經商辯護，認為那是將來世界做自我準備的一個途徑。

在一個農業居主導地位的經濟體系裡面，擁有土地或控有土地都有重要的社會與政治意義。

地主的確是在古典時代的回教社會裡組成一個重要的族群。不過，這話若是放在中東的脈胳裡，就得要重新界定了。西歐和其他地方所熟知的那種獨立的小地主形式在中東地區是有的，不過在大部分的時間裡，這種地主很罕見、亦非常態。獨立的小地主形式，在耕作大部分仰賴人工灌溉的地區不容易興盛，因為後者需要集權的指導，所以也就容易受到中央的控制。在大多數地區常見的形式是大地主的形式，這又分作好幾種。現代寫作在談到中東地區農耕狀況時，無論是昔日還是今天的狀況，往往會用上「封建」（feudal）和「采邑」（fief）這些名詞。可是這些都是西歐專有的名詞，其涵義出自西歐的本土歷史。用這些名詞來指稱中東地區很不相同的社經現象，充其量不過是種籠統的類推，會造成很嚴重的誤導。

地主可以根據幾種法律上的保有形式，來擁有或是持有土地。其一，是回教律法當中的「謬可」（milk），略同於英語名詞「自有土地」（freehold）。在鄂圖曼王朝時期——那是我們有詳細紀錄之始——這類的「謬可」主要是在城市裡面和城郊地區。「謬可」上除了有建築用地之外，主要還包括有葡萄園、果園和菜圃。

---

8 Abū ʿAmr Muḥammad al-Kashshī, *Maʿrifat Akhbār al-Rijāl* (Bombay, AH 1317), p. 249.

9 Ibn Samāʿa, *Al-Iktisāb fīʾl-rizq al-mustaṭāb* (Cairo, 1938), pp. 16ff.

這種保有形式在鄉間或是村落裡面十分罕見。鄉村大部分的耕地由大地主持有，理論上是以某些頒授形式向國家取得的。回教時代的這類頒授，最早出自頭幾位哈里發，原則上是把公有的土地讓渡給個別的回教徒，這些公有土地指的是新近成立的阿拉伯邦國在征服行動中取得的土地。這些土地有兩大類，一類是前朝的王田，也就是拜占庭政權和波斯政權原先的國有地產；另一類是土地擁有者捨棄的土地。當阿拉伯人占領了地中海東岸、埃及和北非的時候，許多拜占庭的富豪拋下田莊溜之大吉，於是這些田莊就成了國有地產，和先前的國有地產歸於一處。再加上所謂的「荒地」（dead lands），即未經開墾也未經使用的土地，也可以用這種方式進行頒授。

這些類型的土地都由國家來處置，分派給個人。實際上，這是一種永久性、並且無法收回的頒授。終身的頒授可以轉讓也可以繼承，不限於功勳或是身分地位。不過，接受這種頒授的人，一方面要向土地的居民徵稅，一方面也要按照回教律法向國庫繳納土地的什一稅。他向農民徵收的所得，與他向國家繳納的金額之間的差額，就是他從土地上得到的收入。

這個制度和拜占庭的「永久佃耕制」（emphyteusis）類似，也可能是自後者演變而來。它實行了一段時間，因征服浪潮終結而結束。此後，代之而起的是另一種比較常見的安排，此制頒授的不是土地，而是國家對土地利權的代理。在這個制度之下，國家把在某地收稅的權利頒授給個人，通常都是用來代付國庫欠支款項，目的是交換他的服務，此項服務愈來愈普遍的是軍事服務。原則上，軍官和其他的公務員都以錢支薪，然而由於國家財政單位愈來愈短缺現金，以實物來支付官員薪水的作法也就大行其道。接到這種財稅任務的人士，得要自己安排徵稅事宜。他當然不需要向國家納稅；因為他為自己籌得的稅金，正好償還了國家積欠他的薪餉。

這種頒授在原則上是功能性的，提供服務、換取酬勞。如果接受頒授的人因為任何原因停止提供特定服務，其財務代理權也就終止了。這些頒授不像是那些早期哈里發們所做的頒授，那些是不能收回的、也是永久的。這種頒授在原則上是暫時的、有限的，如果當初提出的條件不存在了，這種頒授是可以收回的。這種頒授不能轉讓、也不可以繼承，單單是交給受惠者個人的。然而，由於作法浮濫，這類頒授也經常變成了永久性的、可以轉讓的和可以承繼的。同樣也是由於作法浮濫，這個權利往往在服務不再進行之後仍被保留了下來。這個制度是在這個節骨眼上，才在某些方面和中古歐洲的封建秩序有所形似。

然而，差異處始終是大過相類處。受惠人並沒有像中古歐洲封建領主那樣的領主權，他對於所頒授土地上的居民除了收稅的權利以外——這裡自然也包括為收稅需要動用武力的權利——並沒有他項權利。可是，他不像西方的莊園領主，他不裁決司法，也不在自己的封邑下再頒出更細的封邑，而且在原則上，他也沒有畜養一支個人部曲的私兵——這在後來的時代則不算少見。他不像西方的封建領主，經常住在所頒授權利的地區，遑論將該地區當成半獨立的公國來治理。

另一種安排，則傾向於契約行為而非進行頒授。國家用一個地區、一個田莊或一個特定團體應繳的稅額，來交換一大筆雙方談妥的款項。在這種安排之下，國家及其代表都不再直接參與評估稅額與徵收賦稅之事。這些工作都交給一名中間人去代理，這位中間人可能是部落酋長、宗教社群的首長，或者是以撲買地稅謀利的實業家。這種撲買地區可以向國家購得，或是向軍人以及其他持有國家發出的稅收派令的人士購買。撲買者必須對國家財政單位或是和他達成協議的人，繳回雙方談妥的數額。至於他徵收了些什麼、又是如何徵收，則是他家的事。若是有國家的代表在場，這位稅吏應該是位監督人，而未必是收稅過程的參與者。不管是國家還是一個擁有土地的私人，都會對土地的長期繁榮，燃起自然的關切。然而撲買者所關心的首要事項是撈回老本，再來是利上加利。發包撲買地區，通常以「年」來計算的。

在不確定的年代與變動劇烈的年代——這種時候實在也還不少——就會有頒授的土地或是利權單位膨脹變大的趨向。有的時候，是大而有力量的地主把自己的保護面擴展到鄰近小而勢弱的地主身上，後者在世局紛擾之際，比較沒有能力捍衛本身持有的土地。有的時候，這種事情甚至是自願性的，當小地主在內戰、侵略、社會秩序崩潰的時候麻煩上身，就向有力的鄰人求助，把自己的利權交給他，確保自己有固定的收入。這種形式的保護，逐漸定型為大地主實際上接管了小地主的持有地。更為激烈的變化有時也會發生，那是在政權以及支持這個政權的人垮台、新政權成立的時候，無論這是因為征服或是叛亂成功所造成的。當這個現象發生的時候，原來的地方區劃和財政區劃往往一成不變，雖然受益的是新人。比較常見的，是這些土地和利權單位都回歸國家控制，再以新的方式重新分配給新的受益人。

一般來說，私有土地和出租的國有土地之間的分際，實在不是很明確。在國家強力控制的時期，就有國家力量藉削弱私人地主而茁壯的趨向。而在政治疲弱造成中央政令不行的時候，就有個人僭權、甚至於篡奪國有地產的趨向。在這些時候，譬如說在十七世紀末和十八世紀之時，就連撲買地區也可以轉為世襲的持有地，看不出和「自有土地」有什麼分別。「僭奪」（usurpation）這個名詞有時候兩邊都用得上——國有土地變成私有，和私有土地變成國有。

「士紳」（gentry）、「權貴」（nobility）這些西方的字眼和「封建制度」一樣，用在中東社會的時候，其分量價值是很可以質疑的。然而，不時仍有世襲地主階級形成的明顯徵兆。他們用各種方式持有地產，那些土地在理論上是自有的、租借的、頒授的或是撲買的。他們再想法子把這些地產父傳子、子傳孫。回教徒主政者一般傾向於設法防止、阻撓或扭轉這個歷程。他們比較滿意的，是所有的權力、所有的財富和所有的威信，都直接出自國家，而不是出自繼承，或是一種人所公認並且接受的社會地位。後者倚仗的不是君主的恩典，而是上代留下的財富——好比地主，或是公眾的稱頌與認可——好比回教教師，有時候鄉紳也算。專制君主往往想要消滅他們，或者是把他們連根拔起。以上這些自給自足的族群，在皇家威權因為某些原因減弱之時就形成而存在，而當皇家威權強盛之時則受到削弱，往往也被消滅或至少是被取代了。此事尤常發生在新近征服之後。

這種連綿不絕的對立，在回教的通代歷史上都可以看到。到了現代，看起來這個競爭最後底定，專制國家占了上風，而可能限制專制政權的社會力量陷於不利。情況之所以如此，是因為現代科技的引進，特別是現代交通與現代武器。有了這些，中央集權的專制政體長期以來揮之不去的擋路石頭，終於被解決掉了。在傳統的體系當中，主政者的權力雖然在原則上是宸綱獨斷的，實際上卻受到一大夥中介當局和中介勢力的牽制。現代化廢掉了這些勢力，排除了這些權威，主政者的權勢於是就無有限制、不受約束，就連最小型的現代專權者，都比最有權勢的阿拉伯哈里發、波斯沙王和土耳其素檀們還要有掌控力。傳統時代對於專制獨裁政體的限制如今撤除，而人們尋覓一些更新的、或是修正版的限制辦法的努力，仍舊一本初衷。

第十一章 大眾

人們常說，回教是個講究平等的宗教。這個說法是有它的真實性的。如果我們把回教在一開始時的各項原則和大部分的實際作法，拿來和周圍的各方社會比較——諸如伊朗那階級嚴明的封建體制、印度的種姓制度、拜占庭和拉丁歐洲兩地享有特權的貴族階級——回教教規的確帶來了平等的喻示。回教不僅不贊成區分社會和部族的各項制度，它更明白、斷然地拒絕這些制度。古蘭經說得十分清楚：

> 人哪！我們從一雄一雌化生你們，並使你們歸為民族部落，好教你們彼此相知。在上帝眼前，汝等之最高尚者，實為最敬畏神者。（古蘭經第四十九章第十三節）

先知穆罕默德的作為和話語，以及傳統記載中保留下來並為人們所推崇的回教早期主政者的前例，一致和以下的幾種特權唱反調：因家系得來的特權、因出生得來的特權、因地位得來的特權、因財富得來的特權、甚至於因種族得來的特權。他們堅持等級和榮耀只能由對於回教的虔誠和嘉德而決定。

這些觀念並非沒有先例。新約中著名的短句說：「並不分猶太人、希臘人，自主的、為奴的，或男或女，因為你們在基督耶穌裡都成為一了。」（加拉太書第三章第二十八節，參照哥多林前書第十二章第十三節，歌羅西書第三章第十一節）就是連較早的約伯記，也宣示主人和奴僕在作為人類這件事情之上是相同的（第三十一章第十五節）。

但是，對於猶太人、基督教徒以及回教徒來說，同為人類並不禁止在人與人之間建立和維持一些基本的不同。以上徵引的加拉太書段落，並沒有被人們理解為廢除種族上、社會中和兩性間的差異，甚至連貶低這些差異的用意都沒有。這段文字只是說明白這些差異並不具有宗教上的特權。遵信者和不信者之間的宗教分界線，在這句話的最末三個字裡劃得一清二楚。[1]這三種宗教都堅持個人的價值和自主性，堅持每一個性靈在上帝眼中的重要性。三者都堅持虔誠和善行高於財富和權位以及高貴的出身。但是，就在他們都同意人人平等這個原則之際，這三個宗教在歷史發展的流程之中，都把充分的平等限制給那些具有以下四項必要條件的人們。這四項條件是：自由人、成年人、男性和同宗者。也就是說，這三種宗教所奉持的是認為奴隸、小孩、婦女和「不信者」（unbeliever）[2]在重要的事項上皆屬次等。這三種宗教的教義規條裡，都訂有如何擢升這些次等人士的法則；還有，要是非得如此的話，應如何終結這次等身分。奴隸可以由主人釋放而獲得自由；不信者可以因為接受正道而使自己從「不信」中解放出來；小孩子則會漸漸長大成人。只有婦女，她們在傳統的宗教世界觀中固定為低下的身分，這是無法改變的。

對於這三種信仰的遵信者來說，不信者之所以為不信者，都是出自他們自己的選擇。不過這三個宗教對於「不信」的定義和認知，還有對於未皈信的不信者的地位如何，卻有相當大的差異。至於對另外三種人的界定，這三個宗教的歧異則較少。三者皆認為婦女和孩子的身分是生而如此，因此絕無可能享有充分平等的身分。三者也都認可奴隸的血統傳承，也就是說，奴隸夫妻所生的子嗣天生就比別人卑下。猶太教和基督教順應古代法律的一般規定，承認在某些種情況下，自由人可能淪為奴隸。然而回教的律法和規條，卻從很早的時候就開始嚴格禁止將自由人變成奴隸，事實上，只有自戰爭所掠的非回教徒，才能以這般方式處置。

1 譯按：指「在耶穌基督當中」。
2 譯按：指不屬於信仰同一系統宗教的人士，包括其他宗教的信徒或無信仰者。

在這四種不平等的社會類別中，各自存在著一個夾心身分，這個身分的地位和定義，在三個宗教裡都不太一樣。在自由人和奴隸之間，有著解放奴（freedman）。「解放奴」原先是奴隸，雖然在法律上已經獲得自由之身，但是他們對於還他自由的前任主子，仍然負有一些責任和義務。而在孩童和成人之間，則有著青少年。這個類別在法律上的重要性仍然有限，但是在社會上，卻有著相當的重要性。男人和女人之間則有閹人，只有他們可以自由自在地游走於男女之際的空間。而誠敬的遵信者與不信者之間也存在著一些人，這些人得到了一部分上帝的真理，但並不是真理的全部。

三大宗教之間最顯著的差異，發生在最後這個類別中。對於猶太人來說，他人和外人是為「外邦人」（gentile）。這個分類法比較近似希臘人對「外邦人」（barbarian）的定義，而和基督教或回教對於「不信者」的看法較不相同。前者的藩籬可以越過，barbarian可以被希臘化，gentile也可以被猶太化。當情況如此時，這些人就會被接納為社群的一員（利未記第十九章第三十三至第三十四節）。但是，希臘人和猶太人並不期盼這種轉變，更談不上要求這種改變發生。希臘人和猶太人都同意，外邦人就算沒有希臘化或猶太化，仍可以成為君子，包括成為希臘人或猶太人定義的那種君子。在猶太教教師的教導裡，各民族的誠直公正在天堂中自有其定位。對於基督教徒來說，情況則正好相反，那些不願分享我們的信仰的人，和拒絕我們導引他們改宗的人，就是否定上帝話語的人。因此，他們理應受到懲罰，在現世遭受磨難，在來世遭受永恆的詛咒。

這三種成年的次等人士，即奴隸、婦女和不信者，在人們眼中都像是在履行某種必要的功能——雖然它們對於第三者的功能角色偶爾還是有所質疑。但是三者之間仍然有著不小的差別。由於不信者的低下身分是出於自願——回教徒會說那是執迷不悟——因此他隨時都可以用一個非常簡單的方式結束這種身分，那就是皈信回教，一旦他皈信了回教，所有的社會之門都會對他敞開。奴隸的地位也是可以改變的，改變之後，奴隸就成了解放奴；不過，這只能透過法律程序來完成，端視他主人的意願，而不是奴隸本身的意願。婦女是三者中境遇最淒涼的——她們不能改變她們的性別，也沒有一個權威當局可以幫她們改變她們的性別。

三種成年的次等人士之間，還有一個主要的不同。在回教地方，奴隸的用途往往是家居性甚於經濟性，因此，奴隸就和婦女一樣，係待在家庭和家居生活中。關於奴隸的規定被看作是規範個人身分的法律的一部分，也就是「聖律」的內在碉堡。而非回教徒的地位則屬於公眾事務而非個人事務，因此人們對奴隸和不信者的觀感是相當不一樣的。為非回教徒的地位設限的目的，不像是對奴隸和婦女所做的限制，那是為了維持回教家庭的神聖性；對於非回教徒的限制，是為了維持回教徒所建立的回教政權和回教社會的崇高地位。凡是想要挑戰或改動這些社會族群在法律上的臣屬地位的，連帶會在兩個敏感的地帶，惹到具有自由身分的男性回教徒，這兩個敏感的地帶分別是：他在回教徒家庭中的個人威權，還有他在回教國度中的社群高位。從中古時代早期以降，回教世界便出現了一連串社會抗爭和宗教抗爭的激進運動，想要推倒各種在不同時代興起的藩籬，因為在運動者眼中，這些藩籬牴觸了回教「兄弟一家」的真正精神。這些藩籬包括了出身高貴和出身寒微之間的藩籬、富人和窮人之間的藩籬、阿拉伯人和非阿拉伯人之間的藩籬、白種人和黑種人之間的藩籬等。在此尤其值得注意的，是這許許多多的運動，都不曾對導致奴隸、婦女和不信者身分低下的那三個神聖不可侵犯的劃分標準提出質疑。

回教勸示中所內含的人道影響，在某些方面因為另外兩個發展而削弱了。其一是阿拉伯人在征服省分中所碰到的羅馬作風和波斯作風的影響；而影響可能更大的，是奴隸人數的快速增加。這些奴隸是因征服、進貢、購買的方式得來的，其在法律上幾乎完全不受保障。只要是牽涉到與自由人有關的領域，奴隸就會被排除在外。他們不能在庭上作證。他們的身價不比自由人，要是人們對奴隸犯下一件罪行，其罰則為人們對自由人犯下同等罪行的一半。不過，奴隸在財產、繼承、待遇事項方面，仍然有著一些民事上的權利，雖然相當有限。回教法律規定，奴隸應受到醫療照顧、給與食物，並在晚年得到照料。要是主人不能盡到這些義務，「卡迪」可以下令主人讓奴隸回復自由。奴隸主人也受到吩咐，要人道地對待他們的奴隸，不能過度役使他們。奴隸如果得到主人的同意可以結婚，在理論上，他甚至可以娶一位具自由人身分的婦女，雖然這種情形恆不多見。主人則不能夠娶女奴，除非他先讓這位女奴獲得自由。解放奴隸，可以透過各種形式的法律既定程序來進行。

按照回教傳統史學的說法，在回曆三十一年（公元六五一—六五二年），阿拉伯軍隊曾在埃及對南方的努比亞人作戰，隨後並與努比亞人締結停火協議。根據這項協議，回教徒和努比亞人同意此後兩不相犯。為投桃報李，努比亞人每年要給回教徒送去若干奴隸，而回教徒則給努比亞人送來大量的肉類和小扁豆。據說根據這項協約，努比亞人每年要送出三百六十名奴隸。條約的最後版本，包括了下面這項特別的條款：

> 汝等每年應該送三百六十個奴隸給回教徒的「伊瑪目」。他們應是貴國之優質奴隸，沒有傷殘，有男有女，不太老，也不是未成年的孩子。汝等應將他們送到亞斯文地方的總督那裡。要是汝等藏匿回教徒的逃奴、殺害回教徒、殺害「點密」（dhimmī，受保護的非回教徒）、企圖破壞回教徒建在貴城中央的清真寺，或拒送這三百六十名奴隸之一，停戰和安全就一筆勾消，我們將回到敵對狀態，直到上帝在我們之間做了決定。祂，是最好的法官。[3]

---

3 Text in al-Maqrīzī, *Al-Khiṭaṭ* (Būlāq, 1270/1854), pp. 199-200; English translation in Yusuf Faḍl Ḥasan, *The Arabs and the Sudan, from the Seventh to the Early Sixteenth Century* (Edinburgh, 1967), p. 23.

其中一些物資外加四十名奴隸，是供總督個人調用的。雖然這個條約的真實與否有值得懷疑之處，但是大部分的法學家都接受其真實性。這個條約也被用來說明一個對兩造都好辦的安排，那就是：努比亞人仍然待在回教帝國之外，可是對回教帝國朝貢。回教法律嚴禁在回教徒土地上將人降為奴隸或將人去勢，故此限制了國內的奴隸和閹人供應。不過奴隸和閹人都可以從回教徒的土地之外進口，只要他們在進口之際就已經是奴隸和閹人，而努比亞就可作為一個方便的供應管道。

奴隸的用處很多。回教世界不像希臘羅馬世界那樣，在希臘羅馬世界，經濟生產基本上用的是奴隸。回教世界的農業絕大部分靠的是自由的或是半自由的農民，而工業靠的則是自由的工匠。不過這裡仍然有幾處例外。奴隸在某些經濟計畫之下大批出現，他們大多是黑種的非洲人。從回教時代早期開始，就有報告指出：回教徒曾使用一批批的黑奴來疏濬伊拉克南部的鹽鹼地。由於環境惡劣，奴隸不斷發生暴動。其他的黑奴，則用在挖掘上埃及和蘇丹的金礦，以及撒哈拉地區的鹽礦。

不過，奴隸的主要用途，是在家居雜務或是軍事用途上。前者在宮殿和家庭、商店和市場、祭拜場所和清真寺工作，主要來自非洲。後者則在回教軍中服務，人數日益增多，絕大部分是白種人，雖然並不盡然全是白種人。

回教世界的後宮需要大量出身各族的女奴，或作為小妾，或擔任侍女——這兩者通常無法分得清楚。某些年輕女奴可接受教育；某些女奴則可被訓練成表演者，唱歌、跳舞和奏樂。少數女奴還在文學史上占有崇高的地位。這些女奴屬於「菁英」，而不能算是「普通人」。而王室或皇家後宮的女奴更是如此，她們在後宮為寵姬，甚或是當朝素檀的母親，她們有些時候可以在公眾事務中扮演決定性的角色，雖然大致上是個幕後的角色。

奴隸制度一直存續到近代，也可說是一直興盛到近代。一直要到十九世紀，殖民帝國才廢除了這個制度，而在這個地區的獨立國家中，該制度則要到二十世紀才告絕跡。

一般而言，回教的到來，為古代阿拉伯半島的婦女地位帶來了巨幅的改進。回教把財產權和其他權利賦予女性；回教也給予婦女們一定的保護，使她們不受丈夫或主人的虐待。在偶像崇拜時代，阿拉伯半島習慣上認可殺害女嬰，而此為回教所不許。可是婦女的地位仍然欠佳，當回教的原始喻示在這方面以及其他的各個方面都失去了原動力、並且受到原先存在的習慣和風俗影響而發生改變時，情況便更糟了。一夫多妻制依舊是合法的，不過只限四位夫人。實際上一夫多妻並不常見，除非是富豪權勢之家。然而，婚姻往往由納妾來補足，這也是合法的。男主人可自由處置女奴，而具有自由人身分的婦女雖然可以畜養男奴隸，但卻無權隨意處置他們。法學家在界定婦女的社會地位時，基本上是根據婦女在家庭中的功能來看待的，即她是女兒、姊妹、妻子或是母親，而非當她是一個具有自身權利的個人。不過婦女還是得到某些補償。比方說在少數的財產事項上，婦女和男性平權；在宗教的過犯方面，婦女可酌輕量刑，譬如叛教的罪行，婦女不會被處死，而改受囚禁與鞭笞。不過，這在法學家的眼中並不算是特權，而是低等身分的標誌。婦女就像「點密」和奴隸一樣，在法律上，遭受到一些公認的低等待遇。譬如，在繼承事項方面或是在訴訟中作證，她的分量都只等於是半個男人。

受到寬容的「不信者」叫做「點密」，或是「立約的人們」（ahl al-dhimma, the people of the pact）。[4]這是個法律名詞，用來稱呼在回教國家中受到寬容和保護的非回教徒臣民。實際上，這個族群包括了基督教徒、猶太教徒以及東方世界的祆教徒。決定其身分地位的「dhimma」，被視為回教主政者和非回教社群之間的一項約定，因此，根本上是一種合同。這個合同的基礎，是「點密」承認回教的崇高地位和回教國家的主導地位，並經由一些社會上的限制和繳付一種回教徒不需繳納的人頭稅（jizya），來表示他們接受臣屬的地位。相對地，他們享有生活和財產的安全，可接受保護免於外敵侵凌，可自由崇祀，並在處理自身的事務方面享有很高的自主權。所以「點密」的情況要比奴隸好很多，但是在某些重要的地方，又不如擁有自由身分的回教徒。在「點密」的社群中，自有其一套對待婦女的規範。猶太律法——當它應用在回教土地上時——允許一夫多妻制但禁止並嚴懲納妾。基督教律法——在所有的社群中——則兩者皆禁，違犯者應被開除教籍，並接受其他的處分。

規範了奴隸、婦女和「不信者」低等身分的法律規定，並不總是符合回教那高崇的道德和宗教原則。所幸與此同時，這三者在社會上的真實處境，有時比法律規定來得好。「點密」的身分比回教徒低，但是，我們看到「點密」很有錢，擁有不小的經濟力量，甚至於偶爾還掌握了政治力量，雖然這很罕見。婦女的地位比男性低，但是我們可以看到婦女在家中、在市場上，甚至在宮殿裡掌握大權。奴隸較自由人低等，可是幾個世紀下來，我們看到出現於回教歷史書上的奴隸軍士、奴隸統兵官、奴隸總督，甚至於奴隸君王的人數，也一直在增加。

這些非回教徒臣民的身分和地位，在現代之前的大多數回教歷史時期，都要比法律規定中所規範的好得多。從這些規定一再被重申，我們就可看出這些法律規範並沒有受到有系統或嚴格地執行。一般而言，「點密」在遜尼派主政者治下所受到的待遇，要比在宗派主政者治下來得好。猶太教徒和基督教徒兩者，在大多數哈里發和素檀的時代，都參與了各個回教帝國的政府，尤其是擔任行政工作。普遍來說，人們對於這類任用並沒什麼強烈的感覺。偶爾會有反對基督教徒出任公務員的運動，也出現過少數的暴力衝突，但是這些都很罕見。而且，這些反對運動通常是在

4 譯按：ahl為「人群」，dhimma字根為「保護」，或是成立此保護行為的約定。Dhimmy在伊朗語系中又作zimmy。

人們認為「點密」官員有濫用職權和以權謀私的情事時才會發生。

可是，「點密」仍然是低人一等，人們也不讓他們忘記自己低下的身分。他們無法在回教法庭上作證，而當他們受到傷害要求賠償時，就和奴隸與婦女一樣，身價要比回教徒來得低。男性的回教徒可以自由迎娶女性的基督教徒或是猶太教徒，而「點密」們儘管苦苦相思，也不能自由迎娶回教婦女。「點密」在穿著上受到限制，他們必須穿戴可以讓人一眼瞧出其身分的服飾；騎乘動物受到限制，他們不准騎馬，只能騎毛驢或騾子；宗教敬拜地點受到限制，按照法律，他們可以整修舊的建築，但是不能夠蓋新的。雖然這些限制不常嚴格執行，但是卻可以隨時援引。「點密」往往擁有大筆財富，可是他們卻被排除在通常會隨著財富而來的社會和政治利益之外，這種情形迫使「點密」只好運用陰謀手段來圖遂其政治目的。而這對「點密」本身和回教政權與回教社會來說，都是一種傷害。

從早期一直到後來，具有自由人身分的男性回教徒，在回教國家中都享有相當程度的機會自由。在征服者最初把回教啟示帶到原先屬於古代帝國的地區時，會引起了廣泛而革命性的社會變化。回教教義強烈反對各式各樣的世襲特權，在理論上甚至還包括了君權體制。雖然，這種原始純淨的平等思想，在許多方面都經過修訂和沖淡，它仍然有足夠的力量防止世家（brahmins）或貴族出現，讓社會維持在嘉德懿行和雄心壯志仍然有希望得到肯定回報的狀態。到了鄂圖曼王朝時期，這種平等思想受到了一些限制。募集奴隸來擔任公職的作法廢止了，連帶關閉了社會階層向上流動的主要通道；而一些穩若泰山的特權族群，譬如顯貴人士和回教教師的形成與延續，則限制了可容納新來者加入的空缺。不過話說回來，即使是在十九世紀初，鄂圖曼帝國的窮光蛋也要比基督教歐洲任何一個國家——包括大革命之前的法國——裡的窮人，更有機會能夠得到財富、權力和尊榮。

人們往往指責歷史研究者，認為他們只著墨於擁有財富、權力和學識之士；表面上他們寫的是民族、國家和時代的歷史，但實際上他們所寫的，不過是幾千位特權人士的歷史，完全漠視廣大群眾的存在。這項指控大體上是正確的，但是錯並不在歷史研究者。歷史研究者不比小說和其他想像文學的作者，歷史研究者受限於手邊所能使用的史料。直到相當晚近的時候——在某些國家甚至於到了今天——「書寫文字」一直是擁有權力、財富和學識之人所享有的特權，或是受雇於他們的人所擁有的特權。其結果是，留下了書籍、文件、銘文以及其他可供歷史研究者據以重建過去的史料的人，正是他們，而且在絕大多數的情況下更是只有他們。

不過還是有例外。近年來，歷史研究者費了很大功夫將各處找到的斷簡殘篇拼湊起來，想要為沉默大眾的歷史與經驗，理出一些頭緒。關於希臘羅馬世界、基督教歐洲以及部分鄂圖曼帝國的下層社會歷史的研究，已有一些進展。然而在中古回教世界方面，這個工作才剛起步。對於城市和都市人口各方面的研究，已經有了一些成果；不過絕大部分這類研究所關心的，與其說是社會史，倒不如說是經濟史。以中古回教時期一般大眾的日常生活為主題的學術研究，只有一張稀稀落落的書目，而且還是由少數的東一篇、西一篇的短小論文，以及其他課題的專著中的少數章節拼湊而成的。從十五世紀下半葉開始，鄂圖曼王朝的中央和地方檔案這個龐大的資源，為市民甚至於村民的日常生活提供了驚人的史料寶藏。對中古時期而言，這個工作比較艱辛，然而並非做不到。中古回教世界並沒有可以和鄂圖曼帝國或是歐洲國家等量齊觀的檔案，但是，留傳至今的文獻數量很多，大多藏在埃及。取這些文獻配合各種文字史料的補充和演繹，還是有可能看出「艾瑪」、即「大眾」生活的一些層面，並和「赫司薩」、即「特殊族群」或「菁英」的生活形成對比。

在文獻中浮現出來的畫面，是都市居民異常多元而且積極活躍的生活。這些都市人口的主要組成分子是工匠（artisans）和巧藝人（craftsmen），在不同的經濟位階上，有師傅（master）、自由雇工（journeyman）和學徒（apprentice）。許多人靠行於同業公會（guild），雖然有時候他們不盡然是同種族或是同宗教，而有的時候，他們甚至在城裡面各據一方，有自己的勢力範圍。類似這樣子的政治、軍事和宗教建置，也構成了「赫司薩」的一部分，但是，這三者都具有層級低下、薪水微薄的特色，他們的生活水準和生活態度是屬於「大眾」，而不是「菁英」的。治安秩序是由各式各樣的警察力量來維持，其中一些警力是屬於軍事單位，而大部分則是從當地的城鎮居民中招募組成。這些招募組成的單位有「巡夜」（ʿasas）和「新制團練」（aḥdāth），後者是一種民團，主要是由年輕的學徒所組成。

這些各式各樣的警察力量，工作並不輕鬆。少量留傳至今的阿拉伯文獻，讓我們看到了沉潛於回教中古時期下層世界裡的生活態度、社會慣習，甚至於用語。下層社會的居民有很多種，有一些是道道地地的罪犯——小偷、詐欺犯、騙子、殺手刺客。有一些是走江湖的——翻筋斗的、變戲法的、跳舞的、各種各樣的表演者，在最後這項，我們還可以算上遊方傳教士和專業說書人。有一些人或許可以稱之為江湖朗中，他們所提供的，可能是廣大群眾所能得到的僅有的醫療協助。江湖朗中服務大眾，集醫生、牙醫、藥劑師、精神治療師於一身。有一些人從事魔術、占星、製護身符等，諸如此類。有一些是小販，為廣大群眾提供所需的簡單又廉價的貨品，大眾也只買得起這些貨品。這些小販和江湖郎中負起了重要的經濟和社會功能，和那些商人與受到高度尊崇的醫師在特權階級中所負擔的經濟和社會功能類似。或許，最顯而易見的族群是乞丐，這也是史料中最為關注的。乞丐提供了不可或缺的宗教職能，他們為虔誠的信徒提供機會，完成施捨賙濟的宗教義務。他們經常練本事，發展出各種騙術和伎倆，其花樣令人嘖嘖稱奇，在史料中有生動的說明。對於中古歐洲流浪漢的記載，無疑比回教世界更為豐富，而學者們也進行了更為全面的研究。但是，回教中古時期的流浪漢，其值得研究之處並不下於他們歐洲的同類。

在阿拉伯的文化中，就是連討飯的也有自己的詩歌。第十世紀的一首自炫詞，就以古典的風格和雄偉的氣派吟道：

> 咱們就是那些傢伙，真正重要的傢伙，在陸上、在海上，都是如此。
>
> 咱們向所有人類打抽豐，從中國到埃及，還到丹吉爾；說真格的，咱們的駿馬，踏遍了世界上的每分土地。
>
> 當一個地方對我們來說太燠熱了，我們就離開那裡、轉往他處。
>
> 整個世界都是咱們的，裡頭的一切也是咱們的，回教的土地和不信者的土地，都是一般。
>
> 所以，我們在雪地度夏，冬天就遷往棗椰樹生長之處。
>
> 咱們是要飯的一家親，沒人能否定咱的巍然驕傲。[5]

下層社會中一個比較特殊的類別，是盜賊和土匪。只要有富有的商隊沿著難行又偏僻的山區和沙漠小道行走，盜賊和土匪就會自然地因時因地而滋生。有一些盜賊和土匪只是單純的罪犯，他們也被如此認定、如此對待。另有一些盜賊和土匪，或許是因為他們傳達出一些明白可見的社會異議，所以受到人們欽仰，甚至因此成為公眾的偶像，乃至於文學界的偶像。在古代阿拉伯半島威風一時的所謂「草莽詩人」（suʿlūk，複數作 saʿālīk）就是一例。這些草莽詩人是賤民，生活在部落體制以外，得不到部落體制所提供的保護。他們製作出一種很特別的詩種，讓中古和現代的文學史家都為之欽佩。和「草莽詩人」南轅北轍的，是蹂躪鄂圖曼王朝治下安那托力亞地區的盜匪幫派，他們叫做「傑拉里」（jelâli），在十六和十七世紀，這幫匪徒簡直鬧翻天了。他們的成員有被開除的士兵、無地的農民、宗教學院出來以後找不到事做的畢業生，以及其他的不滿人士。他們十分成功而且聲名遠播，安那托力亞的民間故事和民間歌謠中，還一直紀念著幾位「傑拉里」領袖。

歷史記憶對於其他類型的抗議活動，就沒有那麼仁慈了。對於這些抗議活動，歷史傾向於譴責或是遺忘，譬如奴隸不時對其主子發動的判亂。其中較著名的有中世紀早期在伊拉克地區耕作計畫中使用的東非奴隸，他們揭竿起義了好幾次。其中最重要的一次叛亂持續了十五年，從公元八六八年進行到八八三年。他們多次擊敗了回教帝國的軍隊，甚至有一度，好像已經對駐蹕於巴

---

5 Abū Dulaf, *Qaṣīda Sāsāniyya*, lines 17-23; trans. C. E. Bosworth in *The Mediaeval Islamic Underworld: The Banū Sāsān in Arabic Society and Literature* (Leiden, 1976), pt. 2, pp. 191-2.

格達的哈里發國構成重大威脅。又根據紀錄，埃及發生了一場奴隸反奴隸的古怪叛亂，時在公元一四四六年。敘事者告訴我們，在那一年，有大約五百名為其馬木祿克主子在開羅城外牧地看馬的黑奴得到了武器，起而叛亂。埃及史家告訴我們，他們建立了一個具體而微的國家，以及一個自己的朝廷。他們的領袖稱「素檀」，被推上大位，並以馬木祿克素檀朝廷大官的名號授與其主要部眾。他們以襲擊商隊維生，最後因這個「素檀國」的繼承候選人發生內鬨而被消滅。

對於回教世界的社會秩序和政治秩序威脅性更大的，是一連串的公眾叛亂。這些叛亂的綱領通常以宗教用語來表達，但是其推動力量卻往往是對社會和經濟的不滿。合里齊派所抗議的，是回教國家的性格日趨專制。他們從遊牧民、阿拉伯人及其他人士那裡，吸收到很多支持者，因為這些支持者把任何形式的威權，都看作是侵占個人自由和個人尊嚴。什葉派則把先知穆罕默德的後裔放在哈里發國之上，駁斥目前據有該職位者的合法性，因此為那些感到自己受到壓迫或是受到剝奪的人表達了苦況，也為他們的憤怒提供了宣洩的管道。這類運動中，某些的確取得了權力，諸如阿拔斯氏在第八世紀、法蒂瑪氏在第十世紀、薩非氏在十六世紀的活動。但是他們同樣也無法滿足當初他們所激發的期望，於是追隨者中較為憤慨的，便走上更加激進之路。即使是平常以平和著稱的蘇非團契，有時候也會因公眾的支持，而牽扯進廣泛凶險的起事當中。

中古回教世界屬於城鎮文明，而不是鄉村文明或沙漠文明，這和一般認定的看法相反。中古回教世界的文史法律，討論的都是都市的問題，反映的也是都市的景況。在鄂圖曼時代之前，我們沒有可以用來研究農民日常生活的檔案，而描畫農民生活的文學，則要到十分近代的時候才能看到一些，至於農民文學就更少了。關於技術和灌溉、土地利用和土地租佃諸如此類的事項，我們知道的不少，但是對於在中東歷史上長期作為人口絕大多數的農民，我們知道的卻極其有限。

農民——這裡指的是那些真正下田耕作的，有別於那些享用其勞作所得的果實者——是無聲無息的。他們的觀點和他們的感受，大部分都沒有反映在文學和文件當中，而這些文獻，卻是我們探知中東歷史的主要資料來源。農民出身的人，不時自幕後竄起，找到路子進入上流社會，成為商人或是回教教師、地主、國家官吏、軍隊長官；可是一旦他們晉升上流，這些農民出身的人絕大多數也就不做農民了，也不再反映農民的觀點。只有少數土匪和造反勢力的領袖，看來仍然和自己的民眾有所來往，但是對這些事，我們知道的也不多。即便是在擁有許多古代所沒有的通訊工具的今天，想要知道這些中東國家裡的農民心裡到底是怎麼想的，依舊是超高難度。民間傳說、民間故事、民間文學和俗諺格言，或許仍然是說明農民所思所感的最好史料。而鄂圖曼時代那些卷帙浩繁，巨細靡遺地記載了投訴、糾紛、鞫問和判決的檔案，則是說明農民生活唯一而真實的資料。

在鄉野之外，便是沙漠——在大多數的中東國家裡，這兩者從來就相距不遠。那兒居住著遊牧部落，以放養動物維生——動物提供了食物、衣著和交通運輸——偶爾，還加上一點侵掠所得。西北非洲的遊牧柏柏人，北非和西南亞洲的貝都因阿拉伯人，安那托力亞高原、伊朗高原和中亞的遊牧突厥部族與遊牧伊朗部落，仍舊是經濟生活中的重要因子，因此也不時成為政治體制中的重要成分。由於中東特有的農牧分家現象，遊牧民在經濟上一直是不可或缺，因此，雖然統治城市和鄉村的各個政府，都不斷地想要把他們納入掌握，他們仍然可以保持其獨特的生活方式。當政府強大的時候，遊牧民就相對地安分。而在政府力量微弱的時候，遊牧民就變得比較獨立而且恣肆放行，侵襲綠洲和村莊，掠奪商隊，並且在原來的農地上放牛。有時候，他們會受到一些規勸，在新宗教導師的啟發下回歸真正的回教；有時候，他們則會進攻定居國家並且占領其地，建立新的王國和新的朝代。

The Middle East
Copyright © 1995 by Bernard Lewis
Chinese Translation copyritht © 2017 by
Rye Field Publications, a Division of Cité
Publishing Ltd.
Published by arrangement with The Orion
Publishing Group, Ltd. through Bardon-
Chinese Media Agency

國家圖書館出版品預行編目資料

中東：自基督教興起至二十世紀末／柏納・路易斯（Bernard Lewis）著；鄭之書譯. -- 二版. -- 臺北市：麥田出版：家庭傳媒城邦分公司發行, 2017.01
冊；　公分. --（歷史選書；25）
譯自：The Middle East : 2000 Years of History from the Rise of Christianity to the Present Day
ISBN 978-986-344-417-6（上冊：平裝）. --
ISBN 978-986-344-418-3（下冊：平裝）. --
ISBN 978-986-344-419-0（全套：平裝）
1. 中東史
735.01　　105023866

歷史選書 25

中東：自基督教興起至二十世紀末（上）

The Middle East: 2000 Years of History from the Rise of Christianity to the Present Day

作　　者／柏納・路易斯（Bernard Lewis）
譯　　者／鄭之書
初 版 編 輯／吳莉君
二 版 編 輯／吳菡、林怡君

國 際 版 權／吳玲緯　蔡傳宜
行　　銷／艾青荷　蘇莞婷　黃家瑜
業　　務／李再星　陳玫潾　陳美燕　杻幸君
編 輯 總 監／劉麗真
總　經　理／陳逸瑛
發　行　人／凃玉雲
出　　版／麥田出版
10483臺北市民生東路二段141號5樓
電話：(886)2-2500-7696　傳真：(886)2-2500-1967
發　　行／英屬蓋曼群島商家庭傳媒股份有限公司城邦分公司
10483臺北市民生東路二段141號11樓
客服服務專線：(886) 2-2500-7718、2500-7719
24小時傳真服務：(886) 2-2500-1990、2500-1991
服務時間：週一至週五09:30-12:00・13:30-17:00
郵撥帳號：19863813　戶名：書虫股份有限公司
讀者服務信箱E-mail：service@readingclub.com.tw
麥 田 網 址／ http://ryefield.com.tw
香港發行所／城邦（香港）出版集團有限公司
香港灣仔駱克道193號東超商業中心1樓
電話：(852)2508-6231　傳真：(852)2578-9337
E-mail：hkcite@biznetvigator.com
馬新發行所／城邦（馬新）出版集團【Cite(M) Sdn. Bhd. (458372U)】
41, Jalan Radin Anum, Bandar Baru Sri Petaling, 57000 Kuala Lumpur, Malaysia.
電話：(603)9057-8822　傳真：(603)9057-6622
電郵：cite@cite.com.my

封 面 設 計／蔡南昇
印　　刷／前進彩藝有限公司

■1998年11月15日　初版一刷
■2017年 1 月10日　二版一刷
Printed in Taiwan.

定價：380元

ISBN 978-986-344-417-6

讀者回函卡

cite城邦媒體

※為提供訂購、行銷、客戶管理或其他合於營業登記項目或章程所定業務需要之目的，家庭傳媒集團（即英屬蓋曼群島商家庭傳媒股份有限公司城邦分公司、城邦文化事業股份有限公司、書虫股份有限公司、墨刻出版股份有限公司、城邦原創股份有限公司），於本集團之營運期間及地區內，將以e-mail、傳真、電話、簡訊、郵寄或其他公告方式利用您提供之資料（資料類別：C001、C002、C003、C011等）。利用對象除本集團外，亦可能包括相關服務的協力機構。如您有依個資法第三條或其他需服務之處，得致電本公司客服中心電話請求協助。相關資料如為非必填項目，不提供亦不影響您的權益。

□ 請勾選：本人已詳閱上述注意事項，並同意麥田出版使用所填資料於限定用途。

姓名：＿＿＿＿＿＿＿＿ 聯絡電話：＿＿＿＿＿＿＿＿

聯絡地址：□□□□□＿＿＿＿＿＿＿＿

電子信箱：＿＿＿＿＿＿＿＿

身分證字號：＿＿＿＿＿＿＿＿（此即您的讀者編號）

生日：＿＿年＿＿月＿＿日 性別：□男 □女 □其他＿＿＿＿

職業：□軍警 □公教 □學生 □傳播業 □製造業 □金融業 □資訊業 □銷售業

□其他＿＿＿＿＿＿＿＿

教育程度：□碩士及以上 □大學 □專科 □高中 □國中及以下

購買方式：□書店 □郵購 □其他＿＿＿＿＿＿＿＿

喜歡閱讀的種類：（可複選）

□文學 □商業 □軍事 □歷史 □旅遊 □藝術 □科學 □推理 □傳記 □生活、勵志

□教育、心理 □其他＿＿＿＿＿＿＿＿

您從何處得知本書的消息？（可複選）

□書店 □報章雜誌 □網路 □廣播 □電視 □書訊 □親友 □其他＿＿＿＿

本書優點：（可複選）

□內容符合期待 □文筆流暢 □具實用性 □版面、圖片、字體安排適當

□其他＿＿＿＿＿＿＿＿

本書缺點：（可複選）

□內容不符合期待 □文筆欠佳 □內容保守 □版面、圖片、字體安排不易閱讀 □價格偏高

□其他＿＿＿＿＿＿＿＿

您對我們的建議：＿＿＿＿＿＿＿＿

＿＿＿＿＿＿＿＿